Brigitte Zakaria

Lebenswege

Brigitte Zakaria

Lebenswege

Geschichten aus der
psychotherapeutischen Praxis

Bibliographische Information der Deutschen Nationalbibliothek: Die Deutsche Nationalbibliothek ver-
zeichnet diese Publikation in der Deutschen Natio-
nalbibliographie; detaillierte bibliographische Daten
sind im Internet über http://dnd.dnd.de abrufbar.

Verlag:
BoD · Books on Demand GmbH,
In de Tarpen 42, 22848 Norderstedt,
bod@bod.de
Druck:
Libri Plureos GmbH, Friedensallee 273,
22763 Hamburg

ISBN: 978-3-7693-2308-5

Für **Shamel**, meinen geliebten Ehemann und einfühlsamen Gefährten auf allen gemeinsamen Wegen des Lebens, den steilen und den sanften

Für **Nadja**, meine geliebte wunderbare Tochter, mein alles erhellender Sonnenschein, der immer meine Seele erwärmt

Hinweise

Die Medizin unterliegt einem fortwährenden Veränderungsprozess. Es werden täglich neue Erkenntnisse veröffentlicht. Aus diesem Grund beziehen sich alle Angaben zu diagnostischen oder therapeutischen Verfahren in diesem Buch auf den allgemeinen medizinischen beziehungsweise psychologischen Wissensstand bei der Drucklegung des Buches. Der Leser bleibt selbst verantwortlich für jede eigene therapeutische Anwendung der im Buch beschriebenen Therapien.

Die im Buch beschriebenen Gedanken, medizinisch-physiologischen Erklärungen und therapeutischen Interventionen zu den einzelnen Lebensthemen bieten keinen Ersatz für eine medizinische, psychiatrische oder psychotherapeutische Behandlung durch einen Fachtherapeuten, sollte der Leser hier einen Bedarf bei sich selbst erkennen. Jeder Leser ist für sein eigenes Tun selbst verantwortlich. Die Autorin übernimmt keinerlei Haftung.

Alle Fallbeispiele sind aus zahlreichen realen Fällen zusammengestellt. Namen, Geschlecht, Berufe und Lebensgeschichten wurden stark verändert, um eventuelle Identitäten zu schützen. Im Interesse der Vertraulichkeit wurden auch Szenen frei erfunden und hinzugefügt.

Zur besseren Lesbarkeit wird auf eine Gender-differenzierte Schreibweise verzichtet.

Danksagung

Mein Dank gilt an erster Stelle meinem Mann Shamel, der mich immer bei all meinen beruflichen und kreativen Aktivitäten mit seiner ganzen Liebe und Kraft unterstützt.

Dann danke ich von ganzem Herzen all den Menschen, die zu mir in die Praxis gekommen sind, und die sich mir anvertraut haben. Jeder von ihnen ist einzigartig und wundervoll. Ich habe aus all den bewegenden Gesprächen so viel lernen dürfen.

Ich danke auch besonders Volker für seine Wärme, für seine anregenden und bewegenden Gespräche, seine guten Hinweise zur textlichen Gestaltung des Buches und seine Bestätigung, dass meine Arbeit sowohl in der Praxis, als auch hier am Buch einen Sinn

macht. Das hat mir immer wieder Kraft gegeben, bei aufkommenden Zweifel weiterzuar-
beiten.

Außerdem danke ich meinen lieben Eltern,
die mich in meiner Kindheit und Jugendzeit
sehr unterstützt, und es mir ermöglicht haben, einen so wunderbaren Beruf zu ergreifen.

Vorwort

Liebe Leserin, lieber Leser

Nach fast 40 Arbeitsjahren im Bereich der medizinischen Forschung, als Ärztin und zuletzt als Psychotherapeutin blicke ich jetzt im Ruhestand auf ein sehr erfülltes Arbeitsleben zurück. Es hat mir viel Freude gemacht. Ich habe immer wieder Herausforderungen gesucht, öfter den Arbeitsplatz gewechselt, um mich dann mit Neugier und Begeisterung in das neue Fachgebiet einzuarbeiten.

Doch am allerschönsten waren die letzten 15 Jahre, in denen ich eine eigene psychotherapeutische Praxis führte. Ich hatte das Gefühl, angekommen zu sein. Zum einen, weil ich sehr früh in meiner klinischen Zeit erkannte, dass die meisten Leiden der Patienten, die ich zu behandeln hatte, sehr stark von ihrer Lebenssituation und ihrer seelischen Verfassung beeinflusst wurden. Es machte für mich keinen Sinn, einen Patienten mit einem Magengeschwür ausschließlich korrekt nach dem jeweiligen medizinischen Standard zu therapieren, ohne zu fragen, ob er oder sie im Augenblick oder sogar über einen längeren Zeitraum an erheblichen seelischen Problemen leide, oder ob die Belastung am Arbeitsplatz eventuell zu groß sei. So war mir relativ schnell klar, dass nur eine psycho-somatische Sicht der Beschwerden zu einer ganzheitlichen Heilung führen kann. Immer wieder wurde ich im klinischen Alltag in dieser Ansicht bestätigt.

Es zog mich also zur Psychiatrie, Psychosomatik und Psychotherapie, wo ich etliche Jahre in Kliniken, Ambulanzen und Praxen arbeitete, bis ich mich dann für die Öffnung einer eigenen psychotherapeutischen Praxis entschied. Hier konnte ich endlich meine Vorstellung umsetzen, wie ich den Menschen, die mich um Hilfe baten, begegnen wollte. Ich wollte sie miteinbeziehen in den therapeutischen Prozess, ihnen erklären, woher ihre Beschwerden kamen, und was es für Möglichkeiten gibt, sie zu behandeln. Jeder sollte wählen dürfen, was für ihn der richtige Weg sein könnte. Ein Gespräch auf Augenhöhe. Es ist mir vielleicht nicht immer, aber sehr oft gelungen. Mir war die ehrliche, warme und tragende therapeutische Beziehung sehr wichtig. Denn sie ist es, die heilt, nachdem vielleicht andere Beziehungen zu Eltern, Partnern oder wichtigen anderen Bezugspersonen oft dysfunktional, verletzend und krankmachend verlaufen waren. Wichtig war mir auch besonders, das bewusst zu machen, was unbewusst unser Leben lenkt, damit wir uns nicht dem Schicksal ausgeliefert fühlen, sondern verstehen, warum wir so denken, fühlen und handeln. Dann erst können wir mit Überzeugung neue Wege einschlagen.

Es waren wundervolle Begegnungen, die mich berührten und mein eigenes Leben bereicherten. Ich habe sehr viel von den Menschen, die sich mir anvertrauten, gelernt.

Jetzt im Ruhestand denke ich oft und gerne über die vielen Lebensgeschichten nach, die ich gehört und mitgefühlt habe.

Noch immer bin ich fasziniert von menschlichen Erfahrungen, Gefühlen und psychologischen Zusammenhängen. Mir passiert es oft, dass ich Alltagsszenen zwischen Menschen beobachte, zum Beispiel am Flughafen beim Warten auf den Abflug, im Hotel, in einem Café oder an vielen anderen Plätzen.

Diese Beobachtungen inspirieren mich dazu, die Lebensgeschichte der beobachteten Personen in Gedanken fortzuführen oder in die Vergangenheit zurückzusetzen. Es ist wie ein Film, der dann vor meinem geistigen Auge abläuft.

So entstand die Idee, dass ich all die miterlebten Lebensgeschichten vielleicht als Buch niederschreiben könnte. Deshalb ist dieses Buch, das Sie, lieber Leser, liebe Leserin gerade in den Händen halten, entstanden.

Die Personen, Namen und die jeweiligen Lebenssituationen, wie Beruf, Alter und Familienstand sind frei erfunden. Die jeweiligen psychologischen und/oder medizinischen Probleme, die zu einer psychotherapeutischen Behandlung geführt haben, sind jedoch in der Realität vorgekommen. Ich habe in den vier Lebensgeschichten diejenigen Themen gewählt, die mir sehr häufig in der Praxis begegnet sind. Es sind die vier Themenbereiche Burn-out, Hochsensibilität, Angst und Depression vor und im Ruhestand und Co-Abhängigkeit mit Suchtproblematik in der Herkunftsfamilie. Das Buch ist kein Ratgeber, sondern eher eine romanartige

Darstellung von Lebensverläufen. Geschichten, die uns berühren, bleiben oft länger im Gedächtnis und regen uns mehr zur Reflexion über uns selbst an. Das unterstützt die Motivation für den ersten Schritt in eine Veränderung.

Deshalb ist es möglich, dass Sie sich, lieber Leser, liebe Leserin, vielleicht in der einen oder anderen Person wiederfinden oder vielleicht auch in mehreren. Möglicherweise werden Sie neugierig, welche Schritte die Hauptdarsteller wohl gewählt haben, um zu einem erfüllten Leben zu gelangen.

Ich habe bewusst, erfolgreiche Verläufe beschrieben, um Mut zu machen und aufzuzeigen, was alles durch Veränderungen in der Lebensführung, der Lebenseinstellung und in den sozialen Beziehungen möglich ist.

Veränderungen zu wagen, das ist das eigentliche Ziel eines psychotherapeutischen Prozesses. Die Rolle des Psychotherapeuten ist nur die wohlwollende, tröstende und tragende Begleitung, die zum Verständnis der Vergangenheit auffordert, die immer wieder zu einer alternativen Sicht der Situation einlädt und zu neuen Schritten ermutigt.

So wünsche ich Ihnen, lieber Leser, liebe Leserin, viel Freude bei der Lektüre dieses Buches und würde mich freuen, wenn auch Sie die eine oder andere Anregung für Ihr eigenes Leben mitnehmen.

Ihre Brigitte Zakaria

München 2025

Wenn alles zu viel wird
oder
„stay under your limit"

Nora kommt in die Praxis, Ende Dreißig, schlank, sportlich, geschmackvoll gekleidet. Eine moderne junge Frau, mitten im Leben. Die Körperbewegungen drücken noch einen Rest von Vitalität aus. Gut vorstellbar, wie kraftvoll und dynamisch sie vor einiger Zeit noch gewesen sein muss. Jetzt hängen die Schultern, leicht vornübergebeugt, die Körperhaltung zeigt Erschöpfung, ein „Niedergedrücktsein". Schatten unter den Augen verraten schlaflose Nächte. Die Lippen zusammengepresst, um mit aller Kraft etwas zurückzuhalten, als würde sonst der gesamte Schmerz, die Verzweiflung, die Traurigkeit wie ein reißender Gebirgsbach aus ihr herausbrechen.

„Ich kann nicht mehr", stößt sie hervor und lässt sich auf den Sessel fallen, der Blick hilfesuchend in meine Richtung.

Nach vorsichtigem Fragen finde ich heraus, dass sie, Abteilungsleiterin in einem mittelständigen Unternehmen, nach einem Meeting in ihrem Zimmer zusammengebrochen ist. Herzrasen, Schwindel – und es ging gar nichts mehr. Die Sekretärin alarmierte den Notarzt. In der Notaufnahme der Klinik wurde nichts gefunden. Alle Organe seien gesund, sie wurde noch einen Tag zur Beobachtung da behalten und von Kopf bis Fuß durchgescheckt. Alle Werte liegen im normalen Bereich.

„Aber ich habe mir das doch nicht eingebildet", schamvoll blickt Nora nach unten.

Und dann das Gerede in der Firma, sie, die immer alles hundertprozentig vorbereitet hat, die sich und den Mitarbeitern keinen Fehler durchgehen lässt. Sie, die abends als eine der letzten die Firma verlässt. Danach heißt es, so schnell wie möglich nach Hause zu fahren. Die Haushälterin möchte pünktlich gehen. Sie lässt es sich nicht nehmen, die Kinder ins Bett zu bringen. Sie wollen meistens noch mit ihr spielen – nachdem sie die Mutter den ganzen Tag nicht gesehen hatten, sie hängen an ihr. Das Zubettgehen ist immer eine unendliche Strapaze und zieht sich in die Länge, bis sie selbst bei der Gute-Nacht-Geschichte einschläft.

Ihr Mann kommt gewöhnlich spät nach Hause, ebenfalls beruflich erfolgreich, in führender Position. Lange Arbeitstage und Dienstreisen sind an der Tagesordnung, das bringt ein verantwortungsvoller Beruf so mit sich. Oft sieht er die Kinder abends gar nicht mehr, sie schlafen schon. Ihre Bitte, er möge ihr doch einen Abend in der Woche das Zubettbringen abnehmen, verspricht er zu erfüllen, schafft es aber nur selten, zu viele Besprechungen, und dann noch die Videokonferenzen mit USA, die können ja nur am Abend stattfinden wegen der Zeitzonen.

So fühlt sie, dass doch wieder alles auf ihren Schultern liegt. Ändern? Wie denn, wo beginnen?

Der Beruf ist ihr Traum, dafür hat sie lange studiert und sich in der Firma hochgearbeitet. Es war nicht leicht, sich in der „Männerwelt" als einzige Frau in einer Führungsposition zu behaupten. Sie hat es geschafft, aber sie hat dafür doppelt so viel wie ihre männlichen Kollegen geleistet. Es hat „Spaß" gemacht. Lob und Anerkennung vom Vorstand haben sie beflügelt. Sie ist bereit noch mehr zu leisten. Es ist wie in einem Rausch. Die Beförderung, das eigene große Arbeitszimmer, die Sekretärin, sie ist wichtig geworden. Ohne sie geht nichts mehr in ihrer Abteilung.

Früher gab es ab und zu noch einen Plausch mit den Kollegen in der Kaffeeküche, da wurde gelacht, ein bisschen gejammert oder auch über den einen oder anderen ein wenig hergezogen. Das kann sie sich jetzt nicht mehr erlauben. Es ist einsam geworden um sie. Aber das spornt sie nur noch mehr an, sie will noch mehr Erfolg für sich verbuchen, sie will mehr Lob und Anerkennung. Es macht süchtig. Und es ist ja alles im Sinne der Firma – mehr Umsatz, mehr Wachstum, mehr Erfolg.

Ihren Mann hat sie während des Studiums kennengelernt. Sie sind bald ein Paar geworden. Sie haben die gleichen Ziele. Der berufliche Erfolg steht an erster Stelle. Der Traum von einem schönen Haus mit Garten, zwei schicke Autos. Ja, sie haben alles geschafft, auch die zwei wohlgeratenen Kinder. Die Geburten hat sie zwischen zwei Großprojekten eingeschoben. Sie war stolz auf ihre Leistungsfähigkeit. Nach den Entbindungen war sie gleich wieder am Arbeitsplatz. Die

Kollegen staunten und bewunderten sie. Zuhause kümmert sich die Haushälterin um alles.

Alles ist perfekt durchgeplant. Es ist auch bis jetzt nichts dazwischengekommen.

Und nun der Zusammenbruch, welch eine Blamage. Warum kann sie sich nicht mehr auf ihren Körper verlassen?

Sie war doch immer sportlich: 10 km Joggen am Sonntagmorgen, wenn die Familie noch schläft, Skitouren im Winter. Sie konnte mit den Männern mithalten. – Und jetzt diese unendliche Müdigkeit. Als gehe gar nichts mehr. Das Aufstehen, Frühstücken, sich fertig machen, ist schon so anstrengend wie eine große Bergwanderung. Da kann doch etwas nicht stimmen, es muss doch ein Organ erkrankt sein, vielleicht doch das Herz. Die Ärzte in der Klinik haben sich bestimmt geirrt. Ob sie sich noch einmal durchchecken lassen soll. Eine zweite Meinung?

Jetzt ist sie erst einmal krankgeschrieben. Aber wie soll das weitergehen? Im Augenblick scheint es unvorstellbar, wieder das alte Pensum zu schaffen. Aber sie will doch funktionieren. Sie will wieder an ihren Arbeitsplatz. Eine Stundenreduktion, Teilzeit?

Das geht in ihrer Position gar nicht. Dann müsste sie wieder in die „zweite Reihe". Aufgeben, was sie erreicht hat? Nein, unvorstellbar! Außerdem brauchen sie das Geld. Der Lebensstandard ist auf beide Gehälter aufgebaut. Die Kredite laufen. Jeden Monat geht eine hohe Summe an die Bank. Es ist alles durchgeplant. Sie darf keine Schwäche zeigen.

Aber es ist ihr alles zu viel. Die Kinder spüren es. Bei der Frage: „Mamma bist du krank?", bricht sie in Tränen aus. Sie will doch eine starke Mutter sein, ein Vorbild. Alles soll so weitergehen. Der Kopf sagt: „Reiß dich zusammen." Der Körper tut einfach nicht mehr das, was ihm befohlen wird. Wie eine Verweigerung.

Es kommt der geplante Urlaub. Die Familie fährt wie gewohnt ans Meer. 5-Sterne-Hotel, „all inclusive", damit sie sich endlich einmal um nichts mehr kümmern muss. Die Kinder sind auch zufrieden, viele Spielgefährten und Animationsprogramm. Sie hofft auf eine Erholung, um danach wieder durchzustarten.

Ihr Chef hat Verständnis gezeigt und ihr noch Extratage gewährt, Überstunden hat sie ja zu genüge, ab 100 wird nicht mehr gezählt. Ein einmaliges Schwächeln wird ihr verziehen. Sie war ja sonst immer im Einsatz und hat viel für die Firma geleistet. Sie soll sich Zeit lassen. Aber über allem steht die Erwartung, dass sie dann wiederkommt und wie früher weiterarbeitet. Eine zweite Schwächeperiode, das steht außer Frage, darf es nicht geben, wird gedanklich erst gar nicht zugelassen.

So versucht sie sich „unter Druck" zu entspannen, das funktioniert natürlich gar nicht. Sie „muss" aber gesund werden, die Zeit läuft. Sorgenvolle Gedanken kreisen. Was ist, wenn ihre alte Leistungsfähigkeit nicht mehr zurückkommt? Sie ist immer noch kraftlos, müde, wie ausgelaugt. Sport hat ihr immer geholfen. Vielleicht ist Bewegung besser als erzwungene Ruhe, die in ihr noch mehr Spannung erzeugt.

Windsurfen war während des Studiums ihr Hobby. Sie genoss den Kampf mit Wind und Wellen. Ob sie es noch einmal versuchen soll? Vielleicht erinnert sich ihr Körper wieder an seine ehemalige Kraft, wenn sie auf dem Brett steht. Sie geht zum Surfcenter und wählt ein schmales kurzes Brett, geeignet für gute bis sehr gute Surfer. Der Wind ist heute stark, das Meer bewegt. Als sie in den Anzug schlüpft, spürt sie seit langem zum ersten Mal wieder das Gefühl von Freude. Sie sucht ein passendes Segel.

Ein junger Mann, so Anfang 20, braungebrannt, in Bermudashorts und verwaschenem T-Shirt hält sie fest. Er gehört zum Stuff des Surf-Clubs, einer der Surflehrer. Was sie denn suche? Die Kommunikation wird in Englisch geführt. Er mustert sie. Sie ist empört. „Ich surfe schon seit Jahren und habe viel Erfahrung", hört sie sich sagen. Er ist skeptisch und gibt ihr ein breites Surfbrett mit dem passenden Anfängersegel. Sie wird immer wütender. Er kennt sie doch gar nicht. Er unterschätzt sie. Sie streitet, sie will das Profibrett, sie ist gut, stark und kann etwas und das in jedem Bereich. Anfänger – paah. Darüber ist sie schon lange hinaus.

Sie ist gekränkt. Sie fühlt sich falsch eingeschätzt. Doch der Surflehrer bleibt hart. „Stay under your limit" ist seine Anweisung, autoritär und unbeeindruckt von ihrer Empörung. Erklärend fügt er hinzu, der Wind sei tückisch, die Strömung stark, und die Wellen nicht zu unterschätzen. Mit dem breiten Brett habe sie wenigstens ein Erfolgserlebnis, könne sich darauf halten und sei am Abend zufrieden. Mit dem Profibrett fiele sie ständig ins Wasser und wäre nach kurzer Zeit schon erschöpft und fühle sich frustriert, ohne Genuss und Spaß. Er dreht sich um und wendet sich anderen Gästen zu. Er hat alles gesagt. Sie ist wütend und empört. Sie will es ihm zeigen, muss sich aber mit dem Anfängerbrett begnügen.

Im Wasser spürt sie die Strömung. Sie kennt das Gebiet nicht. Der Wind hat zugenommen. Die Wellen sind beachtlich. Sie besteigt das Brett und hat Mühe, das Segel zu halten. Es gelingt ihr. Sie spürt Freude aufkommen. Sie spürt aber, dass sie an ihre Grenzen kommt und das mit dem Anfängerbrett. Gut, dass sie es nehmen musste. Es ist gerade richtig bei dem Sturm. Sie genießt das Gleiten. Das Wasser spritzt zu beiden Seiten. Sie nimmt Fahrt auf und hängt sich ins Segel. Es macht richtig Spaß, sie fühlt sich sicher. Einige Male drückt eine Böe sie nieder und sie fällt. Es gelingt ihr wieder Fahrt aufzunehmen, das breite Brett gibt ihr Sicherheit.

„Stay under your limit" geht es ihr permanent durch den Kopf. Nora hat verstanden, gezwungenermaßen ist sie zum ersten Mal in ihrem Leben unter ihrer Leistungsgrenze geblieben. Es fühlt sich leicht an, es macht Spaß, sie genießt. Bisher war alles in ihrem Leben ein mühseliger Kampf, sie hat immer mehr gegeben, als sie hatte. Nie fühlte es sich leicht an. Aber wo ist ihr „Limit", ihre Leistungsgrenze, die sie nicht überschreiten soll? Sie weiß es gar nicht, sie ist wahrscheinlich immer darüber gegangen. Immer, bei allen Lebensentscheidungen. Hat sie sich also immer überschätzt? War ein Ziel nur gut für sie, wenn sie alles gab und noch mehr – so dass sie jetzt keine Reserven mehr hat?

Vom ersten Schultag an versuchte sie die Wünsche ihres Vaters zu erfüllen. Sie sollte die Klassenbeste sein. Sie sollte, das, was ihm nicht gelungen war, verwirklichen – Abitur, Studium, Karriere – etwas ganz Besonderes darstellen. Was ist eigentlich ihr eigenes Ziel? Ihre eigene Grenze? Sie hat das Gefühl, sie stand ihr Leben lang auf dem falschen „Surfbrett". Sie spürte, dass es auch anders geht, leichter, freier, genussvoller, und sie muss keinem Menschen Rechenschaft abgeben, dass sie auf dem Anfängerbrett über das Meer saust, keinen interessiert es auch wirklich. Es geht nur um ihre eigene Zufriedenheit. Sie hat die Wahl.

Der Wind und das Meer haben ihren Kopf durchgepustet, ihre kreisenden dunklen Gedanken sind verschwunden. Sie fühlt sich gut in ihrem Körper. So gut, wie lange nicht mehr. Nach 90minütigem Kampf mit Wellen, Wind und Meer fährt sie zurück an den Strand und bringt das Brett, das Segel und den Anzug zurück in das Surfcamp. Sie begegnet dem braungebrannten jungen Mann mit dem ausgeblichenen T-Shirt; dieser ist beschäftigt, er nimmt nur kurz Kontakt zu ihr auf. Ihn interessiert nur, ob sie heil zurückgekommen ist, ob das Material in Ordnung ist und wünscht ihr einen schönen Abend. Ihm ist es nicht wichtig, welche Leistung sie vollbracht hat. Sie muss sich nicht rechtfertigen, nichts erklären, höchstens vor sich selbst.

„Stay under your limit" geht es ihr durch den Kopf. Nora hat verstanden. Dieser Satz wird ihr Leben verändern........

Nora berichtet von ihrer Kindheit. Sie war **das** Wunschkind. Ihre Eltern hatten einen kleinen Handwerksbetrieb. Beide waren sehr fleißig und gewissenhaft. Die kleine Firma brachte stabile Einkünfte. Die Auftragslage war gut. Es wurden sogar zwei Mitarbeiter eingestellt. Nach dem Bau des Eigenheimes kam sie dann auch bald zur Welt. Die Mutter zog sich dann weitgehend aus dem Geschäft zurück, um für die Familie zu sorgen. So wuchs sie behütet und sorgenfrei auf. Der Vater bedauerte immer, selbst nicht studiert zu haben. Es war sein größter Wunsch, dass seine Tochter eine erfolgreiche akademische Laufbahn einschlägt. Er förderte sie mit allen Mitteln. Aber er verlangte auch viel. Gute bis sehr gute Noten in der Schule. Dazu eine musische Bildung. Sie lernte Geige und spielte in einem Orchester. Das tägliche Üben war für sie „ normal". Auch das Lernen für die Schulaufgaben nahm sie als Selbstverständlichkeit hin. Es blieb ja trotzdem noch etwas Zeit, um sich mit Freundinnen zu treffen. Sie hatte jedoch immer das Gefühl, dass sie anders war als ihre Freundinnen – ernster, vernünftiger, irgendwie älter.

Trotzdem denkt sie gerne an ihre Kindheit zurück. Sie unternahm schöne Reisen mit ihren Eltern und lernte viele Länder und fremde Kulturen kennen. Ihr Vater war ein aufgeschlossener, fröhlicher und extrovertierter Mann. Schnell bekam die Familie deshalb an den Urlaubsorten Kontakte zu Einheimischen und Mitreisenden. Die Mutter war eher schüchtern und ängstlich, sprach aber immer gerne Einladungen aus, kochte gerne für Fremde und Freunde und bewirtete sie mit Hingabe. In schöner Erinnerung habe sie, dass die Mutter immer zuhause war, wenn sie aus der Schule kam. Jeden Tag stand ein warmes leckeres Mittagessen auf dem Tisch. Die Mutter hatte dann ein offenes Ohr für ihre kleinen und großen Sorgen, die sie in der Schule oder mit den Freundinnen beschäftigten.

Im Großen und Ganzen ging es harmonisch in der Familie zu. Sie selbst fügte sich bis zur Pubertät unproblematisch in die familiären Gewohnheiten und Regeln ein. Selten widersprach sie dem Vater. Wenn sie es dann doch einmal wagte, reagierte er darauf oft mit heftigen Wutanfällen.

Ihre Hobbys und Interessen passte sie auch weitgehend an die Wünsche des Vaters an. Das Musizieren und das Instrument wählte er aus. Sie selbst fühlte sich eher zur Malerei und handwerklichen Arbeiten hingezogen. Dies wurde durch Kurse in der Schule gefördert, da die Kunstlehrerin ihr Talent wahrgenommen hatte. Auch andere Schulfächer, wie Philosophie und Naturwissenschaften, fand sie je nach Lehrer interessant. Insgesamt ging sie gerne zur Schule und lernte gerne. Wenn nicht der Notendruck gewesen wäre.

In der Studentenzeit verspürt sie durchaus ein Gefühl der Freiheit, da sie der väterlichen Kontrolle nicht mehr ausgesetzt war. Sie gibt zu, sehr ehrgeizig zu sein und besonders beruflich immer wieder neue Herausforderungen zu suchen, auch wenn diese oft über ihre Kräfte gehen. Anerkennung im Beruf ist ihr äußerst wichtig.

Wie soll es jetzt weiter gehen? Der Urlaub ist zu Ende. Nora sollte in der nächsten Woche eigentlich wieder am Arbeitsplatz sein. Glücklicherweise fragt noch niemand aus der Firma nach, wie es ihr geht. Auch sind noch keine Mails über die zukünftigen Projekte eingetroffen, was sonst sogar während des Urlaubs üblich war. Früher hatte sie auch während des Urlaubs täglich Kontakt mit ihren Mitarbeitern. Probleme gelöst, Entscheidungen getroffen, Anweisungen gegeben. Diesmal ist es still in ihrer Mailbox und am Handy. Sie hat noch Schonzeit. Das erfüllt sie mit gemischten Gefühlen. Zum einen ist sie froh, in Ruhe gelassen zu werden, weil sie sich auch noch nicht ganz kraftvoll fühlt. Zum anderen ist sie beunruhigt und enttäuscht, nicht gebraucht zu werden. Ein ängstliches Gefühl der Unruhe beschleicht sie. Ob sie ersetzbar ist in der Firma? Katastrophisierende Gedanken, dass sie gekündigt werden könnte, drängen sich auf.

Wir vereinbaren, dass wir uns in der ersten Zeit zweimal wöchentlich zu einem Gespräch zusammensetzen. Wir werden gemeinsam Strategien erarbeiten, die ihr bald wieder Kraft geben. An ihrer derzeitigen gesamten Lebenssituation kann sie so schnell nichts ändern. Dies wird ein längerer schmerzhafter Prozess werden. Das fühlt sie schon jetzt. Als erstes gehen wir die drei

Säulen durch, die die seelische und körperliche Gesundheit stützen. Das sind: Entspannung und Schlaf, Ernährung und Bewegung.

Durchschlafen kann sie schon lange nicht mehr. Seit der Geburt der beiden Kinder, die jetzt 3 und 6 Jahre alt sind, hat sie keine Nacht mehr vollständig durchgeschlafen. Das sind also jetzt sechs Jahre. Sobald eins der Kinder in der Nacht weint, steht sie auf, um nachzusehen, zu trösten oder etwas zu trinken zu geben. Ihr Mann hat einen festen Schlaf und reagiert nicht auf das Weinen der Kinder. Außerdem verlässt er sich darauf, dass sie schon aufstehen wird. In der ersten Zeit konnte sie auch sofort wieder einschlafen, was mittlerweile schwieriger wird. So liegt sie oft noch eine längere Zeit wach, bis sie wieder in den Schlaf findet. Doch die Versorgung der Kinder in der Nacht wird schon seltener. Je älter die Beiden werden, desto besser schlafen sie durch.

Es sind aber auch die Themen am Arbeitsplatz, die ihr nachts durch den Kopf gehen. Hat es einen Konflikt mit einem Vorgesetzten oder einem Mitarbeiter gegeben, so geht ihr dies lange nicht aus dem Sinn. Sie spielt in Gedanken die Szenen immer wieder durch.

Besonders nachts, wenn alles ruhig ist, und keiner etwas von ihr möchte. Dann überlegt sie, wie sie anders hätte reagieren können, was sie gesagt oder auch nicht gesagt hat, und wie sie zukünftig dieser Person begegnen soll. Auch wenn es schwierige Projekte gibt, denkt sie oft über die richtige Vorgehensweise nach und stellt imaginäre To-Do-Listen zusammen. Dann ist es oft schwer, wieder einzuschlafen. Am anderen Morgen fühlt sie sich manchmal wie gerädert. Ein starker Kaffee lässt sie wieder in Gang kommen. Oft werden es jedoch mehrere Tassen pro Tag. Nur so bleibt sie wach bis zum Abend.

Glücklicherweise hat sie bisher noch keine Schlafmittel eingenommen. Davor hat sie Respekt – berechtigterweise.

„Ich habe Angst, von Schlaftabletten abhängig zu werden" meint Nora mit einem Hinweis auf ihre Mutter, die im Alter nicht mehr ohne Beruhigungsmittel schlafen konnte.

Es ist sogar häufig so, dass die Schlaftabletten mit der Zeit an Wirkung verlieren. Manche Menschen müssen nach langem Gebrauch die Dosis erhöhen, um wieder eine Wirkung zu spüren. Außerdem hat sie gelesen, dass der chronische Gebrauch von Schlaftabletten die Struktur des Schlafes verändert.

„Auswertungen einiger Studien haben gezeigt, dass es bei längerer bzw. häufiger Einnahme von Schlaftabletten zu einer Unterdrückung des Tiefschlafs kommt, und die REM-Phasen reduziert sind. Die REM-Phasen sind die Traumphasen, in der sich schnelle Augenbewegungen (rapid eye movements) zeigen. In diesen Phasen können wir unsere Muskeln nicht bewegen. Das verhindert, dass wir das Geträumte in die Tat umsetzen. Wir können also nicht aufspringen oder umherlaufen. Diese REM-Phasen sind sehr wichtig für die seelische Gesundheit, da hier das tagsüber Erlebte mit den dazugehörigen Emotionen in bestimmten Hirnzentren verarbeitet und abgespeichert wird", ergänze ich.

Sie nickt. Dies hatte sie schon einmal gehört.

„Was kann ich dann tun, um ohne diese Medikamente besser zu schlafen und morgens erholt aufzustehen?" fragt Nora sorgenvoll.

Ich erkläre ihr, dass ein guter Schlaf davon abhängt, wie gut wir uns in den Abendstunden entspannen.

Dazu gehört ein leichtes frühes Abendessen, möglichst ohne oder nur mit wenig Alkohol, da dieser die Tiefschlafphasen unterdrückt. Keine Beschäftigung mehr mit Arbeitsthemen, die unsere Gehirntätigkeit anregen.

Möglichst wenig Benutzung von Handy, Tablett, Computer und Fernsehen, deren Licht, insbesondere der Blauanteil, die Melatonin-Produktion im Gehirn behindern soll, wobei es dazu Studien mit unterschiedlichen Ergebnissen gibt. Melatonin ist ein Hormon, das hauptsächlich in der Zirbeldrüse, einer kleinen Drüse im Zwischenhirn, produziert wird, wenn die Abenddämmerung beginnt. Es stellt die innere Uhr des Körpers auf Nacht um und den Stoffwechsel auf Regeneration und Reparatur ein und induziert so den Schlaf.

Aufregende Filme oder emotional belastende Telefongespräche sind am Abend ebenfalls nicht schlaffördernd.

Es geht einfach darum, einen persönlichen Weg zu finden, wie wir den Tag abschließen können. Wie wir zur inneren Ruhe finden. Wie wir loslassen von allem, was uns an- und aufregt. Hier gibt es viele Möglichkeiten, von denen jeder Mensch seine eigenen Rituale für sich zusammenstellen kann.

Manche Menschen schwören auf ein warmes Bad, andere auf einen abendlichen Spaziergang. Beruhigende Tees aus Kräutern wie Baldrian, Melisse, Passionsblume und Lavendel sind hervorragend dazu geeignet, ein entspannendes Gefühl zu erzeugen.

In einem Tagebuch können wir all das, was uns tagsüber beschäftigt hat, schriftlich niederlegen. Im wahren Sinne des Wortes „niederlegen". Was wir aufschreiben, können wir leichter loslassen. Es beschäftigt uns dann nicht mehr so intensiv. Es tritt in den Hintergrund. Einige Menschen haben gute Erfahrungen mit dem Anlegen eines Dankbarkeits-Tagebuchs. Hier können wir aufschreiben, für was wir an diesem Tag dankbar sind, und welche schönen Erlebnisse wir für heute festhalten wollen. Diese positiven Gedanken führen schon an sich zu einer gewissen Entspannung.

„Das bedeutet ja eine grundlegende Veränderung meiner Abendgewohnheiten. Oh je, das betrifft ja auch meine Familie. Ich werde nachdenken, was ich am Leichtesten verändern kann. Fernsehen interessiert mich sowieso nicht sehr. Es ist nur so eine Gewohnheit, nach dem Zubettbringen der Kinder, auf die Fernbedienung zu drücken. Oft schaue ich nicht hin, sondern bin in Gedanken in der Firma. Oder ich arbeite nebenbei auf dem Laptop zum Beispiel an einer Präsentation für den nächsten Tag. Mein Mann hat schon häufiger angeregt, dass wir uns doch zu einem gemütlichen Tee zusammensetzen sollten, um uns gegenseitig über unseren Tag auszutauschen. Bisher habe ich immer gedacht, ich müsse noch etwas für die Firma vor- oder nachbereiten. Er wird sich freuen, wenn ich seinen Vorschlag aufgreife", erklärt Nora sichtlich aufgeregt mit Aussicht auf eine mögliche positive Veränderung, die auch der Partnerschaft zugutekommen könnte.

Wir nutzen die nächste Sitzung für eine Betrachtung ihrer Ernährungsgewohnheiten. „Ich weiß schon, dass ich in dieser Hinsicht auch besser für mich sorgen könnte", eröffnet sie gleich das Gespräch. Und sie hat auch schon hierzu über eine Veränderung nachgedacht.

Bisher beginnt der Tag für die gesamte Familie schon mit unschönen Szenen. Sie schimpft viel zu häufig mit den Kindern, die mit dem Anziehen trödeln. Sie werden dann nicht rechtzeitig fertig, um in den Kindergarten zu starten. Schnell noch einen Kaffee im Stehen, während sie die Brotzeiten zubereitet. Oft kommt sie zu spät zu ihrer Arbeit, weil morgens der Verkehr schon sehr dicht ist, weil eins der Kinder weint, da es sich nicht von der Mutter trennen möchte, oder weil die Erzieherin bei der Übergabe noch etwas besprechen möchte.

Abgehetzt und mit einem schlechten Gewissen erreicht sie dann ihr Büro, wo wieder ein starker Kaffee auf sie wartet. Sie hat erst einmal Mühe, sich auf das, was in der Firma anliegt, zu konzentrieren. Immer beschleicht sie das Gefühl, den Kindern nicht gerecht zu werden, nicht genug Zeit und Geduld für sie zu haben.

Aber diese Gedanken muss sie schnell verbannen, denn die Arbeit erfordert volle Präsenz. Die Liste der Mails in ihrem Computer ist schon lang. Der Chef möchte sie sofort sprechen. Der Terminkalender zeigt für den heutigen Tag keine Pause. So hat sie meistens bis zur Mittagszeit bis auf mehrere Tassen Kaffee nichts gegessen oder getrunken. Daran ist sie gewöhnt. Sie hat immer gedacht, das sei so in Ordnung, sie brauche kein Frühstück. Außerdem achtet sie sehr auf ihr Gewicht und ist stolz, sehr schlank zu sein.

Das Mittagessen nimmt sie häufig in der Kantine ein. Oft dient es als Meeting. Es wird die Zeit genutzt, um mit Kollegen oder Mitarbeitern etwas zu besprechen. Dann geht es weiter ohne Pause bis 18.00, 19.00 oft auch 20.00 Uhr.

Die Haushälterin hat schon die Kindern vom Kindergarten abgeholt und das Abendessen bereitet. Sie beeilt sich nach Hause zu kommen, um noch eine kurze Zeit mit den Kindern zu verbringen. Wieder nagt das schlechte Gewissen an ihr. Wieder weiß sie, dass die Kinder sie vermissen und sehnsüchtig auf sie warten. Kaum hat sie den Schlüssel in das Schloss der Haustür eingesteckt, da sausen die beiden schon mit lautem Geschrei auf sie zu und belagern sie.

Sie erzählen aufgeregt, was sie tagsüber alles erlebt haben. Jeder der beiden will auf ihren Schoß. So gibt es erst einmal ein Geschrei. Sie ist noch nicht ganz angekommen und hat den eigenen Tag noch nicht verarbeitet. Doch es gelingt ihr meistens, sich auf die Kinder einzulassen und mit Freude ganz bei ihnen zu sein. Obwohl sie am liebsten erst einmal selbst ihre Füße ausgesteckt und ein bisschen Ruhe verdient hätte.

Das Abendessen verläuft dann meistens ruhig und ist – durch die Hilfe der Haushälterin- gesund und lecker. Das tägliche Glas Wein lässt sie dann endlich entspannen.

„Ich glaube, mein Thema ist, mehr auf mich selbst zu achten. Ich funktioniere und versuche alle Wünsche und Ansprüche der Familie und der Firma zu erfüllen. Meine eigenen Bedürfnisse spüre ich gar nicht. Wenn ich meinen Tagesablauf so schildere, wird mir schon klar, warum ich meine Lebenskraft verloren habe. Aber wie soll es mir gelingen, etwas zu verändern? Es ist alles schon so eingefahren und läuft automatisch ab", seufzt Nora voller Selbstzweifel.

Wir vereinbaren erst einmal kleine Schritte. Sie schlägt vor, eine halbe Stunde früher aufzustehen und ein schönes Frühstück für sich und die Familie zu zubereiten. Vielleicht mit gutem Vollkornbrot, Obst, Müsli. „Vielleicht ist das auch ein schöner Tagesbeginn und bringt mehr Harmonie in die Familie. Vielleicht sind auch meine Kinder dann morgens entspannter, und das Fertigmachen geht ohne Geschrei und Schimpfen. Das wäre für uns alle viel schöner", überlegt sie laut und ein leichtes Strahlen erhellt ihr Gesicht und lässt sie viel hübscher erscheinen. Das Mittagessen möchte sie auch anders gestalten. Sie überlegt, die Firma mittags für einen Spaziergang zu verlassen, eventuell eine Brotzeit für sich mitzunehmen oder außerhalb in einem kleinen Restaurant einen Salat oder einen Gemüseteller zu genießen. Dabei kann sie zur Ruhe zu kommen und nachdenken.

Insgesamt kleine, wenn auch zahlreiche Veränderungen. Sie hat beschlossen, ein Tagebuch zu führen und aufzuschreiben, was gut und was weniger gut gelaufen ist.

Bezüglich Bewegung bzw. Sport, die dritte Säule der seelisch-körperlichen Gesundheit, gibt es für sie wenig zu verändern. Sie treibt an den Wochenenden immer schon viel

Sport. „Vielleicht kann ich weniger ehrgeizig und mit mehr spielerischer Freude meine sportlichen Aktivitäten durchführen", meint Nora nachdenklich. Sie trainiert im Fitness-studio oder joggt oft bis zur Erschöpfung. Wenn sie im Verein ein Tennismatch spielt, dann will sie unbedingt gewinnen und ver-zeiht sich kaum einen Fehler.

„Mein Ehrgeiz, der im Sport deutlich wird, ist wahrscheinlich der Leitfaden, der sich durch mein ganzes Leben zieht", stellt sie verwundert fest. „Es war mir nie bewusst, dass ich fast alles, was ich tue, mit ungeheu-rer Anstrengung und übermäßigem Einsatz verrichte. Es fehlt die Leichtigkeit und die Freude, selbst bei meinen Hobbys wie dem Sport. In meinem Denken geht es meistens darum, keine Fehler zu machen und Höchst-leistung zu erbringen. Wieso ist das so? Und woher kommt das?" Sie schaut mich fragend an.

„Ja", antworte ich auf ihre Frage, „das wird die Aufgabe unserer nächsten Sitzungen sein, den Grund herauszufinden und dann eventuell neue Einstellungen in einzelnen Lebensbereichen zu etablieren. Eine ziem-lich schwere Aufgabe wartet da auf uns.

Denn Glaubenssätze, die seit der Kindheit in unserem Gehirn eingebrannt sind, zu verändern, ist nicht ganz einfach. Aber es kann gelingen, wenn wir sehr aufmerksam auf unsere Gedanken aufpassen."

Glaubenssätze sind zentrale Überzeugungen, die wir von unseren Bezugspersonen aus der Kindheit unbewusst übernommen haben. Sie begleiten uns unser gesamtes Leben, wenn wir sie uns nicht bewusst machen. Sie formen unser Denken und Handeln, ohne dass wir uns darüber im Klaren sind. Entdecken wir, dass uns einige davon in unserer freien Entwicklung behindern, einschränken und blockieren, dann sollten wir diesen Glaubenssätzen eine besondere Aufmerksamkeit schenken. Die meisten dieser zentralen Überzeugungen wirken sich direkt auf unsere Selbstachtung aus und sind manchmal mit einer Bedingung verbunden. Oder sie tabuisieren ganze Lebensbereiche, wie z.B. Erfolg, Geld, Glück, Entspannung, so dass wir diese Lebensthemen oft ohne zu hinterfragen ad acta legen. Beispiele für häufig berichtete Glaubenssätze sind:

Ich muss in allem, was ich tue, die Beste sein.

Wenn ich mich freue, kommt immer das dicke Ende nach.

Erst die Arbeit, dann das Vergnügen.

Ich bin nur etwas wert, wenn ich Leistung erbringe.

Ich möchte von allen Menschen gemocht werden.

Wenn ich mich sehr anstrenge, werden mich alle mögen.

Ohne Fleiß keinen Preis.

Dies ist nur eine kleine Auswahl. Alle Menschen sind durch Glaubenssätze geprägt. Wie stark und in welcher Hinsicht diese unsere Lebensentscheidungen und Lebensführung beeinflussen, hängt von der inhaltlichen Thematik sowie von der Tatsache ab, in wieweit wir uns von ihnen distanzieren können.

„Vielleicht kommen Ihnen ja einige der erwähnten Glaubenssätze bekannt vor", frage ich sie direkt. „Sollten Ihnen bestimmte Gedanken in dieser Hinsicht auffallen, so wäre es wichtig, sie schnell aufzuschreiben. Es ist eine wahre Detektivarbeit, Glaubenssätze zu entlarven. Sie sind im Laufe unseres Lebens so selbstverständlich geworden, dass sie uns gar nicht mehr auffallen. Sie sind unsere Realität geworden", füge ich erklärend hinzu.

„Oh ja, ich kenne einige dieser Glaubenssätze gut. Ich hatte das Gefühl, innerlich zustimmend zu nicken, als Sie sie ausgesprochen haben. Oh je, das heißt, dass nur bei dieser kleinen Auswahl schon mehr als die Hälfte auf mich zutrifft", kommentiert Nora erstaunt meine Ausführungen.

„Das würde ja bedeuten, dass diese Sätze zum Leitmotiv meines Lebens geworden sind. Ich treibe mich also jeden Tag automatisch selbst an, ohne dies wirklich wahrzunehmen. Es ist sogar so, dass ich schnell andere Menschen negativ bewerte, die das Leben ruhiger angehen, und die weniger Einsatz zeigen, um etwas zu erreichen. Dabei habe ich beobachtet, dass einige von ihnen nicht weniger erfolgreich sind als ich. Der Unterschied ist, dass ich meine ganze Kraft und Energie einsetze und letztendlich für mich selbst kaum etwas übrig bleibt.

Besonders der Satz: „Erst die Arbeit, dann das Vergnügen" hat dazu geführt, dass ich kaum noch Freude empfinden kann. Sowohl am Arbeitsplatz als auch zuhause muss ja immer irgendeine Arbeit bzw. Pflicht noch getan werden. Es gibt auch immer wieder Diskussionen mit meinem Mann, der mich ein wenig bremst und mir zur Entspannung rät. Er findet es oft schade, dass ich nicht zur Ruhe kommen kann. Er wünscht sich, dass ich öfter alles liegen lasse, um mit ihm einen Abend oder einen Tag einfach nur zu genießen. Aber es gibt in mir eine Stimme, die mir Müßiggang verbietet. Es taucht schnell der Gedanke auf, dass ein Tag, an dem ich mich nicht angestrengt habe, ein verlorener Tag ist", fügt sie noch nachdenklich hinzu.

Nora ist wieder in Vollzeit an ihrem Arbeitsplatz und hat große Mühe, die vereinbarten Termine für unsere Sitzungen einzuhalten. Mehrere Male muss sie absagen oder verschieben, weil etwas dazwischen gekommen ist.

„Die Termine bei Ihnen wahrzunehmen und dafür zu kämpfen, dass ich pünktlich von Hause oder aus dem Büro wegkomme, ist schon ein großer Schritt in Richtung Selbstfürsorge. Manchmal bin ich stark und selbstbewusst und bestehe darauf, rechtzeitig loszugehen. An anderen Tagen denke ich eher kleinlaut, dass ich dann meine Pflicht nicht erfülle. Oder ich fürchte, was Andere über mich denken könnten. Immer habe ich das Gefühl, dass es mir nicht zusteht, Zeit und Geld ganz alleine für mich auszugeben", berichtet sie zerknirscht, als sie wieder einmal abgehetzt, in letzter Minute die Treppe zum Therapieraum hinaufgestürmt kommt. Sollte es ihr gelingen, sich frühzeitig für die Stunde fertig zu machen, den Familienmitgliedern zuhause oder den Kollegen in der Firma ganz selbstverständlich mitzuteilen, dass sie jetzt einen Termin hat, und sollte sie dann ganz entspannt ohne schlechtes Gewissen kurz vor dem Beginn der Stunde im Wartebereich Platz nehmen, um sich ein bisschen zu sammeln, dann werden wir dies als einen großen Erfolg feiern. So die Vereinbarung.

Das Thema Selbstfürsorge ist ihr sehr wichtig geworden. Sie glaubt, dass die Tatsache, dass sie in ihrem Leben so oft über ihre persönliche Belastungsgrenze geht, darin begründet liegt, dass sie ihre eigenen Bedürfnisse kaum spürt.

„Ich glaube, ich habe in meiner Kindheit hauptsächlich die Wünsche und Ansprüche meines Vaters erfüllt. Er war meine wichtigste Bezugsperson. Von seiner Meinung und seiner Beurteilung hing es ab, ob es mir gut oder schlecht ging. Wenn er mit mir zufrieden war, war ich glücklich und fühlte mich in großer Harmonie mit ihm verbunden. Dann hat er alles für mich getan und mich mit Liebe überhäuft. Wenn ich jedoch schlechte Noten von der Schule mit nach Hause brachte, dann war er enttäuscht und oft sogar sehr wütend. Ich fürchtete mich schon auf dem Nachhauseweg vor seinem Wutausbruch und weinte ängstlich auf dem Weg von der Bushaltestelle bis nach Hause. Dann wurden Dinge, die ich gerne machte, wie in einer Töpferei mit arbeiten oder Freundinnen besuchen, gestrichen, mit dem Argument, ich solle mehr lernen. Meine Mutter stand dem allem hilflos gegenüber. Sie versuchte zwar den Vater zu besänftigen und mir zu helfen, denn ihr war meine Schulleistung eigentlich gar nicht so wichtig. Sie hatte tiefes Vertrauen in mich, dass ich meinen Weg, wie immer er auch aussehen sollte, schon schaffen werde.

Wenn ich zurückdenke, dann wird mir bewusst, dass ich als Kind nur selten die Chance hatte, das zu tun, was mich eigentlich erfüllte. Ich war hauptsächlich damit beschäftigt, meinen geliebten Vater zufrieden zu stellen. Und jetzt, wo ich nicht mehr unter seiner Kontrolle stehe, versuche ich alles zu tun, damit die Menschen, mit denen ich in einer familiären oder beruflichen Beziehung stehe, mit mir zufrieden sind. Ich glaube, ich sollte mich langsam auf den Weg machen, um herauszufinden, was mich eigentlich glücklich macht, und wo meine Grenzen sind.

„Stay under your limit", sagte der Surflehrer zu mir, als er mir bei dem Sturm und Wellengang das Anfänger-Surfbrett gab. Dieser Satz hat in mir heftige Gefühle ausgelöst. Seitdem frage ich mich oft, bei dem was ich tue, bin ich über oder noch unter meinem Limit? Und ich ertappe mich immer wieder dabei, dass ich es einfach nicht weiß. Wo ist mein Limit? Wann überschreite ich meine Leistungsgrenze? Mache ich das, was ich tue, weil ich es wirklich will? Oder mache ich es, um jemand anderen zufrieden zu stellen? Das sind die entscheidenden Fragen, die mich sehr beschäftigen.

Manchmal beunruhigt mich dieser Veränderungsprozess, in dem ich jetzt stehe. Früher war alles so klar. Ich habe getan, was von mir verlangt wurde und noch viel mehr. Dann war ich sicher, die Anerkennung von Anderen zu bekommen. Wenn ich jetzt mehr auf meine innere Stimme höre, dann spüre ich, dass dies dem Einen oder Anderen auch einmal nicht gefällt. Es kommen abwertende Bemerkungen. Ich spüre, wie ich beispielsweise von meinem Chef nicht mehr so positiv beurteilt werde. Das ist hart für mich, zu ertragen. Auch von meinem Mann kommen ab und zu kritische Worte, wenn ich in einigen Situationen nicht einverstanden bin und etwas Anderes machen möchte. Werde ich jetzt mehr Konflikte aushalten müssen?

Ich fühle immer die Spannung, die zwischen mir und meinem Gegenüber entsteht. Diese bereitet mir Unbehagen, manchmal sogar Angst. Besonders wenn ich weiß, dass irgendjemand mich negativ beurteilt. Doch ich habe verstanden, dass Selbstfürsorge auch mit Grenzen setzen und diese verteidigen verbunden ist. Oh je, das wird eine Herausforderung für mich werden", seufzte Nora ganz erschöpft.

Sie hat in den letzten Wochen viel über sich nachgedacht und die Zusammenhänge zwischen ihrem Zusammenbruch und den Leistungsanforderungen ihres Vaters in der Kindheit verstanden.

„Auch wenn die Bezugspersonen aus der Kindheit, in Ihrem Fall der Vater, jetzt keine entscheidende Rolle mehr für Ihre beruflichen oder privaten Entscheidungen spielen, so sind seine Forderungen nach hoher Leistung mittlerweile zu Ihren eigenen Forderungen an sich selbst geworden. Sie merken das gar nicht, dass Sie sich seine Stimme, seine Beurteilungen, seine Gedanken, seine Sicht der Welt zu Eigen gemacht haben. Er ist zu Ihrem inneren Kritiker geworden", versuche ich ihr zu erklären, weil sie sich nur schwer vorstellen kann, warum sie sich immer noch, auch jetzt als erwachsene Frau, nach seinen Maßstäben richtet, obwohl die Eltern beide schon längst verstorben sind.

„Sich von den Regeln, Vorschriften, Wünschen unserer Bezugspersonen wie den Eltern, Großeltern, Lehrern zu distanzieren, ist eine der schwersten Aufgaben, wenn wir eine Veränderung unserer Persönlichkeit anstreben. Dies ist eng mit der Neufassung unserer Glaubenssätze verbunden. Auch hier ist es gut, erst einmal mit kleinen Schritten anzufangen, um wieder einen Kontakt zu unseren ureigenen Bedürfnissen aufzubauen. Wir könnten mit einer ersten Übung beginnen:

Wenn uns auffällt, dass wir etwas tun, was sich nicht gut anfühlt, was mühsam und kraftraubend ist, wozu wir uns überwinden müssen, so halten wir einen Moment inne. Wir spüren in uns hinein und fragen uns:

- *Warum mache ich dies?*
- *Ist es wirklich mein eigener Wunsch, dies zu tun?*
- *Erfülle ich damit eine Forderung eines anderen Menschen? Und wenn ja, wessen?*
- *Bin wirklich bereit, so viel Kraft in diese Tätigkeit zu investieren? Und wenn ja, warum?*

Je nachdem wie die Antworten ausfallen, kann ich mich noch einmal bewusst für oder gegen diese Tätigkeit entscheiden.

Wichtig ist herauszufinden, was uns wirklich gut tut? Finden wir Tätigkeiten, Rituale und Zeremonien, die in stressigen Zeiten unsere Akkus wieder aufladen? Wichtig ist, dass wir dies nur für uns tun und nicht für andere Menschen. Und dass wir es regelmäßig tun", führe ich weiter aus, um ihr auch gleich Möglichkeiten aufzuzeigen, wie sie sich an das herantasten könnte, was ihre eigene Persönlichkeit ausmacht. Was nicht aus Anpassung an die väterlichen Ansprüche geformt wurde.

Nora nimmt sich schnell ein Blatt Papier von dem Stapel, der für diese Zwecke auf dem Tisch liegt. In Stichworten macht sie sich einige Notizen. „Das muss ich mir zuhause noch einmal in aller Ruhe anschauen und durcharbeiten", kommentiert sie ihren Einsatz. Wir lachen beide, denn in diesem Fall ist ihr „fleißiges Durcharbeiten" durchaus nützlich. Wir erkennen, dass Einflüsse des Vaters auch positive Auswirkungen haben können.

Einige Wochen später ziehen wir Bilanz über das bisher Erreichte. Der Tagesrhythmus hat sich bei ihr selbst und auch in ihrer Familie etwas entspannt. Das gemeinsame Frühstück am Morgen bringt ein schönes

Gefühl der Geborgenheit und Ruhe mit sich. Alle Familienmitglieder starten gestärkt und ohne Hektik in den Tag. Beim Frühstück gibt es noch einmal die Chance, das eine oder andere kurz zu besprechen. Ohne Geschrei gelingt das Anziehen und Fertigmachen der Kinder für den Kindergarten. Auch die Verabschiedung vom Vater, der etwas später aus dem Haus geht, geschieht herzlich und fröhlich. Auch wenn es schön wäre, sich im Bett noch einmal umzudrehen, lohnt sich das frühere Aufstehen wirklich. Es gibt natürlich auch Tage, an denen es nicht so reibungslos läuft. Aber im Laufe der Zeit hat sich der neue Tagesbeginn bewährt.

Auch das auswärtige Mittagessen, das sie oft alleine einnimmt, führt zu mehr innerer Ruhe.

„Die Mittagspause für ein Gespräch mit Mitarbeitern zu nutzen, ist nur scheinbar eine Zeitersparnis. Wird sie für die Wiederherstellung der eigenen Kräfte eingesetzt, so kann oft am Nachmittag konzentrierter und damit effektiver gearbeitet werden. Überhaupt wird die Wirkung von kleinen Pausen unterschätzt. Unser Gehirn kann eine konzentrierte Beschäftigung nur über circa 90

Minuten aufrechterhalten. Danach sinkt die Konzentrationsfähigkeit rapide ab. Deshalb ist es sinnvoll alle 90 Minuten eine kurze Pause einzulegen. Aus dem Fenster in die Weite schauen, entlastet die Augenmuskulatur, die besonders bei Bildschirmarbeit sehr angestrengt wird. Dehnübungen oder ein kurzer Gang durch den Flur verhindern Verspannungen der Rücken- und Nackenmuskulatur", bestätige ich ihre Beobachtungen.

Diese relativ kleinen Veränderungen in der Tagesroutine haben schon dazu geführt, dass Nora am Abend mit mehr Kraft nach Hause kommt. Aber der entscheidende Faktor, der die Veränderung eingeleitet hat, ist, dass sie öfter in eine Beobachterrolle schlüpft. Sie hält immer wieder inne und spürt in sich hinein, wie sie sich gerade fühlt, ob Verspannungen in einer Körperregion zu spüren sind, ob sie sich bei dem, was sie gerade tut oder sagt, authentisch fühlt, und wie die Stimmung zwischen ihr und ihrem momentanen Gesprächspartner ist.

Dabei nimmt sie wahr, dass sie häufig mit einem Unbehagen in den Meetings sitzt und beobachtet, wie ein Gefühl von Leistung,

Konkurrenzdruck und gegenseitiger Abwertung das Klima in dem Unternehmen beherrschen. Dies hat sie früher nicht bemerkt. Als Abteilungsleiterin hat sie auch oft Druck auf ihre Mitarbeiter ausgeübt und mehr Leistung und Schnelligkeit gefordert, ohne überhaupt nachzufragen, wie es dem jeweiligen Mitarbeiter oder der Kollegin bei der Ausführung des Projektes ergangen ist. Über Schwierigkeiten beziehungsweise über persönliche Neigungen, Fähigkeiten oder eigene Gestaltungsmöglichkeiten hat sie nie diskutiert. Den Druck, den sie aus der Führungsebene bekam, hat sie eins zu eins nach unten weitergegeben. So war ein unpersönlicher, fast feindlicher Umgangston entstanden. Die Mitarbeiter verstanden sich nicht als Team, nicht als Gemeinschaft, in der ein Projekt durch die Mitarbeit aller, abgeschlossen wird, sondern als Einzelkämpfer, von denen jeder eher die Fehler der anderen sucht, um sich selbst besser präsentieren zu können. Ihr wird plötzlich klar, dass dieses Arbeiten sehr viel Kraft verbraucht.

Sie spürt, dass sie die Kommunikation und die Zusammenarbeit mit Kollegen, Mitarbeitern und auch mit Vorgesetzten ändern will.

„Zur Selbstfürsorge gehört doch auch ein Arbeitsplatz, an dem ich mich wohlfühle. Bisher war ich immer „die brave Tochter", die fleißig ist, und die alle Aufgaben zur Zufriedenheit der Vorgesetzten erfüllt. Wie es mir dabei ging, war mir nicht wichtig. Anerkennung und Lob, auch in Form von Beförderungen und Gehaltserhöhungen entschädigten mich dafür, dass ich oft über meine Leistungsgrenze, ja sogar bis zur völligen Erschöpfung gearbeitet habe. Mitzuteilen, dass ich eigentlich nicht mehr kann und eventuell auch gar nicht mehr will, wäre ein Eingeständnis von Schwäche gewesen. Das kam für mich nicht in Frage. Das alles will ich nicht mehr.

Ich habe begonnen, klare Ansagen zu machen und lehne des Öfteren auch Projekte ab, die mir zu umfangreich erscheinen, oder ich verlange weitere Mitarbeiter bzw. einen längeren Zeitraum zur Fertigstellung. Meine Vorgesetzten sind mittlerweile ganz verwundert. Ich erkenne an den erstaunten Gesichtern und an den kritischen Kommentaren, dass mein neues Auftreten für Verwirrung sorgt. Ich war ja immer so „pflegeleicht", und es gab von meiner Seite nie ein „Nein". Merkwürdigerweise ist es mir im Augenblick sogar egal, ob mein neues Verhalten Irritationen erzeugt oder nicht. Es fühlt sich für mich stimmig an. Ich bin sogar bereit, auch negative Konsequenzen, wie Kritik, Ablehnung bis hin zur Kündigung in Kauf zu nehmen. Es ist schwierig für mich. Ich spüre aber, dass dies der richtige Weg ist. Zum ersten Mal in meinem Leben fühle ich mich authentisch", seufzend lehnt Nora sich zurück und sieht dabei richtig kämpferisch aus.

Ich lächle und freue mich, dass sie dabei ist, ihre eigene Persönlichkeit zu entfalten. Dass sie dabei etwas kämpferisch auftritt, ist nur gut, denn es gilt, dies auch nach außen hin zu verteidigen. Oft ist es so, dass sich die Menschen, die mit uns leben oder arbeiten, daran gewöhnt haben, dass wir immer das machen, was wir bisher gemacht haben. Veränderungen sind unbequem. Deshalb werden Veränderungen nicht immer so einfach akzeptiert. Es kostet schon Kraft, Mut und Überzeugung, für sich selbst und die eigenen Bedürfnisse einzutreten. Meine Bestätigungen machen ihr Mut, diesen neu eingeschlagenen Weg weiter zu gehen.

Nora hat schlecht geschlafen. Und dies schon wieder seit einigen Wochen. Die Anspannung, die durch die Herausforderungen am Arbeitsplatz und zuhause entsteht, kann sie abends nur sehr schwer abbauen. Ihr Laptop ist zwar schon seit längerem abends ausgeschaltet. Wenn sie früher dachte, sie müsse unbedingt noch etwas für die Firma fertigstellen oder vorbereiten, so ist sie jetzt ganz konsequent. Der Abend gehört der Familie – mit den Kindern noch ein wenig spielen, vorlesen, kuscheln. Das Zubettgehen ist zu einem sehr schönen Ritual geworden.

Es erfüllt sie mit Freude, mit all ihren Gedanken und Gefühlen ganz bei den Kindern zu sein. Diese genießen es sehr, dass die Mama endlich mehr Zeit für sie hat. Und vor allem, dass die Mama fröhlich mit ihnen zusammen ist. Dann ist es eigentlich egal, was sie zusammen machen. Sogar das abendliche Fertigmachen wird zu einem lustigen Spiel. Wenn zum Beispiel die Mama ein Gesicht mit Creme auf den Bauch malt nach dem Duschen, dann kitzelt das so lustig, und es macht Spaß, sich im Spiegel zu betrachten. Es wird viel gelacht und auch ab und zu gesungen. So verläuft der Abend an den meisten Tagen recht harmonisch. Natürlich gibt es immer wieder Tage, an denen alles schief geht. Dann gibt es Tränen, Nervosität, Geschrei und Unzufriedenheit. Aber diese Tage werden seltener. Oft findet sie dann doch noch einen Weg, die Kinder zu beruhigen.

Doch danach ist sie häufig sehr erschöpft. Sie hat das Gefühl, dass etwas in ihrem Leben zu kurz kommt. Es ist eindeutig die Zeit für sich selbst. Sie hat schon seit vielen Jahren kein einziges Buch mehr außer Fachliteratur gelesen. Bis auf den Sport am Wochenende hat sie all ihre Hobbys aufgegeben. Dies aber vermisst sie zu ihrem eigenen Erstaunen nicht sonderlich. Was sie eher beunruhigt, ist, dass sie abends keine innere Ruhe findet. Obwohl sie sehr müde ist, fühlt sie sich angespannt und nervös, so als hätte sie mehrere Tassen starken Kaffee getrunken. Dabei hat sie den Kaffeekonsum bis auf eine Tasse am Morgen ganz reduziert. Auch das allabendliche Glas Wein hat sie durch alkoholfreie Getränke ersetzt, da sie spürt, dass dies den Schlaf verbessert. Dennoch ist er nicht ideal. Das Einschlafen ist mühsam, und oft wacht sie schon gegen 5 Uhr morgens auf und kann dann nicht wieder einschlafen.

Wir überlegen, was sie noch Gutes für sich tun kann, um den Schlaf zu verbessern. Ein tiefer erholsamer Schlaf ist sehr wichtig für die Gesunderhaltung von Körper und Seele. Ist er längerfristig gestört, so kann sich dies schädigend auf alle Organsysteme auswirken. Kräutertees bestehend aus Melisse, Hopfen und Lavendel hat sie bereits ohne großen Erfolg ausprobiert. Wir vereinbaren, dass sie für die nächsten vier Wochen ein pflanzliches Medikament am Abend einnimmt, das Baldrian, Melisse und Passionsblume als Inhaltsstoffe besitzt. Ich gebe ihr ein entsprechendes Rezept mit.

Nora ist aber noch nicht zufrieden, denn sie möchte nicht nur das Symptom „Schlafstörung" beseitigen, sie möchte vielmehr an der Ursache arbeiten.

„Warum baut sich die Anspannung tagsüber so stark auf, dass ich sie abends nicht mehr loswerde", fragt sie besorgt. „Ich habe doch schon so viel verändert und mache mehr Pausen als früher. Auch esse ich regelmäßig und komme früher nach Hause.

Abends arbeite ich gar nicht mehr. Was mich erstaunt, ist, dass ich meine Projekte in der Firma genauso schnell und gut abwickele wie früher. Das bedeutet, dass mein Übereifer nicht effektiv war. Er hat nur zu mehr Spannung und Erschöpfung geführt. Aber mein Schlaf ist immer noch nicht gut. Was könnte ich außer einem pflanzlichen Medikament noch tun", fragt sie sichtlich besorgt.

Ich erkläre ihr, was zwischen Gehirn und Körper auf hormoneller Ebene passiert, wenn wir das Gefühl „Stress", „Anspannung" und „Getriebensein" empfinden.

„Ein wichtiges Ergebnis der neuesten Hirnforschung ist, dass Gedanken, Gefühle und körperliche Gesundheit sich gegenseitig beeinflussen. Das bedeutet, dass negative, kritische Gedanken wie beispielsweise Zeitdruck, Konkurrenzdenken, Überforderung zu negativen Gefühlen wie Angst vor Misserfolg, Ablehnung oder Verlust führen können. Dauern diese negativen Gefühle länger an, dann interpretiert das Gehirn dies als Gefahr, das heißt als Stress, und unterscheidet nicht, ob die Gefahr von außen (wie in Zeiten, als wir noch Jäger und Sammler waren, durch wilde Tieren oder Umwelteinflüsse) oder ob die Gefahr von innen, d.h. allein durch unsere Gedanken, kommt.

Das Gehirn setzt dann Botenstoffe der Stress-Kaskade in Gang, ursprünglich ein Überlebensmechanismus, der anspringt, wenn unser Gehirn eine Bedrohung wahrnimmt. Diese negativen gedanklichen Überzeugungen sind also für unser Gehirn genauso bedrohlich wie der Angriff eines Tigers, und es gibt nur die Wahl zwischen Kampf oder Flucht. Das sympathische Nervensystem läuft dann auf Hochtouren, und es kommt zur Ausschüttung von Adrenalin aus der Nebenniere. Wenn die als negativen Stress empfundene Lebenssituation länger andauert, wird dann noch zusätzlich Cortisol ins Blut abgegeben.

Schon bereits eine permanente Unzufriedenheit mit sich selbst, eine gefühlte Erwartung von anderen oder der ständige Vergleich mit anderen Menschen können diese Stressreaktionen auslösen. Die länger andauernde erhöhte Konzentration der Stresshormone im Blut kann dann langfristig zu einer Vielzahl von Erkrankungen führen. Schlafstörung ist ein prägnantes erstes Zeichen dafür, dass die sogenannte

Stressachse zwischen Gehirn und Körper aus dem Gleichgewicht geraten ist", versuche ich ihr zu erklären, ohne sie mit zu vielen medizinischen Fachausdrücken und Details zu belasten.

In unseren Gesprächen hat sich immer wieder gezeigt, dass sie die physiologischen Zusammenhänge sehr gut verstehen kann, um dann für sich eine geeignete Strategie zu entwickeln. Sie hat ein erstaunlich gutes Verständnis von seelischen und körperlichen Prozessen und ihren Zusammenhängen. Das hilft ihr sehr bei der Umsetzung neuer Verhaltensweisen. Alles, was sie versteht, und was ihr plausibel erscheint, gibt ihr das Gefühl, für die Veränderungen selbst verantwortlich zu sein und selbstwirksam an der Entwicklung einer neuen Lebensführung mit zu arbeiten. Alleinige Vorschläge, Ratschläge oder autoritäre Anweisungen hätte sie vermutlich sogleich abgelehnt. So haben wir eine therapeutische Ebene gefunden, auf der ein Gespräch und ein Austausch von Wissen auf Augenhöhe stattfinden. Dies ist vermutlich der Grund, warum sie so viele Veränderungen in so kurzer Zeit umgesetzt hat.

„Nun noch einmal zurück zu Ihren Schlafstörungen", versuche ich den Faden der Diskussion um eine Verbesserung des Schlafes wieder aufzunehmen. „Der Gegenspieler zu der dem sympathischen Nervensystem zugeordneten Kampf- oder Fluchtreaktion ist das parasympathische Nervensystem. Dieses ist außer für die Verdauung besonders für die Entspannung, Regeneration und Reparation, also auch für den Schlaf zuständig. Sind diese beiden Anteile des vegetativen Nervensystems, nämlich der Sympathicus und der Parasympathicus, in der Balance, so fühlen wir uns ausgeglichen und gesund. Überwiegt der Sympathicus dann sind wir angespannt und fühlen uns gestresst. Der Parasympathicus kommt dann zu kurz. Überwiegt der Parasympathicus, fühlen wir uns träge, lustlos und gelangweilt. Eine Schlafstörung zeigt meistens eine Überaktivität des sympathischen Systems an", füge ich abschließend meinen Erklärungen hinzu.

Nora schaut mich mit großen Augen an und nickt. „Das bedeutet ja, dass bei mir der Sympathicus überwiegt. Ich fühle mich sehr oft angespannt und innerlich unruhig. Besonders abends, nachdem all die beruflichen und familiären Pflichten erfüllt sind, kann ich also Ihren Ausführungen gemäß nicht mehr von der Aktivität des sympathischen Nervensystems auf den Parasympathicus umstellen. Wie macht man das denn? Ich glaube, dass in meinem bisherigen Leben immer der Sympathicus dominierte. Vielleicht sind es die Instruktionen meiner Eltern, die Entspannung, Tagträume, Ausruhen immer sehr kritisiert haben. Mal eine Zeitlang nichts zu tun, wurde gleich mit Faulheit und Lotterleben gleich gesetzt. Faulheit führt zu Misserfolgen und zu einem misslungenen Leben, so war ihre Devise. Ich habe meine Eltern immer nur arbeitend erlebt. Und wie kann ich meinen Parasympathicus jetzt aktivieren", fragend blickt sie mich an.

„Rituale bringen Rhythmus in unser Leben. Sie haben bestimmt mit ihren Kindern ein Abendritual eingeführt. Manchmal ist es das Vorlesen oder Erzählen einer Geschichte oder das Singen eines Einschlaflieds. Das Gehirn weiß dann, dass „Runterfahren und Loslassen" abgesagt ist. Haben Sie für sich selbst ein Abendritual?" frage ich sie interessiert.

„Hm, darüber habe ich noch nie nachgedacht. Ich hielt es immer für etwas Esoterisches oder eben nur für Kinder", gibt sie nachdenklich zu.

„Was könnte denn ein passendes Ritual für Sie sein?" frage ich nach einer Denkpause.

„Haben Sie sich schon einmal mit Entspannungsverfahren, wie Autogenes Training, Progressive Muskelrelaxation, Achtsamkeitsmeditation, Yoga oder ähnliche Methoden beschäftigt?" erkundige ich mich.

„Nein", ist ihre Antwort, nachdem sie nachdenklich geschwiegen hat. „Ich dachte immer, so etwas brauche ich nicht. Ich glaubte, dass nur Menschen, die ihr Leben nicht diszipliniert im Griff haben, sich mit solchen Dingen beschäftigen. Irgendwie habe ich diese Verfahren immer abgewertet. Glauben Sie, dass ich eine dieser Methoden einmal ausprobieren sollte?" fragte sie zweifelnd.

Ich sehe ihrem Gesichtsausdruck an, dass sie nicht sonderlich überzeugt ist. Die Abwehr gegen solche „esoterischen" Hilfsmittel, wie sie die Entspannungsverfahren nennt, ist wohl sehr groß. Wie sehr muss jegliche Form von Entspannung von ihren Eltern negativ konnotiert worden sein, dass sie sich so schwer tut, überhaupt etwas in dieser Hinsicht auszuprobieren. Sie hat natürlich Recht, dass nicht jeder Mensch auf jede Entspannungsübung gleich gut anspricht. Manchmal ist die Progressive Muskelrelaxation für Menschen, die sehr strukturiert sind und eher mathematisch logisch denken, geeigneter. Während Menschen, die eine gute Imaginationsfähigkeit besitzen, oft mehr vom Autogenen Training profitieren. Yoga, Qi Gong oder Thai CHI sind eher körperbetonte Verfahren, die sowohl eine körperliche wie auch seelische Entspannung hervorrufen. Das Beste ist, einfach mehrere Verfahren auszuprobieren. Es ist doch spannend zu beobachten, wie der eigene Körper und das eigene Gehirn darauf reagieren.

„Ich werde darüber nachdenken und könnte mir vorstellen, dass eher ein körperbezogenes Verfahren wie Yoga zu mir passen würde", sagt Nora skeptisch. Aber zumindest hat sie nicht alles gleich rigoros abgelehnt.

„Zu den Ritualen, die vor dem Zubettgehen dem Gehirn das Zeichen geben, dass jetzt der aktive Teil des Tages zu Ende geht, gehört neben den eben diskutierten Entspannungsverfahren auch zum Beispiel ein Buch zu lesen, eine warme Dusche oder Bad zu nehmen oder die Anwendung von ätherischen Ölen. Wir Menschen reagieren auf Gerüche äußerst sensibel. Das ist noch ein Relikt aus der Evolution, denn unser Geruchssinn hat uns zum Beispiel vor Feuer gewarnt oder bestimmte Pflanzen angekündigt, die essbar waren. So wirken Düfte von Lavendel, Rose oder Sandelholz beruhigend. Sie könnten ein bis zwei Tropfen auf das Kopfkissen geben und ausprobieren, wie ihr vegetatives Nervensystem darauf reagiert. Wenn es dann später zu ihren abendlichen Gewohnheiten gehört, weiß das Gehirn bei diesem Duft sogleich, dass es Zeit für Entspannung ist", füge ich dem Gespräch über schlaffördernde Maßnahmen hinzu.

Lächelnd verabschiede ich sie heute mit den Worten: „Lassen Sie ruhig all dies einmal auf sich wirken und spüren Sie mal in sich hinein, was Ihre innere Stimme Ihnen sagt. Sie können sich einmal wenige Minuten Zeit nehmen und sich in einen Sessel setzen, die Augen schließen und sich selbst die

Frage stellen „was brauche ich um besser zu schlafen, was täte mir gut." Lassen Sie einfach alle Bilder und Gedanken zu, die hochkommen. Vielleicht mögen Sie sich eine kurze Notiz machen, damit diese Bilder und Gedanken nicht so schnell wieder vergessen sind. Das pflanzliche Medikament können Sie ohne Bedenken einige Wochen einnehmen. Wir sehen uns ja in der nächsten Woche wieder und können dann noch einmal darüber sprechen, wenn Sie mögen."

In der nächsten Sitzung eröffnet Nora aufgebracht das Gespräch. Sie hat gerade eine intensive Auseinandersetzung mit ihrem Chef erlebt und ist sogleich danach in die Praxis gekommen. Er hat ihr mangelndes Engagement vorgeworfen. Sie würde sich nicht mehr so für ihre Projekte und die Firma einsetzen. Die Abgabe sei nicht mehr so pünktlich wie früher. Sie habe wohl ihre Prioritäten zu Gunsten der Familie oder Freizeit verschoben. Sie gehe zeitig nach Hause und lehne auch manchmal zusätzliche Aufgaben ab. Außerdem stelle sie sich plötzlich schützend vor ihre Mitarbeiter, anstatt diese zu mehr Leistung anzutreiben. Was sei dies für ein weicher Führungsstil! Dies alles stelle in Frage, ob sie für diese Führungsposition noch geeignet sei. Darüber hinaus sei er persönlich von ihr enttäuscht und glaube, sich in ihr getäuscht zu haben, als er sie vor eineinhalb Jahren in den Führungskreis befördert habe. Sie sei wohl doch nicht so leistungsfähig und ihm gegenüber nicht mehr loyal.

Diese Kritik hat sie stark verletzt. Sie gibt zu, dass sie nach ihrem Zusammenbruch und dem Beginn unserer Gespräche ihren Einsatz für die Firma etwas gebremst hat. Wenn sie zum Beispiel sieht, dass sie selbst und ihre Mitarbeiter schon reichlich mit Aufgaben belastet sind und nicht schneller und mehr arbeiten können, hat sie zusätzliche Projekte abgelehnt. Abends pünktlich nach Hause zu gehen und nicht Berge von Überstunden anzuhäufen, ist ihr wichtig geworden.

Dabei hat sich die Beziehung zu ihren Mitarbeitern deutlich verbessert. Diese fühlen sich zunehmend von ihr verstanden und beschützt. Sie beobachtet, dass sich langsam ein angenehmes Teamgefühl einstellt. Es wird häufiger gelacht, und der eine oder andere Mitarbeiter erzählt auch einmal eine kleine Episode aus seiner Freizeit oder von seiner Familie. Jetzt fühlt sie sogar ein wenig Freude, wenn sie ihren Mitarbeitern begegnet.

Es wächst ein Gemeinschaftsgefühl, von dem alle profitieren. Die Krankmeldungen in ihrer Abteilung gehen zurück. Sie trifft ihre Mitarbeiter häufig auf dem Gang mit einem Lächeln oder einer netten Bemerkung auf den Lippen. Das hat es früher nicht gegeben. Bei den Teambesprechungen kommt es viel seltener zu unangenehmen Auseinandersetzungen. Die Mitarbeiter sind auch kreativer und mutiger geworden. Die wohlwollende Grundstimmung führt dazu, dass alle Gedanken zu einer Projektlösung geäußert werden, ohne dass der Verantwortliche unangenehme Kritik zu befürchten habe. Insgesamt zeigt sich, dass in ihrer Abteilung mehr Projekte in kürzerer Zeit erfolgreich abgeschlossen wurden.

Objektiv stimmt die Kritik ihres Chefs also nicht. Dies kann sie mit Zahlen belegen. Ihr neuer Arbeits- und Führungsstil passt nur nicht mehr zu der kühlen, abwertenden, unangenehmen Arbeitsatmosphäre, die die Geschäftsführung vorgibt. Es ist seit Jahren der Slogan des Unternehmens: „Nur durch hohen Druck entsteht aus Kohlenstoff ein Diamant". Sie hält diese Einstellung mittlerweile für menschenfeindlich und krankmachend. Auch wenn sie viele Jahre diese Arbeitsbedingungen akzeptiert hat und sogar von ihrer Richtigkeit überzeugt gewesen war, so weiß sie jetzt, dass dies eindeutig falsch ist. Sie hat in der Auseinandersetzung mit ihrem Chef, ihre Meinung klar vertreten. Darauf ist sie stolz. Das erste Mal in ihrem Leben hat sie das gesagt, was sie wirklich denkt. Ein tolles Gefühl. Dennoch ist sie durch das Gespräch und die Vorwürfe sehr aufgewühlt. Sie fragt sich, wie es weitergehen soll. Kann sie ihren neuen Arbeitsstil weiter beibehalten? Oder muss sie sich anpassen, um ihre Stelle zu behalten? Ist sie stark genug, um die Kritik und Konfrontation auszuhalten? Oder wird sie eine Kündigung oder Versetzung hinnehmen müssen?

Sie hat noch keinen Plan. Aufgewühlt ist sie innerlich. Auch fühlt sie sich tief verletzt, weil nicht gesehen wird, was sie alles für die Firma bisher geleistet hat. Aber irgendwie ist sie bereit zu kämpfen. Sie spürt, dass sie zu dem ehemaligen Arbeitspensum und Führungsstil nicht mehr zurück will. Vieles fühlt sich jetzt viel besser an als früher.

Wir überlegen die weitere Vorgehensweise.

„Als Erstes möchte ich all das mit meinem Team besprechen. Wir werden gemeinsam zu den Vorwürfen Stellung nehmen und durch Zahlen und Fakten beweisen, dass wir gut und effektiv gearbeitet haben", sprudelt sie beherzt hervor. Sie weiß, dass ihr Team sie nach der neuen Entwicklung unterstützen wird, denn einige ihrer Mitarbeiter haben schon im persönlichen Gespräch zum Ausdruck gebracht, wie wohl sie sich jetzt an ihrem Arbeitsplatz fühlen, und wie froh sie über die neue Kommunikation sind.

„Dann möchte ich durch wissenschaftliche Studien aufzeigen, dass durch eine emphatische und demokratische Mitarbeiterführung und durch eine vertrauensvolle Beziehung zwischen Vorgesetzten und Belegschaft die Effizienz der Arbeit steigt. Das habe ich auf einer meiner letzten Fortbildungen gehört. Dort ging es um das Thema Neues Lernen und Potentialentfaltung in der Arbeitswelt".

Sie hat für sich schon eine Strategie gefunden und die ersten Ziele formuliert.

„Was ist das Schlimmste, was passieren könnte, wenn Sie ihrem Chef Ihre Zusammenstellung über neue Führungsstrukturen vorstellen", werfe ich vorsichtig ein, um sie auf neue Hürden vorzubereiten.

„Das Schlimmste, was passieren könnte, ist, dass mein Chef mich aus seinem Büro wirft", antwortet Nora mit einem Lächeln. Ich spüre, sie hat ihr Selbstbewusstsein wiedergefunden.

„Aber weder ist dadurch mein Leben ruiniert, noch muss ich Angst um meine Existenz haben", setzt sie ihre Überlegungen laut fort. „Ich habe zur Sicherheit schon einmal recherchiert, wie mein eigener „Marktwert" ist. Und der ist nicht schlecht. Ich bin überzeugt, wieder eine neue Stelle zu finden. Auch könnte ich mich selbstständig machen. All das ist mir schon durch den Kopf gegangen. Ich habe es auch mit meinem Mann am letzten Wochenende diskutiert. Er steht total hinter mir und unterstützt mich, egal, was ich entscheide. Das gibt mir natürlich Mut und Kraft, in eine Konfrontation zu gehen. Aber bevor ich die Firma von mir aus verlasse,

möchte ich erst alles versuchen, die Arbeitsbedingungen und die Arbeitsatmosphäre zu
verbessern, denn eigentlich macht mir die
Arbeit ja Spaß, und jetzt wo mein Team zu-
sammengewachsen ist, will ich so schnell
nicht aufgeben", fügt sie mit lauter Stimme
hinzu.

Sie streicht sich die Haare aus dem Gesicht. Die Wangen sind leicht gerötet. Der
Gesichtsausdruck ist entschlossen. So
kämpferisch habe ich sie bisher noch nicht
erlebt. Sie gibt zu, schon auf eine Konfrontation mit ihrem Chef gewartet zu haben. Es
habe sich durch Bemerkungen und Gesten
angekündigt. Dennoch hat es sie aufgewühlt.

„Jetzt muss ich strategisch vorgehen",
denkt sie laut vor sich hin. „Wie kann ich meinen Chef am besten von meinen Argumen-
ten überzeugen? Wann ist die beste Tages-
zeit, um ihn um ein Gespräch zu bitten? Soll
ich meine Stellungnahme schon auf einem
Papier schriftlich darstellen? Vielleicht nur in
kurzen Schlagzeilen! Er wird sich nicht die
Zeit nehmen, lange Texte zu lesen. Also was
will ich ihm sagen:

- *Die Arbeit macht inhaltlich Spaß. Die Themen sind wichtig und interessant.*
- *Unter Druck und Kritik ist kein kreatives Arbeiten möglich.*
- *Wir brauchen eine Atmosphäre des gegenseitigen Wohlwollens. Nur so blühen wir alle auf und schaffen Neues.*
- *Wir sollten auf die unterschiedlichen Fähigkeiten und Begabungen der Mitarbeiter Rücksicht nehmen und sie dort einsetzen, wo sie ihre Talente realisieren können. Jedes Lob motiviert erheblich mehr als eine Kritik.*
- *Eine Belohnung, in welcher Form auch immer, ist ein Anreiz für neues Engagement.*
- *Wir wollen eine Gemeinschaft schaffen, in der sich jeder wohl und verstanden fühlt, und in der keiner mehr aus Angst vor Kritik und Abwertung, seine Ideen zurück hält.*

Sechs Punkte, das ist doch nicht zu lang, oder was meinen Sie", sie schaut mich fragend an.

Ich bin beeindruckt, in welch kurzer Zeit sie diese wichtigen Aussagen so präzise formulieren konnte und bekomme eine vage Ahnung, wie gut sie in ihrem Job ist. Ein strategisches klares Denken, das das Wichtigste in Kürze auf den Punkt bringt. Was für ein Talent. Als ich ihr meine Beobachtung spiegele, errötet sie leicht und senkt den Kopf.

„Ich denke immer, ich bin nicht gut genug. Danke, dass Sie mir dies sagen. Das gibt mir Mut und Kraft. Ich glaube, ich brauche immer wieder die Bestätigung, dass das richtig ist, was ich mache und denke. Vielleicht sollte ich einfach mehr auf mich vertrauen. Auch wenn ich mal einen Fehler mache, ist das ja kein Weltuntergang", fügt sie verschmitzt lachend hinzu.

„Also auf in den Kampf", Nora hat sich schon zum Abschied erhoben. „Heute Nacht werde ich bestimmt unruhig schlafen", denkt sie laut vor sich hin. „Aber das ist ok. Ich bin auf dem richtigen Weg zu mir selbst."

Wir verabreden noch kurz, dass sie das pflanzliche Medikament ruhig noch einige

Wochen weiternehmen kann, wenn es mit der Entspannung und dem Schlaf so gar nicht gelingen sollte. Sie erwähnt noch kurz, dass sie eine Mischung eines ätherischen Öls aus Zedernholz-, Ylang Ylang- und Lavendelöl gefunden hat, die sie sehr mag, und die sie abends in ihrem Schlafzimmer versprüht. Sie findet diese Geruchsmischung sehr angenehm und beruhigend. Auch ihr Mann hat daran Gefallen gefunden. Außerdem hat sie begonnen, über YouTube-Videos einige Yoga-Übungen zu erlernen, die entspannend wirken. Für Kurse außerhalb hat sie bisher noch keine Zeit gefunden. Aber sie ist erstaunt, dass die Yoga-Übungen sie ansprechen und Körperspannungen abbauen. Sie möchte sich zu einem späteren Zeitpunkt gerne tiefergehend damit beschäftigen.

Ich höre erst einige Wochen später von ihr. Sie hatte die wöchentlichen Termine durch eine Nachricht auf dem Anrufbeantworter abgesagt und angekündigt, dass sie sich wieder melden wird. Ihre Stimme klingt frisch, munter, ja fast fröhlich. So beschließe ich, mir keine Sorgen zu machen und bin sehr gespannt auf das, was sie zu berichten hat.

Mit einem großen Schwung lässt Nora sich in den Sessel fallen und strahlt mich an. Erwartungsvoll schweige ich nach der Begrüßung. Ich möchte ihren Bericht nicht durch eine Frage oder Kommentar beeinflussen. So erfahre ich, dass sie eine gute Gelegenheit abgewartet hat, um exzellent vorbereitet ihrem Chef, ihre Ansicht über Arbeitsbedingungen und Atmosphäre in der Firma und über Mitarbeiterführung zu präsentieren. Dieser war sehr erstaunt. Er ließ sie tatsächlich bis zum Schluss ausreden. Das ist sehr ungewöhnlich. Normalerweise unterbricht er alle Mitarbeiter, wenn es ihm zu lange dauert. Dann schwieg er lange. Ihr wurde es schon ganz ungemütlich. Sie wusste nicht, wie sie sein Verhalten deuten sollte. Dann endlich räusperte er sich und sagte: „Ich danke Ihnen für Ihre Aufrichtigkeit. Ich werde darüber nachdenken." Und gab er ihr mit einer Geste zu verstehen, dass das Gespräch jetzt beendet sei, und sie sein Büro zu verlassen habe.

Sie ging dann schnell in ihr eigenes Zimmer. Sie spürte, wie Tränen aufkamen, so groß war die Anspannung. Aber je mehr sie über ihre Worte nachdachte, desto stärker wurde das Gefühl, dass sie alles richtig gemacht hatte. Sie fühlte sich zwar wie ein kleines Mädchen, das ihrem Vater sagt, dass es etwas Anderes machen will, als dieser sich vorgestellt habe. Aber sie dachte immer wieder an unsere Gespräche. So begann sie ein Selbstgespräch mit den Worten: „Weiter so, nur Mut, alles ist gut und richtig. Ich darf sagen, was ich fühle und denke. Ich darf für meine Ansichten eintreten."

Am nächsten Tag setzte sie sich mit ihrem Team zusammen. Gemeinsam beschlossen sie, dass sie alle besonders sorgfältig arbeiten und alles dokumentieren wollten, was für die Durchführung der derzeitigen Projekte wichtig ist. Was positiv gelaufen ist, was zu einer Verzögerung geführt hat, und wie sich die Mitarbeiter gefühlt haben. Sie wollten alle sichergehen, bei einer Konfrontation gute und belegbare Argumente parat zu haben.

Zwei Wochen nach der Unterredung mit ihrem Chef fand sie eine Einladung zu einem Meeting in ihrer Mailbox. Eine ihr unbekannte Agentur sei für eine Präsentation im Haus, und der gesamte Führungskreis sei dazu eingeladen. Nach ihrer Internetrecherche fand sie heraus, dass diese Agentur ein firmeninternes Coaching anbietet, um die Firmenkultur nachhaltig zu optimieren. Es wurde angekündigt, dass ein Coaching die Zusammenarbeit und die Zufriedenheit der Mitarbeiter verbessere, was zu einer Förderung der in jedem Mitarbeiter vorhandenen Potentiale führe und langfristig dann auch zu einem Wachstum des Unternehmens. Sie war sprachlos. Diese Entwicklung hatte sie am Wenigsten erwartet.

Und jetzt ist diese Agentur engagiert. Zwei Coachs sprechen zurzeit mit jeder Abteilung und mit jedem Mitarbeiter, um sich erst einmal ein Bild über die Arbeitsweise in der Firma zu machen. Schon allein die Tatsache, dass die Geschäftsleitung sich um eine Änderung der Grundstimmung in dem Unternehmen bemüht, hat dazu geführt, dass die meisten Mitarbeiter fröhlicher, offener und zuversichtlicher zur Arbeit gehen. Die Stimmung hat sich schon jetzt positiv verändert. Die Coachs machen einen professionellen Eindruck. Sie sind freundlich, empathisch und vermitteln das Gefühl, dass alles zu Gunsten der Mitarbeiter geschehe. So ist die anfängliche Angst, dass die Firmenleitung eventuell eine Selektion oder Entlassung vorbereite, gewichen. Eine konstruktive Aufbruchsstimmung beherrscht zurzeit die tägliche Zusammenarbeit.

Nora ist sehr aufgeregt. Zum ersten Mal in ihrem Leben setzt sie sich für ihre eigenen Bedürfnisse ein. In diesem Fall betrifft es auch gleichzeitig die Bedürfnisse von etwa 120 anderen Mitarbeitern. Sie wurde bisher in ihrem Leben immer durch Angst gebremst und traute sich nur sehr selten, ihre Gedanken, Gefühle und Wünsche zu äußern. Die Sehnsucht nach Anerkennung und Harmonie war stärker als das eigene Wohlergehen. So erfüllte sie hauptsächlich die Ansprüche der anderen Menschen, auch wenn dies zu ihrem eigenen Schaden war. Sie war eine Spezialistin im Durchhalten bzw. Aushalten. Durch Anspannung, Disziplin und Verdrängung der eigenen Gefühle erreichte sie ihre Erfolge. So verlor sie in all den Jahren die Wahrnehmung ihrer eigenen Grenzen. Dass auch sie ein Recht auf Wohlbehagen und Leichtigkeit hat, war ihr gar nicht bewusst.

„Zum ersten Mal in meinem Leben habe ich mich erfolgreich für mich selbst gekämpft", Nora strahlt. Es schwingt auch ein bisschen Stolz mit. „Es spielt natürlich auch ein bisschen Glück mit, dass mein Chef sich hinsichtlich einer Veränderung der Firmenkultur überzeugen ließ. Es hätte auch anders ausgehen können. Zum Beispiel, dass er mir nahegelegt hätte, die Firma zu verlassen. Aber ich habe es mindestens gewagt. Und in diesem Fall war es erfolgreich. Die Strukturen einer neuen Kommunikation und Zusammenarbeit sind noch nicht etabliert, aber der Weg dorthin ist beschritten. Wir sind alle von einem positiven Gefühl des Aufbruchs erfüllt. Und das beflügelt. Wertschätzung, eine bestärkende Kommunikation und das Unterlassen von Kritik führen dazu, dass die Mitarbeiter und ich kreativer, freudvoller und mit mehr Kraft und Energie unsere Arbeit tun. Ich bin gespannt, was sich durch die Arbeit der Coachs noch alles verändert. Auch unsere Firmenleitung treffe ich des Öfteren lachend und scherzend auf dem Gang oder bei den Meetings. So als hätten alle nur darauf gewartet, dass sie endlich von dem selbstgemachten Druck und der feindlichen Atmosphäre befreit werden. Jetzt macht das Arbeiten richtig Spaß", beschreibt sie die derzeitige Situation in ihrer Firma.

„Trotzdem bin ich noch nicht ganz bei mir angekommen", fügt Nora nachdenklich hinzu. „Wenn ich in mich hineinfühle, spüre ich eine starke Sehnsucht zu mehr freier Zeit für mich selbst, für eigene kreative Tätigkeiten und für meine Familie. Es wäre schön, zeitlich weniger zu arbeiten. Vielleicht ein freier Tag in der Woche", versunken schaut sie aus dem Fenster und schweigt lange. „Aber wie soll das gehen? Ich müsste die Leitung der Abteilung abgeben. Das würde mir sehr schwer fallen. Ich habe so viel aufgebaut. Es wäre ein Schritt zurück. Will ich das wirklich? Und dies wäre auch mit einem geringeren Gehalt verbunden. Können wir uns das leisten?" überlegt sie laut vor sich hin.

„Da streiten wohl mehrere Bedürfnisse in Ihnen um die Priorität", gebe ich zu bedenken. „Einerseits gibt es da Ihren verantwortungsvollen Aufgabenbereich mit Mitarbeiterführung und Leitungsfunktionen. Andererseits meldet sich jetzt eine Seite von Ihnen, die vielleicht in den letzten Jahren zu kurz gekommen ist. Das Bedürfnis nach kreativen Beschäftigungen, die Sie in Ihrer Kindheit und Jugend sehr erfüllt haben. Dann das Bedürfnis nach mehr Zeit und Ruhe, einfach nur für Sie selbst. Und letztendlich der Wunsch mit der Familie, besonders mit den Kindern mehr Zeit zu verbringen, solange sie noch klein sind. Sie spüren wahrscheinlich, dass diese Zeitspanne nicht allzu lange ist, denn ab der Pubertät beginnen die Jugendlichen eigene Wege zu gehen, und die Mama wird weniger wichtig", fasse ich ihre Gedanken zusammen.

Nora nickt. „Ja, so ist es tatsächlich", bestätigt sie. „Im Moment kann ich nicht sagen, was mir wichtiger ist. Es fühlt sich an wie ein Dilemma. Ich möchte alles. Dies geht nicht, weil es sich widerspricht. Wenn ich eine reduzierte Arbeitszeit wähle, muss ich die Abteilungsleitung niederlegen. Diese Aufgabe ist nur mit maximalem Einsatz möglich. Wobei ich schon etliche Stunden weniger arbeite, als früher. Aber wir sind als Team auch effektiver geworden durch die neue Form der Zusammenarbeit", sie wirkt sehr nachdenklich.

„Sie brauchen eigentlich nichts sofort entscheiden. Lassen Sie sich doch die unterschiedlichen Modelle in Ruhe durch den Kopf gehen. Spüren Sie in sich hinein, welche Gefühle sich bei der einen und bei der anderen Version zeigen. Vielleicht mögen Sie sich einfach dazu einige schriftliche Notizen machen. Gefühle sind flüchtige „Gesellen". Sie sind ganz schnell wieder verschwunden. Auch alle Bilder und Gedanken, die zu diesem Thema vor Ihrem inneren Auge vorbeiziehen, sind wichtige Hinweise. Es gibt auch die Methode des expressiven Schreibens. Hierfür nehmen Sie sich an vielleicht zwei bis drei Tagen pro Woche 20 Minuten Zeit und schreiben unzensiert alles auf, was Ihnen durch den Kopf geht. Es kann handschriftlich oder elektronisch sein. Wichtig ist, dass Sie alles zulassen. Kein Gedanke, keine Bemerkung ist falsch. Alles ist gut und richtig. Oft klären sich dann nach mehreren Wochen die diffusen Empfindungen. Ein Bedürfnis kristallisiert sich heraus und nimmt immer klarer die erste Priorität ein", gebe ich ihr mit bis zur nächsten Sitzung, die wir erst in drei Wochen ausmachen, damit sie genug Zeit hat.

Nora kommt mit Neuigkeiten. Ihr Leben ist zurzeit so aufregend wie nach der Studienzeit. Damals änderte sich auch so Vieles. Frisch verheiratet zog sie mit ihrem Mann in eine andere Stadt, 600 Kilometer von ihrem Geburtsort entfernt. Er hatte als Erster nach dem Abschluss des Studiums eine Anstellung in der Niederlassung einer amerikanischen Firma bekommen. Sie begann sich zu bewerben. Ein neuer Lebensabschnitt für sie beide. In einer anderen Stadt. Ein Leben zu zweit. Jetzt verbindlich, denn sie waren ja jetzt ein Ehepaar. Auch dies war nicht so ganz einfach. Im Studentenwohnheim, indem sie beide während des Studiums gewohnt hatten, besaß jeder nur ein kleines Appartement. Jetzt in der großen Wohnung wurden plötzlich neue Fragen wichtig. Wer putzt wann und was? Wer kauft ein? Wer kocht oder besorgt das Essen? Wieviel Unordnung des Einen verträgt der Andere? Welche Bedürfnisse nach Ruhe beziehungsweise nach Aktivität und Abwechslung hat jeder? Wie fühlt es sich an, wenn beide müde und schlecht gelaunt sind? Wer übernimmt die Versorgung der Kinder?

Alles hat sich mittlerweile eingespielt. Sie sind grundsätzlich ein gutes Paar mit viel gegenseitiger Unterstützung. In den wichtigen Lebensfragen sind sie sich meistens einig. Das erleichtert das Zusammenleben. Sie können auch gut miteinander sprechen, wenn es Konflikte gibt.

Dass alles eingespielt ist, macht es jedoch jetzt schwieriger. Sie will auch in der Familie etwas verändern. Wie auch in ihrem Beruf spürt sie, dass sie sich Zuhause ebenfalls meistens anpasst. Ist das Zusammenleben deshalb so harmonisch? Sie hat einen großen Teil der familiären Pflichten übernommen. So ganz freiwillig. Von ihrer Mutter war sie es gewohnt, dass diese sich um den Haushalt und die Kindererziehung kümmerte. Das war damals so. In dieser Generation waren nicht alle Frauen berufstätig. Jetzt hat sie aber eine anspruchsvolle Arbeit mit einer 50-Stunden-Woche. Und dazu übernimmt sie die Versorgung der Kinder. Sie haben eine Haushälterin eingestellt, die die Einkäufe, das Kochen und das Saubermachen übernimmt. Diese holt auch die Kinder von der Nachmittagsbetreuung ab und beschäftigt sich mit ihnen, bis die Mutter da ist. Das ist eine große Erleichterung.

Ihr Mann arbeitet stundenmäßig noch viel mehr als sie. Wenn er abends nach Hause kommt, schlafen die Kinder meistens schon. An den Wochenenden braucht er dann Zeit für Dokumentationen oder Telefonate. Es gibt wenige Tage, an denen er sich nicht mit seiner Arbeit beschäftigt. Die Familie unternimmt ab und zu etwas zusammen, aber leider selten. Die meiste Zeit kümmert sie sich um alles. Um ihren Sport nicht zu vernachlässigen, joggt sie morgens ganz früh, wenn alle noch schlafen. Zum Tennisplatz kann sie die Kinder mitnehmen. Da gibt es immer Spielkameraden und andere Eltern, die auch aufpassen.

Sie vermisst die Gemeinschaft in der Familie. Es funktioniert alles äußerst gut, weil die Planung sehr exakt ist. Aber es fühlt sich alles so durchgetaktet an. Es bleibt wenig Raum für Spontanität. Und irgendwie ist sie immer ein bisschen gehetzt. Sie wünscht sich oft, dass ihr Mann bei den Aktivitäten mit den Kindern öfter auch mit dabei wäre. Andere Eltern fragten schon beim letzten Sommerfest im Kindergarten: „Haben die Kinder auch einen Vater?" Sie fand das ziemlich dreist. Es hat sie jedoch getroffen. Sie spürte, dass da etwas Wahres dran ist. Es wäre doch schön, sich mehr treiben lassen zu können. An den Wochenenden vielleicht einfach mal mit den Fahrrädern loszufahren und ein Picknick mitzunehmen. Oder Freunde einzuladen. Am Sonntag bei Regenwetter einfach nur Spiele zu spielen oder zu backen oder gemeinsam zu kochen. Das Leben ist hauptsächlich auf die Arbeit ausgerichtet. Und das Wochenende ist entweder auch mit Projekten rund um die Arbeit belegt oder dient dazu, wieder fit für die nächste Arbeitswoche zu werden. Irgendwie fühlt sich das nicht gut an.

Nachdem sie bezüglich ihres Arbeitslebens mehr über ihr Wohlbefinden nachdenkt, tauchen automatisch auch Gedanken über ihr Privatleben auf. Nora hat mittlerweile gelernt, in sich hinein zu spüren. Sie erkennt immer deutlicher, wenn sich etwas nicht richtig anfühlt. Wenn sie nicht authentisch ist. Wenn sie wieder etwas tut, was sie eigentlich gar nicht will. Wenn sie etwas macht, weil es jemand anderer so wünscht, weil sie sich wieder anpasst. Jetzt sträubt sich etwas in ihr.

Das passt auch gut zu der Frage, ob sie beruflich reduzieren soll oder nicht. In ihrer Firma soll eine neue Position des Referenten beziehungsweise der Referentin geschaffen werden. Diese wäre eine eher wissenschaftliche Tätigkeit, in der bestimmte Fragestellungen recherchiert und hinsichtlich Machbarkeit und Profitabilität beurteilt werden. Diese Position wäre mit allen Abteilungen verknüpft. Sie denkt seit einigen Tagen darüber nach, ob sie sich dafür bewerben soll. Hier wäre eine Viertagewoche denkbar. Auch ein oder zwei Tage Homeoffice wären durchaus möglich. Sie zögert noch. Sie würde ihre Mitarbeiter vermissen. Aber sie könnte mit allen Abteilungen zusammenarbeiten. Das klingt interessant. Die Arbeitszeit und das Homeoffice kämen ihr auch sehr entgegen. Soll sie hier eine Veränderung wagen? Sie würde etwas an Gehalt einbüßen.

Das alles muss sie mit ihrem Mann diskutieren. Damit verbunden könnte sie auch über ihren Wunsch nach mehr spontaner gemeinschaftlicher Zeit in der Familie mit ihm sprechen. Hoffentlich fühlt er sich nicht durch ihre Veränderungswünsche kritisiert. Wie so oft hat sie gleich schon wieder ein schlechtes Gewissen, wenn sie ihre eigenen Bedürfnisse so klar formuliert.

Wir überlegen, wie das neue Arbeits- und Lebensmodel aussehen könnte.

„Stay under your limit" ist immer noch ihr Leitsatz, auch in der jetzigen Lebensphase. Eine Viertagewoche in der Firma würde bedeuten, dass sie einen Tag frei hätte. An diesem Tag könnte sie etwas für sich machen. Etwas, was sie sich eventuell schon lange gewünscht hat. Ihr fällt gar nichts ein. Sie hat viele Jahre immer das, was an sie herangetragen wurde, abgearbeitet. Alle Pflichten erfüllt. Sie weiß schon gar nicht mehr, was ihre eigenen Bedürfnisse sind. Aber vielleicht wäre es auch gut, diesen Tag nicht gleich mit Aktivitäten zu verplanen. Sie könnte erst einmal die Ruhe und die Tatsache, Zeit zu haben, genießen. Wobei ihr klar ist, dass sie dies wohl erst langsam lernen muss. Wahrscheinlich wird sie automatisch die Dinge für die Familie erledigen, die noch zu tun sind. Diese einfach einmal liegen zu lassen und stattdessen etwas Erfüllendes für sich selbst zu tun, ist ihr bisher ganz fremd. Aber das zu lernen, wäre auch eine schöne Herausforderung.

Auch die Aussicht auf ein bis zwei Tage Homeoffice ist verlockend. Sie könnte sich die Hin- und Rückfahrt zur Firma sparen, was eine Zeitersparnis von mehr als 90 Minuten pro Tag bedeutet. Und dazu die Energie, die das Autofahren im Berufsverkehr beansprucht. Das Arbeiten von zuhause braucht zwar mehr Disziplin, aber davon hat sie ja genug. Darin sieht sie kein Problem. Es wäre auch schön, die Kinder dann immer wieder mal kurz zu sehen, auch wenn diese sich erst einmal daran gewöhnen müssten, dass die Mama zuhause ist und arbeitet und nicht die ganze Zeit mit ihnen spielen kann. Dennoch wäre der Kontakt zu ihnen enger. Ob die Haushälterin an diesen Tagen auch da sein sollte oder nicht, müsste sich noch zeigen.

Je mehr sie darüber nachdenkt, desto besser gefällt ihr die Position der Referentin. Sie wäre auch nicht mehr für Umsätze, Projektabschlüsse und Mitarbeiter zuständig. Dies hatte ihr zwar mehr Einfluss in der Firma eingebracht, aber, wie sie jetzt erkennt, auch mehr Belastung und Spannung. Erstaunt ist sie, dass es ihr gedanklich gar nicht so viel auszumachen scheint, Einfluss und Macht abzugeben. Als wissenschaftliche Referentin würde sie sich intensiver mit inhaltlichen Themen beschäftigen. Dies hatte sie schon während ihres Studiums sehr gerne getan. Mit großer Freude hat sie für ihre Masterarbeit recherchiert. Auch das Schreiben ist ihr damals leicht gefallen. Dies wäre in der neuen Position in etwa ähnlich. Sie will noch in Ruhe darüber nachdenken und dies ausführlich mit ihrem Mann besprechen.

„Doch wie könnte eine Veränderung im familiären Zusammenleben aussehen", fragt Nora zweifelnd. „Da mein Mann in einer amerikanischen Firma arbeitet und die Videokonferenzen mit dem Mutterkonzern meistens abends stattfinden, wird es kaum eine Möglichkeit geben, dass er früher nach Hause kommen kann. Er hat es schon des Öfteren versprochen, aber es immer etwas dazwischen gekommen. Ich weiß ja selbst, wie hoch der Druck in einer Firma sein kann. Und er ist in einer Führungsposition, da kann er nicht einfach sagen, jetzt gehe ich nach Hause. Das verstehe ich nur zu gut. Doch es wäre einfach schön, wenn auch er mehr Freizeit hätte. Besonders wenn er wenigstens am Wochenende etwas mehr Zeit für die Familie hätte.

Ich werde ihn fragen, ob er da eine Möglichkeit sieht. Er selbst hat dies noch nie angesprochen. Ich weiß gar nicht, ob er es nicht auch vermisst. Er ist in seinem Beruf sehr engagiert und macht alles mit Leichtigkeit und Freude. Ich glaube, sein „Limit" ist im Vergleich zu meinem viel höher anzusetzen. Über Erschöpfung klagt er so gut wie nie. Sein Vater war ähnlich. Dieser hat auch immer gearbeitet. Als Selbstständiger mit eigener Firma war das auch nicht anders möglich. Mein eigener Vater war ja auch so. Vielleicht hat mein Mann diese Vorbilder im Kopf und kommt gar nicht auf die Idee, dass auch mehr Familienzeit wichtig und schön sein kann." Sie schweigt lange und schaut gedankenversunken aus dem Fenster. Es arbeitet in ihr. Sie hat für sich neue Werte und Lebensziele entdeckt. Diese zu verwirklichen, bedeutet große Überzeugungsarbeit.

Ich bin gespannt, wie sie sich hinsichtlich ihrer Arbeit entscheiden wird. Ob sie sich auf die neue Position der Referentin bewerben wird? Und ob sie das Gespräch mit ihrem Mann suchen wird? Und wie wird er reagieren?

Wir beenden diese Stunde mit vielen offenen Fragen. Ich gebe ihr noch den Hinweis mit, nicht alles gleichzeitig ändern zu wollen, sich Zeit zu lassen und vieles reifen zu lassen. Vielleicht hat in diesem Fall die berufliche Entscheidung die erste Priorität, weil die Stellenausschreibung zeitlich begrenzt ist. Die Neugestaltung der familiären Situation ist wahrscheinlich auch ein längerer Prozess. Hier könnte sie eventuell erst einmal ihrem Mann ihre Gedanken und Wünsche mitteilen, ohne dass schon eine Lösung gefunden werden muss. Manchmal ist es gut, wenn sich etwas ganz langsam entwickelt.

Nach einigen Wochen höre ich wieder von ihr. Sie hatte die letzte Stunde abgesagt, da diese kurz vor den Ferien terminiert war. Die Zeit für den Abschluss von Arbeitsprojekten und Ferienvorbereitung war ihr zu knapp geworden. Sie klang aber sehr fröhlich auf dem Anrufbeantworter. Eine geheimnisvolle Andeutung über Neuigkeiten, die sie mir unbedingt in unserer nächsten Sitzung berichten will, macht mich natürlich neugierig. Was wird sie wohl erzählen?

Atemlos stürmt Nora die Treppe zum Therapiezimmer hoch. Wie oft mit ein bisschen Verspätung. Das gehört wohl zu ihr. Zeit zwischen zwei Aktivitäten einzuplanen, gelingt ihr nur selten. „Ich muss ja auch noch etwas für meine spätere Lebensphase verwahren", wirft sie lachend ein. „So ganz weise und achtsam zu sein, ist auch ein bisschen langweilig. Vielleicht lerne ich dies dann mit 60." Ich lache zurück, denn ich erinnere mich gut, dass ich mit Ende 30 auch temperamentvoller und ungeduldiger war, als heute. Ich freue mich, sie mit so viel Lebensenergie vor mir sitzen zu sehen. Das ist ein gutes Zeichen. Sie wirkt sehr schwungvoll und voller Freude. Meine Spannung wächst. Was sie wohl berichten wird?

„Also der Reihe nach", beginnt sie. „Ich habe mich tatsächlich auf die Stelle der Referentin beworben", sie macht eine längere Pause und schaut mich erwartungsvoll an. Ich versuche aus ihrem Gesichtsausdruck etwas zu lesen. Sie wirkt etwas aufgeregt. Die Augen strahlen. Sie vermittelt eine dynamische Aufgeschlossenheit. So als möchte sie die Ärmel hochkrempeln und gleich etwas anpacken. Tatkräftig. Fröhlich.

Ich vermute, dass sie die Stelle bekommen und sich schon ein wenig eingearbeitet hat. Ich liege richtig.

„Es hat bei meinem Chef und bei vielen Mitarbeitern zu einem großen Erstaunen geführt, als meine Bewerbung bekannt wurde. Nach verschiedenen Gesprächen mit der Führungsebene wurde mir deutlich gemacht, dass diese Position zwar qualitativ sehr anspruchsvoll und auch ungemein wichtig für die Firma ist. Aber auch, dass ich mit dem Wechsel keine weiteren Karriereschritte mehr zu erwarten hätte. Ich habe in den drei Tagen Bedenkzeit merkwürdigerweise keine Wehmut über den Verlust meiner Karrierechancen verspürt, eher eine Erleichterung. Irgendwie herrschte ein Gefühl der inneren Ruhe und des Angekommenseins vor.

Noch vor einem Jahr hätte ich wahrscheinlich anders entschieden. Wahrscheinlich hätte ich mich nicht getraut, auf weitere Karriereschritte freiwillig zu verzichten. Wahrscheinlich hätte ich dies als eigene Schwäche angesehen. Einen Schritt auf der Leistungsleiter zurück zu gehen, wäre für mich noch vor einem Jahr mit einem Gefühl des Versagens, des Scheiterns verbunden gewesen. Jetzt aber fühle ich, dass mir der Wechsel der Position viele andere Möglichkeiten eröffnet. In den drei Tagen Bedenkzeit war ich erfüllt von Gedanken, sowohl mehr Kraft für die Kinder als auch mehr Zeit für mich und etwaige Hobbys zu haben. Ich war von einer Fröhlichkeit erfüllt, die ich viele Jahre nicht mehr gespürt habe. Ein bisschen Respekt vor den inhaltlichen Herausforderungen, die diese Position der Referentin mit sich bringt, tauchte schon auf. Aber ich war überzeugt, diese Herausforderung zu schaffen. So habe ich mich, wie Sie jetzt erahnen können, für diese neue Stelle entschieden. Ich hatte noch drei Mitbewerber. Es war gar nicht so einfach, meinen Chef davon zu überzeugen, dass ich diesen Wechsel nicht bereuen werde. Ich glaube, ganz verstehen und nachempfinden, kann er es bis heute nicht.

Aber ich hatte einen guten Fürsprecher im Vorstand. Dieser konnte sich gut vorstellen, dass ich für diese Position geeignet wäre. Außerdem würde ich dann auch eng mit ihm zusammenarbeiten, was ich mir sehr angenehm vorstelle, denn er ist ein sehr integer Vorgesetzter mit einer emphatischen menschlichen Seite.

Kurz: ich habe diese Stelle bekommen und arbeite mich gerade ein. Ich habe tatsächlich eine 4-Tage-Woche mit 1-2 Tagen Homeoffice herausgehandelt, jedoch mit der Einschränkung, bei Bedarf auch an einem freien Tag eventuell zu einem Meeting in die Firma zu kommen. Aber bis jetzt kann Vieles über Zoom im Homeoffice geklärt werden".

Nora macht eine Pause und atmet tief durch. „Alles ist im Moment noch neu und fremd. Aber es macht mir Spaß, mich mit den wissenschaftlichen Fragestellungen zu beschäftigen. Ich brauche für die Recherchen zwar noch viel mehr Zeit, als vorgesehen. Aber ich entwickle von Woche zu Woche mehr Routine. Das wird schon", fügt sie vergnügt hinzu.

So ist sie. So war es immer bei ihr. Neue Aufgaben erschrecken sie nicht. Im Gegenteil - neue berufliche Herausforderungen hat sie in ihrem Leben bisher immer mit Enthusiasmus angenommen. Sie beißt sich durch. Auch wenn es manchmal schwierig ist.

Ihre eigentliche Herausforderung ist, sich dabei nicht ganz zu vergessen. Die eigene Müdigkeit zu spüren. Auch eine Pause einzulegen. Die Arbeit, auch wenn sie noch so spannend ist, zeitlich zu begrenzen. Andere Seiten ihrer Persönlichkeit zu spüren. Sich auch als Frau und Mutter zu fühlen. Zeit zu haben für einen Moment der Ruhe. Sich den Gedanken und den Tagträumen hin zu geben ohne schlechtes Gewissen. Eigene Bedürfnisse wahrzunehmen und darauf einzugehen. Das alles sind ihre wirklichen Herausforderungen. Sie hat jetzt die Grundlage dafür geschaffen. Ob sie ihrem Leitsatz „Stay under your limit" treu bleiben kann, wird sich erst nach einigen Monaten zeigen. Aber sie klingt zuversichtlich.

Während des Familienurlaubs hat sie eine günstige Gelegenheit ergriffen, um mit ihrem Mann über ihre Wünsche hinsichtlich des Familienlebens zu sprechen. Die Kinder fühlten sich in der Kinderanimation des Hotels sehr wohl. Hier konnten sie mit Gleichaltrigen spielen, malen und anderen lustigen Aktivitäten nachgehen. Die Betreuung war sehr gut, so dass die Eltern sich ein wenig Zeit für sich selbst genommen haben.

Zu ihrem Erstaunen hat sich ihr Mann auch schon Gedanken über das gemeinsame Leben gemacht. Er hat wahrgenommen, dass sie sich seit ihrem Zusammenbruch in der Firma und durch die therapeutischen Gespräche verändert hat. Das war nicht spurlos an ihm vorübergegangen. Wie es seiner Persönlichkeit entspricht, hat er bisher vor allem beobachtet und nicht viel dazu gesagt. Dennoch war er an der Entscheidung seiner Frau, sich beruflich zu verändern, mit beteiligt gewesen. Trotz finanzieller Einbußen hat er zugestimmt und sie unterstützt. Er hat verstanden, dass sie sich bisher immer überfordert hat, ohne es selbst wahrzunehmen.

Doch unabhängig von der beruflichen Situation vermisst er schon lange in dem partnerschaftlichen und familiären Zusammenleben Ruhepausen und Zeit fürs Genießen. Mit Wehmut denkt er an die gemeinsame Studienzeit zurück, in der sie beide oft ausgegangen sind, Freunde zu Besuch hatten und insgesamt viel fröhlicher waren als jetzt. Nur ist er nicht der Mann der großen Worte und

Diskussionen. Dafür kann er gut etwas aushalten und darauf vertrauen, dass schon eine Veränderung kommen wird.

Jetzt wo sie aber dieses Thema anspricht, ist er sogleich bereit für eine tiefergehende Diskussion. So erzählen sie sich erst einmal beide jeweils ihre Wünsche, Bedürfnisse, Träume und Zukunftsvisionen. Sie entdecken, dass sie gar nicht so weit voneinander entfernt sind. An diesem Nachmittag fühlen sie beide eine schon lange nicht mehr dagewesene Nähe, Liebe und Verbundenheit.

Vor diesem Gespräch hatte Nora ein bisschen Angst gehabt. Jetzt ist sie so erleichtert, dass ihr die Tränen über die Wangen fließen. Ihr Mann nimmt sie in den Arm, küsst sie und trocknet die Tränen. In diesem Augenblick kommen die Kinder vom Spielen zurück. „Mama, ist etwas passiert? Bist du krank?" rufen sie angstvoll. Doch lächelnd schütteln die Eltern nur den Kopf. „Ich weine nur, weil alles gut wird", erklärt die Mama. Die Kinder schauen verwundert, „verstehe einer die Erwachsenen", denken sie wahrscheinlich.

Aber dann macht sich die Familie auf, um noch einmal vor dem Abendessen ins Meer

zu hüpfen. Irgendwie sind alle ganz ausgelassen. Auch der Papa lässt sich jauchzend
in den Sand fallen, und die Kinder klettern
auf ihm herum. Er ist für kurze Zeit ihr Pferd-
chen.

Nora beobachtet ihre Lieben und denkt
glücklich, wie wertvoll ist es doch, so eine
wundervolle Familie zu haben. Sie ist erfüllt
von einem tiefen Gefühl der Dankbarkeit. Es
wird ihr bewusst, dass sie viele Jahren lang
ausschließlich die Pflichten, die mit dem Beruf und mit der Familie verbunden sind, gesehen hat. Zum ersten Mal seit langer Zeit
empfindet sie so etwas wie Glück. Sie hat
noch keinen Plan für die Zukunft. Aber sie
hat das Gefühl, gemeinsam mit ihrem Mann
wird sie eine Lösung finden. Alles wird gut.

Es geht ihr gut. Wir haben vereinbart, dass
wir die Therapie beenden können. Sie
kommt zu einem Abschlussgespräch. Wir
ziehen Bilanz. Was ist in den letzten beiden
Jahren geschehen? Was hat sich in ihrem
Leben alles verändert? Wie ist ihr Gesund-
heitszustand zurzeit? Und vor allem wie ist
ihr Lebensgefühl?

Beruflich hat Nora sich in der neuen Position der Referentin relativ gut eingearbeitet. Es gibt immer noch Fragestellungen, bei denen sie unsicher ist. Wo sie ein bisschen Hilfe benötigt. Die Zusammenarbeit mit ihrem unmittelbaren Vorgesetzten aus dem Vorstand der Firma ist sehr angenehm. Sie hat nie das Gefühl, unter Druck gesetzt zu werden. Im Gegenteil, sie wird immer ermutigt, alle Fragen zu stellen, die sie beschäftigen. Auch wenn sie einmal etwas länger braucht, um die Präsentation oder den Bericht fertig zu stellen, so ist dies nur selten ein Problem. Oft bekommt sie die Bestätigung, dass ihre Recherchen und Stellungnahmen sehr wertvoll für die Firma sind. Sie bilden die Grundlage für zahlreiche fundamentale Entscheidungen. So fühlt sie bestätigt, dass ihre Arbeit wichtig ist. Diese Anerkennung motiviert sie und gibt ihr ein Gefühl der Zufriedenheit. Die reduzierte Arbeitszeit und die Möglichkeit des Homeoffice bieten die Möglichkeit, Arbeit und Familie in angenehmer Weise miteinander zu verbinden.

„Wenn ich zurückdenke, wie oft ich mich in der Vergangenheit überfordert, abgehetzt und unter Druck gefühlt habe, so verstehe ich mittlerweile gar nicht mehr, warum ich nicht schon früher etwas verändert habe. Aber wahrscheinlich musste mein Körper mir erst Signale geben, damit ich aufwache", bemerkt Nora kopfschüttelnd. „Aber ich habe auch Glück gehabt, dass in unserem Unternehmen solch eine Position geschaffen wurde. Und auch dass sich die Kommunikation unter einander durch das Firmen-Coaching erheblich verbessert hat. Ohne diese beiden äußeren Bedingungen hätte ich wahrscheinlich die Firma verlassen und mir eine neue Stelle suchen müssen. Was natürlich auch möglich gewesen wäre. Nur so ist viel einfacher."

In der jetzt gewonnenen freien Zeit hat sie bisher noch keine neuen Aktivitäten für sich ausprobiert. Sie ist erst einmal dankbar, dass sie endlich genügend Kraft für die Familie hat. Die Kinder brauchen ihre Mutter schon intensiv, denn ein Wechsel in die Grundschule stand für den älteren Sohn an. Jetzt kann sie endlich genießen, mit den Kindern zusammen zu sein, ohne gleich wieder an berufliche Aufgaben zu denken.

„Es ist etwas schade, dass ich die Säuglings- und Kleinkinderzeit nur unter Druck und mit enormer Müdigkeit erlebt habe. Wenn ich noch einmal wählen dürfte, würde ich diese Zeit mehr genießen. Aber gut. Ab jetzt versuche ich jeden Tag bewusster zu erleben. Meine eigene Zufriedenheit wirkt sich positiv auf die Kinder und überhaupt auf die ganze Familie aus. Alle sind fröhlicher und ausgeglichener. Irgendwie macht das Leben im Augenblick mehr Spaß", fasst sie ihre jetzige Lebenssituation zusammen.

„Mein Mann bemüht sich auch sehr. An den Wochenenden versucht er bis auf Ausnahmen nicht mehr zu arbeiten, so dass wir mehr miteinander unternehmen können. Er übernimmt dann auch viele Aufgaben wie das Abholen der Kinder von Freunden, das Einkaufen oder die Planung kleiner Ausflüge. Wir haben vereinbart, dass ich während der Woche die Säule der Familie bin, weil es für ihn durch seine beruflichen Verbindungen zu den USA kaum möglich ist, früher nach Hause zu kommen. Aber das ist für mich ok. Ich bin schon sehr glücklich, wenn ich spüre, dass er sich so viel Mühe gibt. Ein Abend im Monat gehört nur uns beiden. Dann kommt eine Studentin, die die Kinder sehr mögen. Sie übernimmt die Zubettgehen-Zeremonie und bleibt, bis wir wiederkommen. An diesem Abend gehen wir aus, ins Kino, in ein schönes Restaurant, in ein Konzert, manchmal sogar in einen Club zum Tanzen. Immer abwechselnd darf sich einer von uns etwas wünschen, was der Andere dann mitmacht. Das ist sehr lustig. Denn es gibt auch manchmal eine witzige Überraschung", beschließt sie schmunzelnd ihren Bericht über ihre derzeitige familiäre Stimmung.

Im Großen und Ganzen ist Nora zufrieden. Es gibt noch den einen oder anderen Wunsch nach Veränderung. Aber nicht mehr in den grundlegenden Themen. Sie schläft gut ohne pflanzliche Medikamente. Sie hat ihren Tagesrhythmus gefunden und kann ihre Arbeit ideal mit der Familie vereinbaren. Sie und ihr Mann haben wieder zueinander gefunden, und dies fühlt sich gut an. Trotz einiger Turbulenzen, die ein Leben mit Kindern eben mit sich bringt, ist das Gefühl der starken Erschöpfung nicht mehr aufgetreten. So kann das Leben weitergehen. Eine tiefe Zufriedenheit erfüllt sie.

Wir verabschieden uns sehr herzlich mit der Versicherung, dass sie bei aufkommenden Fragestellungen jederzeit noch einmal zu einer Stunde wiederkommen kann.

Nach drei Monaten bekomme ich eine Postkarte mit einem Bild eines Windsurfers auf dem Meer. Auf der Rückseite stehen herzliche Grüße von ihr aus dem Urlaub und der Satz:

„Ich habe tatsächlich *freiwillig* das breitere Surfbrett mit dem kleinen Segel für Anfänger gewählt. Und das Windsurfen war trotz Wellen und heftigen Böen ein Genuss. *Stay under your limit.* Ich bin meinem Leitsatz noch immer treu geblieben.

Mit Dank und herzlichen Grüßen

Nora

Wenn alles unter die Haut geht

Mark ist groß, schlank, mit zartem Körperbau. Ende 20. Die schwarzen dichten Locken umrahmen sein markantes Gesicht, in dem die großen dunklen Augen unruhig um sich schauen. Leichte Nervosität, vielleicht sogar ein wenig Ängstlichkeit ist zu spüren. Auf die Frage nach seinem Anliegen schweigt er eine Weile. Sein Blick aus dem Fenster verliert sich in der Weite des grauen Himmels.

Er beginnt leise zu sprechen. Seit er zurückdenken kann, fühlt er sich anders als andere Jungen. Seine Eltern hatten ihn im Fußballverein seines Heimatortes angemeldet. Sie wollten, dass er endlich Freunde findet. Er sollte ein bisschen rauer, männlicher werden. Ein ganz normaler Junge eben. Aber er fühlte sich auf dem Fußballplatz nicht wohl. Das Geschrei der anderen Jungs erschreckte ihn. Er mochte nicht angerempelt oder gefoult werden. Dies alles war ihm zuwider. Danach saß er lange in seinem Zimmer, um wieder zur Ruhe zu kommen. Und um das Erlebte zu verarbeiten.

Seine Leidenschaft war und ist die Musik. Mit den Kopfhörern auf seinen Ohren kann er sich von den Klängen der Musik wegtragen lassen - in eine andere Welt. Dort fühlt er sich sicher, entspannt. Das ist seine Welt. Hier ist er nicht einsam, auch wenn er stundenlang ganz alleine in seinem Zimmer ist. Er liebt klassische, aber auch elektronische Musik. HipHop und Rapp sind ihm oft zu laut und zu aggressiv, doch die Texte sprechen ihn an. Er sieht sich als Außenseiter. Ein Suchender.

Er hat einige wenige, dafür aber sehr gute Freunde. Viele junge Leute wenden sich von ihm ab. Er ist ihnen zu langweilig. In Kneipen abhängen, die Nächte in Clubs durchtanzen oder auf Volksfesten feiern und Alkohol trinken, gibt ihm überhaupt nichts. Er fühlt sich dort fehl am Platz. Lärm in jeglicher Form ist für ihn Stress. Bei Konzerten steckt er sich oft kleine Wattebällchen in die Ohren, weil die Verstärker oft übersteuert sind.

Er hat seine Eltern überzeugt, ihn, anstatt zum Fußball zu schicken, lieber ein Instrument lernen zu lassen. Sie haben dies eingesehen. Sein musikalisches Talent wurde gefördert mit Querflöten- und Klavierunterricht. Er überraschte seine Musiklehrer, indem er kleine Stücke selbst komponierte und sie dann vorspielte.

Die Schulzeit hat er mit Mühe hinter sich gebracht und ein mittelmäßiges Abitur geschafft. Es war nicht das Lernen, was ihn quälte. Es war eher die Klassengemeinschaft und etliche Lehrer, die ihn unter Druck gesetzt haben. Er wurde oft gehänselt und gemobbt. Einige Mitschüler haben nach der Schule manchmal auf ihn gewartet, um ihn zu provozieren und dann zusammenzuschlagen. Einfach so. Ohne Grund. Nur weil er anders ist.

Seine Mutter war oft zu Elterngesprächen in der Schule, konnte ihm aber keinen wirklichen Schutz bieten. Sie hat ihm danach manchmal Vorwürfe gemacht, er möge sich doch ändern, sich doch wie ein „normaler Junge" verhalten. Er hat das Leben bisher als ungerecht, hart und grausam erlebt und sich noch mehr zurückgezogen. In seine Welt, die Welt der Träume und der Musik.

Nach dem Abitur hat er dann ein Studium der Betriebswirtschaft begonnen. Und mit dem Bachelor abgeschlossen. Es war der Wunsch seines Vaters. Er sollte einmal den elterlichen Betrieb übernehmen. Ein Autohaus mit Werkstatt und Neuwagenverkauf. Eigentlich wäre eine Ausbildung zum Mechatroniker auch nützlich gewesen. Dagegen hat er sich noch gerade wehren können.

Er hat das Studium nur seinen Eltern zuliebe durchgehalten. Er fühlt sich schuldig, weil er ihnen immer so große Sorgen und Probleme bereitet. Sie lieben ihn, aber im Grunde ihres Herzens können sie ihn nicht wirklich verstehen. Da gibt es eine unsichtbare Barriere.

Nur zu seinem Großvater mütterlicherseits hatte er eine besondere Beziehung. Dieser war als Fotograf erfolgreich gewesen. Er hat sein tägliches Brot zwar mit einem gewöhnlichen Fotostudio verdient. In seiner freien Zeit fotografierte und entwickelte er aber großartige Bilder und gewann damit zahlreiche Wettbewerbe. Mit ihm konnte er über seine Gedanken und Gefühle sprechen.

Großvater hörte ihm einfach zu, ohne viel zu sagen. Das war Trost genug. Oft sind sie zusammen gewandert, in der Natur. Er trug dann Großvaters Ausrüstung und half ihm bei der Motivsuche. Wundervolle gemeinsame Stunden seit der frühen Kindheit. Großvater hat ihn immer ernst genommen. Ihn wie eine wichtige Persönlichkeit behandelt. Seine Zuneigung zur Musik konnte dieser gut nachvollziehen. Er hat ihn bei den Eltern oft unterstützt und ein gutes Wort eingelegt. Jetzt ist der geliebte Großvater vor einen halben Jahr plötzlich gestorben. Ein Herzinfarkt. Er muss stundenlang im Wald gelegen haben. Ein Spaziergänger hat ihn zufällig gefunden und die Polizei alarmiert.

Die Tränen fließen ganz still. Mark sitzt regungslos. Der Blick wieder aus dem Fenster in die Weite des Himmels gerichtet. Er ist in seinen Gedanken versunken und hat ganz vergessen, wo er sich befindet, und dass ich auch noch im Raum bin. Leise spreche ich ihm mein Mitgefühl aus. Er schrickt zusammen und schaut mich mit seinen großen dunklen Augen ruhig an. Es liegt Trauer und Schmerz in seinem Blick. Langsam sammelt er sich wieder.

„Ich weiß nicht, ob Sie mir helfen können. Bisher konnte mir niemand helfen". Zweifel liegen in seiner Stimme.

„Ich fühle mich seit Großvaters Tod ganz alleine auf der Welt. Und ich fühle mich schuldig an seinem Tod. Dass ich nicht bei ihm war. Dass ich nicht gemerkt habe, dass er krank war. Er ist einfach so gegangen, ohne Abschied. Ich vermisse ihn sehr."

Seine Augen füllen sich wieder mit Tränen. „Meine Eltern versuchen mich zu trösten. Sie sind sehr nett. Meine Mutter ist ja auch sehr traurig. Er war ihr Vater. Ein liebevoller Vater. Dennoch konnte sie ihn nie wirklich verstehen. Er war ihr zu unstet. Mit seinen vielen „verrückten" Ideen, wie sie es nennt, brachte er immer Turbulenzen in die Familie. Ein unruhiger Geist. Es ging ihm nie ums Geschäft. Der Verdienst war ihm egal. Er lebte für seine Kunst und seine Kreativität. Das war meinen Eltern nicht solide genug. Ich aber finde seine Bilder super. Schon die Suche nach Motiven, die Auswahl des Ausschnitts und dann die unterschiedlichen Belichtungen – was alles möglich ist, wenn man, wie er, die Technik beherrscht. Ich fühlte mich ihm immer sehr nah. Wir verstanden uns ohne Worte. Wenn wir zusammen unterwegs waren, redeten wir nicht viel. Und doch konnte ich ihm alles erzählen. Alles, was mich bewegte. Die Zweifel über mich und das Leben", er seufzt tief und schweigt dann für einige Minuten.

„Aber so kann es nicht weitergehen", sagt Mark dann entschieden. „Ich möchte wissen, was mit mir los ist. Warum bin ich anders als viele andere Jungen. Jetzt werde ich bald 30. Ich wünsche mir auch eine eigene Familie. Aber bis jetzt hatte ich nur kurze flüchtige Kontakte zu Mädchen, zu Kommilitoninnen aus meinem Studiengang. Ich habe Angst vor zu viel Nähe. Und natürlich, dass ich wieder verhöhnt, verschmäht, verletzt werde. Daher habe ich alle Kontakte zu Mädchen vorzeitig abgebrochen und mich nicht mehr gemeldet, wenn es ernster wurde. Obwohl schon einige darunter waren, zu denen ich mich sehr hingezogen fühlte. Aber keiner konnte oder wollte ich wirklich meine Gedanken und Gefühle mitteilen", fügte er nachdenklich hinzu. „Außerdem habe ich Großvater in einem der letzten langen Diskussionen über das Leben versprochen, mir professionellen Rat und Hilfe zu suchen. Ich glaube,

Großvater wäre jetzt stolz auf mich, dass ich den ersten Schritt dazu getan habe und jetzt hier bin".

Es klingt ein bisschen wie eine Rechtfertigung für sich selbst, quasi eine Erlaubnis für eine Therapie. Aber mit Großvaters Segen, da kann ja eigentlich nichts schief gehen.

Wir vereinbaren, dass er sich meldet, wenn er zu einem zweiten Gespräch bereit ist. So entsteht kein Druck. So ist er frei. Er ist sehr erleichtert, dass er sich, wie zur ersten Terminvereinbarung, per Email melden kann. Ein Telefonat wäre für ihn eine größere Hürde.

Ich empfehle ihm, in sich hinein zu spüren und alle Gefühle und Gedanken wahrzunehmen, die im Nachklang zum heutigen Tag auftauchen. Es besteht auch die Möglichkeit, diese unzensiert aufzuschreiben. Einfach auf Papier oder auf dem PC herunterschreiben, was kommt. Dies alleine hat schon eine heilende Wirkung. Beim späteren Lesen ist man oft erstaunt, was einem so alles durch den Kopf gegangen ist. Dies könnte dann eine mögliche Richtung angeben, in die eventuell ein neuer Weg führt.

Einige Wochen später kommt er zu einem zweiten Gespräch. Seine tiefe Traurigkeit und der Schmerz über den Verlust des Großvaters beherrschen das Thema dieser und noch zahlreicher weiterer Sitzungen. Das Gefühl der Schuldhaftigkeit am Tod des Großvaters wird langsam schwächer. Er versteht, dass es nicht in seiner Macht lag, den Herzinfarkt zu verhindern. Wahrscheinlich hat der Großvater selbst nicht gewusst, wie es um seine Koronararterien bestellt war, sonst hätte er sich wahrscheinlich intensiver um seine Gesundheit gekümmert und sich in ärztliche Behandlung begeben. Manchmal kommt so ein Ereignis ohne Vorboten. Und trotz der großen Fortschritte der modernen Medizin kommt leider in einigen Fällen jede Hilfe zu spät. Besonders, wenn der plötzliche Verschluss einer großen Herzarterie in einer abgelegenen Umgebung geschieht, in der man ganz alleine ist, und wo keine schnelle medizinische Hilfe geholt werden kann.

Langsam kann Mark den schmerzlichen Verlust akzeptieren. Die Trauer liegt jedoch immer noch schwer auf ihm - wie ein unsichtbarer Schatten. Doch hin und wieder ist ein Lächeln möglich. Besonders, wenn wir auf das Thema Musik zu sprechen kommen. Er hat ein Musikstück auf dem Klavier in Gedenken an den Großvater komponiert und mit seinem Handy aufgenommen. Etwas vorsichtig fragt er, ob er mir dies vorspielen darf.

„Sehr gerne", antworte ich erfreut, denn die Tatsache, dass er seine große Trauer in einen kreativen Prozess transformieren konnte, ist ein großer Schritt in Richtung Heilung. Erstaunlicherweise ist das Musikstück gar nicht schwermütig. Ich hatte dies eigentlich erwartet. Nein, es ist zwar im Rhythmus ruhig, getragen. Aber eine fast fröhlich anmutende, verspielte Leitmelodie verleiht ihm etwas Leichtes, Hoffnungsvolles. Weder er noch ich, keiner von uns kommentiert das Gehörte. Jedes Wort hätte die Anmut der Tonklänge zerstört. Sie verhallen leise und klingen noch ein wenig nach. Wir lassen es einfach so stehen. Es entsteht eine ruhige, gelassene, fast heitere Stimmung, die neue Gedanken zulässt.

Ich nutze diese neue Situation, um auf sein Gefühl des „Andersseins" zu sprechen zu kommen.

„Menschen besitzen eine unterschiedliche Sensitivität", beginne ich das neue Thema.

„Das bedeutet, dass die Reize von der Außenwelt, seien es akustische, optische oder haptische, das sind Reize über den Tastsinn, von jedem Menschen unterschiedlich registriert werden. So gibt es Menschen, die im Vergleich zu anderen all das, was auf sie einströmt, sehr intensiv wahrnehmen. Sie haben quasi keinen Schutz, all diese Signale zu filtern oder gar abzuwehren. Deshalb sind diese Menschen viel schneller erschöpft und müssen sich länger erholen. Manchmal ist es dann wirklich hilfreich, sich zurückzuziehen und sich für eine bestimmte Zeit in einer reizarmen Umgebung aufzuhalten, um Kraft zu schöpfen.

Die Ausprägung dieser sogenannten Hochsensibilität ist sehr variantenreich. Sie reicht von leicht, mittel über stark sensibel bis hin zur Hochsensibilität.

Ebenso variabel sind die Ursachen.

Es gibt in manchen Fällen eine genetische, das heißt erbliche Disposition. Das bedeutet, dass es in einer Familie mehrere Mitglieder gibt, die sensibler sind als die Normalbevölkerung.

Dann könnte eine Schwangerschaft mit hohem Stressniveau ausschlaggebend gewesen sein, da Stresshormone über die Plazenta in den Kreislauf des Embryos gelangen.

Traumata, Vernachlässigung, Missbrauch in der frühen Kindheit sowie eine Umgebung mit viel Aggression, Wut, Geschrei könnten dazu geführt haben, dass das kindliche Nervensystem schon früh in einen Stresszustand gerät und dann überreizt ist.

Es wird geschätzt, dass ungefähr 20 Prozent der Menschen hochsensibel sind", versuche ich ihm eine erste medizinisch-psychologische Erklärung für sein Gefühl des Andersseins zu vermitteln.

Mark blickt mich sehr interessiert an. Es liegt ein Hauch von Verwunderung in seinem Blick.

„20 Prozent", sagt er vorsichtig. „Das heißt, dass es auch andere Menschen gibt, die so fühlen, wie ich".

Er schweigt beeindruckt. Sein Gesichtsausdruck verrät, dass er nachdenkt.

„Von den Ursachen, die Sie eben aufgezählt haben, könnte bei mir eventuell die genetische Disposition in Frage kommen. Vielleicht war Großvater auch hochsensibel, und er hat mich deshalb so gut verstanden. Ja, auch er mochte keinen Lärm, er hat Menschenansammlungen gemieden und hat sich auch oft zurückgezogen, um alleine zu sein. Vielleicht war dies auch der Grund, weshalb er sich von Großmutter getrennt hat. Sie waren seit vielen Jahren geschieden. Es gab zwar noch bis zuletzt einen freundschaftlichen Kontakt. Großmutter sagt aber immer, er sei ein Eigenbrötler gewesen, mit dem man nicht zusammenleben konnte.

Ich werde mal mit meiner Mutter darüber sprechen. Dann kann ich sie auch zu ihrer Schwangerschaft fragen. Bisher hat sie nicht über besondere Ereignisse berichtet, als sie mit mir schwanger war. Wenn ich sie aber direkt darauf anspreche, fällt ihr vielleicht doch etwas ein, was von Bedeutung gewesen sein könnte".

Er ist plötzlich ganz aufgeregt und sitzt auf der vordersten Kante des Sessels, so, als wolle er sofort aufspringen und seine Recherchen beginnen. Diese Veränderungen sind sehr häufig bei Menschen mit Hochsensibilität zu beobachten, wenn sie plötzlich eine Erklärung erhalten, weshalb sie so anders fühlen, denken und erleben als ihre Mitmenschen. Plötzlich gibt es auf die Frage nach dem Warum eine mögliche Antwort.

„Wichtig ist noch zu wissen, dass Hochsensibilität keine Krankheit ist. Sie ist nur eine Variation des menschlichen Erlebens. Wenn man sich dessen bewusst ist, dass die Reize von außen unzureichend gefiltert auf das Nervensystem eintreffen, kann man zahlreiche Strategien anwenden, um sich besser zu schützen. Meistens sind hochsensible Menschen in bestimmten Bereichen besonders begabt und kreativ. Das bedeutet, dass sie außergewöhnliche Fähigkeiten besitzen können. Wenn sie diese nutzen und sogar fördern, dann kann das Leben sehr spannend und erfüllend werden", führe ich noch abschließend aus.

„Es gibt einen Test von der amerikanischen Psychologin Elaine Aaron, die selbst hochsensibel ist. Diesen Test können wir in der nächsten Stunde zusammen durcharbeiten, wenn Sie möchten. Er gibt einen Hinweis darauf, ob eventuell bei Ihnen eine Hochsensibilität vorliegt", schlage ich vor.

Mark notiert sich den Namen der amerikanischen Psychologin Elaine Aaron in sein Smartphone und verabschiedet er sich mit den Worten: „Jetzt habe ich aber viel nachzudenken".

In der nächsten Stunde wirkt er viel dynamischer als sonst. Seine Körperhaltung ist verändert. Er geht aufrecht, sein Blick ist wach und konzentriert. Zum ersten Mal ist er mit schnellen Schritten die Treppe zum Therapieraum hinaufgeeilt.

Er beginnt gleich zu sprechen: „Ich habe den Test von Elaine Aaron im Internet gefunden und gleich durchgearbeitet. Es gibt tatsächlich zahlreiche Kriterien, die auf mich zutreffen. Die Lärmempfindlichkeit, das Unbehagen inmitten vieler Menschen bei Festen, Partys und anderen Events und die Tatsache, dass ich brutale oder sehr traurige Nachrichten, Filme und Menschen meide, weil mir dies stundenlang noch nachgeht, sind wohl am prägnantesten. Starke Gefühle, ob sie positiv oder negativ sind, wühlen mich immer sehr auf, und ich brauche lange, um sie zu verarbeiten. Das Gefühl, zu einer Gemeinschaft nicht dazugehören, begleitet mich schon, seit ich denken kann. Kreative Beschäftigungen, bei mir besonders die Musik, sowie der Aufenthalt in der Natur erfüllen mich sehr. Ich brauche viel Zeit, um mich zu regenerieren und bin gerne alleine. Meine guten Freunde schätzen an mir, dass ich aufmerksam zuhören kann und sehr mitfühlend bin. Oft nehme ich aber dann die Sorgen und Probleme der anderen auf und leide selbst darunter. Kurz gesagt, ich glaube, dass ich tatsächlich zu den hochsensiblen Menschen gehöre. Und jetzt? Was machen wir jetzt mit der Erkenntnis?"

Die letzte Frage klingt fast ein bisschen resigniert, so, als ob er sich nicht vorstellen kann, einen Weg zu einem erfüllten Leben finden zu können.

Ich kann ihn beruhigen. Von einigen berühmten Menschen, wie Albert Einstein, C. G. Jung, Charlie Chaplin, Hermann Hesse, Nicole Kidman und zahlreichen anderen weiß man, dass sie auch eine ausgesprochen hohe Sensibilität besaßen bzw. besitzen.

„Das Wichtigste an dieser Erkenntnis, dass bei Ihnen wahrscheinlich eine Hochsensibilität vorliegt, ist, dass wir jetzt die Möglichkeit haben, Strategien zu entwickeln und auszuprobieren, die Ihnen helfen, unter Ihrer persönlichen Reizschwelle zu bleiben. Oder wenn diese überschritten wurde, Tools parat zu haben, um das Nervensystem schnell wieder zu regenerieren. Die individuelle Belastungsgrenze zu kennen und vor allem zu akzeptieren, das ist der entscheidende Punkt", versuche ich ihm die Notwendigkeit dieser Erkenntnissuche zu erklären.

„Es geht jetzt hauptsächlich um Akzeptanz. Der Grund, warum Sie diese hohe Sensibilität besitzen, ist für eine erfolgreiche Lebensführung erst einmal nicht relevant. Sind jedoch schwere Traumata ursächlich beteiligt, sollte natürlich eine spezielle Traumatherapie erfolgen. Bei einer genetischen oder schwangerschaftsbedingten Hypersensibilität gilt es erst einmal zu akzeptieren, dass Sie so sind, wie Sie sind. Und dies ohne Wertung.

Es gibt die Möglichkeit, positive Affirmationen zu formulieren und sich immer wieder vorzusprechen, um das eigene Selbstvertrauen zu stärken. Solche Affirmationen sind zum Beispiel die folgenden Sätze:

- *Ich akzeptiere meine außergewöhnliche Sensibilität.*
- *Ich bin stolz, ein feinfühliger, emphatischer Mensch zu sein.*
- *Ich trete für meine Bedürfnisse ein.*
- *Ich verabschiede mich von Menschen, die mich verletzen und nicht respektieren.*
- *Ich suche mir Menschen, die mich akzeptieren, und mit denen ich über meine Gefühle, Gedanken, Träume und Bedürfnisse sprechen kann.*
- *Ich verstecke meine Talente nicht.*

Die Tatsache, dass hochsensible Menschen oft erschöpft sind und sich zurückziehen müssen, um das übererregte Nervensystem wieder zu beruhigen, führt manchmal dazu, dass sie sich innerlich abwerten, weil sie denken, nicht so leistungsfähig wie andere zu sein. Sie empfinden dies häufig als Makel, was es definitiv nicht ist. Die Empfindlichkeit und die Wahrnehmung sind nur anders, dies ist nicht besser und nicht schlechter. Anders eben". Damit zeige ich ihm einen ersten Weg auf, die Selbstakzeptanz zu stabilisieren.

„Weil hochsensible Menschen öfter das Bedürfnis verspüren, Zeit mit sich selbst zu verbringen, werden sie von anderen oft als introvertiert, ängstlich oder ungesellig eingeschätzt. Um diesem Bild entgegenzutreten, versuchen hochsensible Menschen oft so zu sein, wie alle anderen und machen alles mit, obwohl sie sich nicht wohl dabei fühlen. Das führt jedoch häufig dazu, dass sie sich dann ausgelaugt, gestresst oder erschöpft fühlen. Nun werden sie erst recht von anderen als „Schwächling" beurteilt. Diese abwertende Beurteilung durch andere führt wieder dazu, dass sie sich selbst verachten und als nicht „normal" empfinden. Ein sich immer verstärkender Kreislauf.

Also, die eigene Grenze und das, was einem gut tut und was nicht, genau zu wissen und größtenteils danach zu leben, ist die Lösung. Es ist besser im Vorherein die eigenen Wünsche klar zu formulieren, als fremdbestimmt nach den Vorgaben der Anderen einfach mitzumachen und sich danach schlecht zu fühlen", fahre ich mit meiner Erklärung zu den psychologischen Erkenntnissen bezüglich Hochsensibilität fort.

„Es ist wirklich so, wie Sie es schildern", bestätigt Mark meine Ausführungen.

„Ich habe mich immer als minderwertig gefühlt, weil ich ungern mit zu der nächsten Party ging, oder weil ich bei Weihnachtseinkäufen in der Einkaufspassage wegen der hektisch umherlaufen Menschen am liebsten weggelaufen wäre. Vieles habe ich mit meinen Schulfreunden oder Studienkollegen mitgemacht, um einfach dazuzugehören. Aber oft konnte ich dann in der Nacht danach nicht schlafen, weil ich zu aufgekratzt war, oder es ging mir schlecht, weil ich mich nicht mehr entspannen konnte. Habe ich mich dann zurückgezogen, wurde ich nicht mehr gefragt, ob ich mitgehen will, oder ich wurde zum Beispiel zu einer Geburtstagsparty erst gar nicht eingeladen. Das führte dazu, dass ich mich oft ausgeschlossen fühlte.

Mittlerweile macht es mir nicht mehr so viel aus, alleine zu sein. Ich schöpfe viel Kraft aus der Musik. Vielleicht wäre es interessant,

Menschen kennenzulernen, die auch sehr sensibel oder sogar hochsensibel sind. Ich könnte mir vorstellen, dass in diesem Kreis mehr Verständnis für einander vorhanden ist", fügte er nachdenklich hinzu.

„Sie werden überrascht sein, wie häufig Sie Menschen kennenlernen werden, die ähnlich wie Sie empfinden, wenn Sie beginnen, Ihre Mitmenschen aufmerksam zu beobachten. Haben Sie das Gefühl, dass jemand sich ebenfalls vor zu vielen Außenreizen schützt und ein reiches Innenleben mit viel Kreativität und einer Variation von Gefühlen besitzt, dann öffnen Sie sich einfach. Erzählen Sie von sich und Ihrem eigenen Erleben. Sie werden sehen, wie dankbar zahlreiche Menschen sich ebenfalls öffnen und über sich zu sprechen beginnen. Schnell entsteht ein ehrlicher Austausch. Vertrauen Sie Ihrer Intuition. Diese wird Sie zu den gleichgesinnten Menschen führen", bestärke ich ihn in seinem Wunsch nach mehr Kontakten zu Gleichgesinnten.

Er hat sich in seinem Freundes- und Bekanntenkreis umgesehen. Tatsächlich gibt es einige wenige, die ebenso feinfühlig wie er reagieren. Sie besitzen ähnliche Werte und Interessen. Zu ihnen gibt es viel Vertrauen und Ehrlichkeit. In diesen Beziehungen fühlt er sich akzeptiert. Er spürt, dass er bei diesen Menschen ganz entspannt ist.

Warum hat er so oft versucht, die Freundschaft gerade derjenigen zu erlangen, die so ganz anders leben? Immer wieder hat er viel Kraft investiert, in einem bestimmten Kreis Anerkennung zu bekommen, obwohl er sich dort unwohl und unverstanden gefühlt hat. Wenn er dort einfach loslassen könnte, das wird ihm plötzlich klar, würde er sehr viel Energie sparen, die er für schönere Aktivitäten und neue Kontakte einsetzen könnte. Warum ist er nicht schon von alleine darauf gekommen?

„Es ist tatsächlich so, dass viele hochsensible Menschen sich immer wieder beweisen wollen, dass sie ebenso viel „aushalten" wie die Anderen, denn in unserer erfolgsorientierten Gesellschaft sind Verletzlichkeit und Misslingen tabuisiert, und normalerweise wird deshalb vermieden, anderen von den eigenen Bedürfnissen und Schwächen zu erzählen. Die meisten hochsensiblen Menschen gehen immer wieder über ihre Belastungsgrenze, und es fällt ihnen schwer, zu akzeptieren, dass sie ein Nervensystem besitzen, das eben schnell zur Reizüberflutung neigt. Haben sie dies einmal verstanden und akzeptiert und gelingt es ihnen, danach zu leben und sich mit Menschen zu umgeben, die dies akzeptieren oder sogar ähnlich empfinden, so wird das Leben für diese hochsensiblen Menschen viel harmonischer, leichter und erfüllter", ermutige ich ihn, seinen eigenen Weg zu finden.

„Ich habe mit meinen Eltern über die Hochsensibilität gesprochen. Sie waren sehr interessiert und offen in diesem Gespräch. Auch für sie war es ein Aha-Erlebnis. Meine Mutter erzählte, dass ich schon als Kleinkind im Kinderwagen zu weinen begann, wenn in der Nähe ein Hund laut bellte. Sie hat schon früh bemerkt, dass ich sehr lärmempfindlich bin. Wie das damals so war, hat sie nie intensiver darüber nachgedacht. Ihre Einstellung war eher: wir müssen den Jungen etwas abhärten. Er ist zu weich, zu sensibel. Und so hat sie mich absichtlich lauten Geräuschen und turbulenten Situationen, die es ja in einer Autowerkstatt häufig gibt, ausgesetzt, im Glauben, etwas Gutes für meine Entwicklung zu tun. Ob mir dies geschadet hat, kann ich nicht sagen. Es ist jetzt so, wie es ist.

Zu ihrer Schwangerschaft mit mir, erinnert sie, dass diese in eine Zeit fiel, in der mein Vater und sie das Autohaus mit Verkauf und Werkstatt aufgebaut haben. Es gab sehr viel zu tun. Oft saß sie bis spät in der Nacht im Büro, um Rechnungen zu schreiben, Bilanzen zu vergleichen, Überweisungen zu tätigen und vieles andere mehr. Eben alles, was im kaufmännischen Bereich so anfiel. Diesen Bereich hat sie vollständig alleine übernommen, da mein Vater, als gelernter Automechaniker eher in der Werkstatt und später zusätzlich noch im Verkauf beschäftigt war.

Damals war das Geld knapp. Sie hätten sich gegen die Konkurrenz am Ort durchsetzen müssen. Eine gute Kundenpflege war ihr immer sehr wichtig. Diese braucht aber auch Kraft und Zeit. So sind Schlaf und Erholung oft zu kurz gekommen. Auch an den Wochenenden hat sie immer einige Stunden im Büro gearbeitet. Ob dies Auswirkungen auf meine Entwicklung gehabt hat, können wir im Nachhinein nicht mehr beurteilen. Es könnte aber sein, dass ich schon im Mutterleib einer größeren Portion Stress ausgesetzt war. Aber auch dies ist jetzt nicht mehr zu ändern. Ich möchte auch nicht, dass sich meine Mutter in irgendeiner Hinsicht schuldig fühlt. Das habe ich ihr sofort gesagt. Jetzt ist es an mir, aus meinem Leben, das Bestmögliche zu machen.

Meine Eltern haben mir jegliche Unterstützung, die ihnen möglich ist, zugesagt. Darüber habe ich in den letzten Tagen nachgedacht.

Eine wichtige Veränderung für mich, glaube ich, wäre vielleicht ein beruflicher Wechsel. Obwohl ich mich als Juniorchef in unserem Geschäft, das über die Grenzen unseres Heimatortes hinaus einen renommierten Namen hat, schon auch ein wenig stolz und zugehörig fühle. Mir wurde von meinen Eltern auch angedeutet, dass sie mit meiner Arbeit, meinem Auftreten und meinen Geschäftsabschlüssen sehr zufrieden sind. Doch ich bin nicht wirklich glücklich mit dieser Tätigkeit. Ich habe jeden Tag das Gefühl, eine Rolle zu spielen.

Es gibt in mir eine tiefe Sehnsucht nach einer erfüllenden Tätigkeit. Mit der Musik möchte ich mich nur in meiner Freizeit beschäftigen. Beruflich sehe ich in diesem Bereich keine Zukunft. Ich bin nicht herausragend genug, um zum Beispiel als Pianist aufzutreten. Und als Musiklehrer zu arbeiten, das wäre nicht attraktiv für mich.

Ich glaube, über meine berufliche Zukunft werde ich länger und tiefer nachdenken und mich informieren. Noch bin ich jung genug, um hier vielleicht einen neuen Weg einzuschlagen", gedankenverloren schaut Mark zum Fenster hinaus.

Es ist so, als ob er diese Gedanken schon lange hegt, sie aber zum ersten Mal laut ausgesprochen hat.

„Es ist die Frage, ob der Beruf, den Sie wählen, auch wirklich mit Ihrer Berufung übereinstimmen muss. Albert Einstein, nur als Beispiel, arbeitete im Patentamt und gab sich seinen physikalischen und philosophischen Gedanken in seiner Freizeit hin. C. G. Jung hat immer wieder betont, dass auf hochsensible Menschen eine eher praktisch pragmatische berufliche Tätigkeit stabilisierend wirken könnte. Trotzdem ist es nicht zufällig, dass sich Hochsensible besonders zu den Berufen hingezogen fühlen, in denen viel Empathie notwendig ist, wie zum Beispiel die Medizin, das Lehramt, die Krankenpflege, die Psychologie oder die Aufgabe als Pfarrer. Sie üben diese Berufe oft auch mit großem Erfolg aus.

Manche hochsensible Menschen tun sich schwer, in der Öffentlichkeit aufzutreten, viele Dienstreisen zu unternehmen oder ständig im Team zu arbeiten, ohne sich zurückziehen zu können. Diese Aspekte sollten Sie auch in Ihre Überlegungen mit einbeziehen, falls da etwas auf Sie zutrifft.

Da Sie ja bereits schon berufliche Erfahrungen sammeln konnten, wäre es doch interessant, wenn Sie die positiven Aspekte Ihrer jetzigen Tätigkeit, also das, was Ihnen Spaß macht, womit Sie sich wohl fühlen, und worin Sie erfolgreich sind, einmal herausfinden. Und umgekehrt, was gefällt Ihnen gar nicht an Ihrer jetzigen Tätigkeit, zu was müssen Sie sich täglich überwinden, oder was fällt Ihnen besonders schwer und kostet extrem viel Energie. Solch eine Gegenüberstellung könnte einen Hinweis geben, in welche Richtung Ihre neue berufliche Orientierung gehen könnte". Damit zeige ich ihm einen

Weg, wie er seine Gedanken und Gefühle zu diesem Thema ordnen kann.

Mark nimmt sich ein Blatt Papier von einem Stapel, der immer für Notizen auf dem Tisch liegt.

„Wenn ich jetzt ganz spontan die Pro's und Contra's gegenüberstelle, dann fange ich mal mit den positiven Seiten meiner jetzigen Tätigkeit an. Hier überwiegt natürlich die Sicherheit, das Gewohnte, und dass ich dort hineingewachsen bin. Die Aufgaben sind sehr vertraut. Mein Vater hat mich schon früh an alles herangeführt und mich zu Gesprächen mit Kunden, zum Werk, in dem die Autos hergestellt werden, zu den Zulieferern, zum Steuerberater und Finanzamt mitgenommen.

Während meiner Semesterferien habe ich immer in der Firma als Praktikant gearbeitet und mir zusätzlich Geld verdient. Die Kunden schätzen mich, ebenso wie die Mitarbeiter und Mitarbeiterinnen in der Werkstatt, im Verkauf und im Büro.

Alle kennen mich seit Jahren. Wir haben keinen schnellen Wechsel bei den Angestellten. Meine Eltern sind immer bemüht, sich auf jeden einzustellen und aufkommende

Probleme sogleich zu diskutieren und zu lösen. Die hohe Zufriedenheit bei der Belegschaft spiegelt die angenehme Arbeitsatmosphäre in unserem Betrieb wider.

Das wirkt sich auch auf die Kunden aus. Auch hier gibt es zahlreiche Stammkunden, die schon mehrere Autos bei uns gekauft haben und seit langem zur Inspektion und Reparatur kommen. Diese angenehmen Arbeitsbedingungen und die Vertrautheit mit vielen netten Menschen sind für mich wohl die größten Vorteile bei meiner jetzigen Tätigkeit.

Natürlich ist die finanzielle Sicherheit auch nicht zu unterschätzen. Der Betrieb läuft gut und hat sich in der Region etabliert. Wir haben auch für Krisenzeiten Rücklagen.

Was auch noch sehr wichtig ist, ist die Tatsache, dass meine Eltern sich jetzt langsam aus Altersgründen zurückziehen möchten. Sie wollen Schritt für Schritt die gesamte Verantwortung und alle Entscheidungen in meine Hände legen, wenn ich das Geschäft übernehmen möchte. Für Fragen oder im Notfall wollen sie natürlich noch bereitstehen. Dieses große Vertrauen rührt mich sehr. Solch eine Selbstständigkeit würde ich so schnell bei keiner anderen Tätigkeit bekommen. Überall müsste ich in jedem Fall erst einmal alles neu lernen und von unten anfangen.

Wenn ich dies alles so zusammenfasse, wird mir erst klar, wieviel Wertvolles ich von meinen Eltern übernehmen könnte.

Also auf der Positivliste steht bis jetzt:

- Vertrautheit
- Sicherheit
- Selbstständigkeit
- Freie Zeiteinteilung mit Rückzugsmöglichkeit
- Entscheidungsfreiheit
- Angenehmes Arbeitsklima
- Überwiegend nette Mitarbeiter und Kunden
- Finanzielle Absicherung

So, und jetzt zu den negativen Aspekten.

Irgendwie hat mich das Thema Auto nie wirklich interessiert. Für mich ist ein Auto ein nützlicher Gebrauchsgegenstand. Automarken, Farben, Formen, Ausstattung und PS sind mir einfach nicht wichtig. Bei der Beratung und im Verkauf kann ich mich schon auf die Wünsche der Kunden einstellen. Ich glaube, die meisten Kunden habe ich auch gut beraten. Ich verstehe schnell, was sie möchten, welche Vorlieben sie haben, und was ihnen an ihrem Fahrzeug wichtig ist. Das könnte ja ein positiver Aspekt meiner Sensibilität sein, denn Einfühlung in andere fällt mir eben leicht. Vielleicht verlaufen die Kundengespräche deshalb so erfolgreich. Darüber habe ich noch nie nachgedacht. Mir erschien es immer sonderbar, dass ich selbst so wenig Interesse an Autos habe, die Kunden sich aber von mir meistens sehr gut betreut fühlen.

Was mir auch schwer fällt, ist die Arbeit in der Werkstatt. Ich habe mehrere Monate dort mitgearbeitet, um die Elektronik und Mechanik erst einmal grundsätzlich zu verstehen. Aber für mich ist die Werkstatt ein zugiger, lauter, schmutziger Ort, an dem ich nur im äußersten Notfall lange verweile. Ich vertraue in diesem Bereich zu 100 Prozent unserem Werkstattmeister. Er ist ein absolutes Genie und kann die kniffligsten Probleme lösen. Auch hat er einen guten Zugang zu den Auszubildenden. Er motiviert sie optimal.

Problematisch ist für mich auch, wenn es zu turbulent zugeht. Manchmal gibt es trotz guter Terminplanung zu viele Anmeldungen gleichzeitig. Besonders wenn Kunden mit akuten Schäden an ihrem Fahrzeug alles schnell repariert haben wollen. Auch während einer Krankheitswelle beim Personal, meistens im Winter, läuft es auch nicht immer so entspannt. Dann gibt es zahlreiche Beschwerden, weil Kunden warten müssen oder auch mal etwas falsch bestellt oder nicht geliefert wurde. Ich bemühe mich zwar, jedem in Ruhe alles zu erklären. Dann versuche ich, den Ärger der Kunden abzufangen. Aber das sind für mich keine einfachen Situationen. Sie gehen mir gefühlsmäßig noch lange nach.

Also an negativen Punkten meiner Tätigkeit wären dann:

- Stressige Wochen bei Krankheit und Fehlern
- Die Werkstatt: schmutzig, laut, kalt
- Fehlendes Interesse für Mechanik und Elektronik
- Das Thema Auto als Solches für mich nicht spannend

Ja, es ist interessant, dies alles einmal so klar gegenüberzustellen. Dieses Blatt werde ich zuhause noch einmal genau anschauen und gegebenenfalls ergänzen.

Was ich jetzt erarbeiten müsste, wären die Alternativen. Also was interessiert mich sonst noch? Was könnte ich davon beruflich realisieren? Was bräuchte ich dafür an Ausbildung? Wie sieht der Vergleich zu meiner derzeitigen Beschäftigung aus", fasst er seine Gedanken hinsichtlich seiner zukünftigen beruflichen Tätigkeit zusammen.

Mark verlässt an diesem Tag meine Praxis mit schnellen Schritten. Er hat es eilig. Die Gedanken sprühen nur so, das sieht man ihm an. Wir vereinbaren eine längere Pause.

Zum einen ist gerade Sommerzeit, und es stehen einige Reisen sowohl bei ihm als auch bei mir bevor. Darüber hinaus bittet er um Zeit, um sich mit diesem wichtigen Thema in Ruhe beschäftigen zu können. Er möchte auch mit seinen besten Freunden und seinen Eltern ausführlich darüber diskutieren.

Auch hat er einen Termin bei einem Berufscoaching ausgemacht, bei dem ein psychologischer Test zu seinen Begabungen und Stärken geplant ist.

So verabschieden wir uns erst einmal für die Sommerpause. Ich bin sehr gespannt, wie er sich entscheiden wird, und welche neuen Aspekte die geplanten Gespräche noch zutage fördern werden.

Ich höre seine Stimme auf dem Anrufbeantworter. Er bittet um einen neuen Termin. Es ist das erste Mal, dass er persönlich anruft. Bisher hatten wir die Termine immer per Mail vereinbart. Seine Stimme klingt ernst, klar und sicher.

Mir fällt auf, dass er eine recht tiefe ruhige Stimme hat. Das wirkt sehr vertrauensvoll. Hierbei kann ich mir gut vorstellen, wie beruhigend und verbindlich dies auf sein Gegenüber wirken kann. Eine seiner Begabungen liegt gewiss in der Kommunikation. Menschen werden sich durch seine Stimme und Sprache angezogen fühlen.

Warum er die Kommunikation per Mail bevorzugt, hat er mit seinem Gefühl, abgelehnt zu werden, begründet. In seiner Kindheit hat er so viele Verletzungen durch andere Menschen einstecken müssen, dass er mittlerweile lieber schriftlich kommuniziert. Das bietet ihm einen gewissen Schutz.

In seiner beruflichen Tätigkeit als Junior-Chef des Autohauses muss er täglich persönlich mit zahlreichen Menschen in Kontakt treten. Dies ist mittlerweile für ihn kein Problem mehr. Hier tritt er ja nicht als Privatperson auf, sondern eben in seiner Funktion als Junior-Chef. Dies gibt ihm schon eine gewisse Autorität. In dieser Funktion fühlt er sich auch in schwierigen Verhandlungen sicher.

Mark ist spürbar erfreut über meinen Rückruf. „Es gibt viel Neues zu berichten", kündigt er an. Was wird er wohl erlebt haben? Ob er schon eine Entscheidung für seine berufliche Zukunft getroffen hat? Ich lasse meine Gedanken hierzu schweifen und freue auf die nächste Therapiestunde.

„Ja, ich habe zahlreiche Gespräche geführt. Die Gedanken und die Gefühle danach habe ich immer aufgeschrieben. Einfach unzensiert hinuntergeschrieben, wie Sie mir geraten haben. Mit der Hand in ein kleines Büchlein, das ich extra dafür gekauft habe."

Zum Beweis holt er ein kleines blaues Büchlein im DIN A 5 Format aus dem Rucksack. Der Einband des Buches ist außergewöhnlich hübsch. Orientalische Motive verzieren die Ober- und Unterseite. Mark schlägt es auf, und ich sehe zusammenhängenden Text mit einer kleinen, klaren, gleichmäßigen Handschrift geschrieben.

„Dann habe ich mich auf eine Hütte in den Berchtesgadener Alpen für eine Woche eingemietet", fährt er in seinem Bericht fort.

„Der Hüttenwirt war erstaunt, als ich so ganz alleine mit meinem Rucksack dort ankam. Noch erstaunter war er, als er erfuhr, dass ich tatsächlich eine Woche bleiben wollte", Mark lacht bei der Erinnerung an das erstaunte Gesicht des Hüttenwirtes.

Er hatte das Vierbettzimmer für sich alleine gebucht, da es auf dieser Hütte keine kleineren Zimmer und vor allem keine Einzelzimmer gibt. Aber das nahm er in Kauf, denn er wollte sein Nachtlager nicht mit anderen teilen. Dies hatte er sich vorher gut überlegt. Da er jetzt über seine Hochsensibilität informiert ist, ist er bemüht, auf seine Rückzugsmöglichkeit Acht zu geben.

„Früher hätte ich wahrscheinlich in dem großen Schlafraum mit vielen Gästen übernachtet, um Geld zu sparen, und weil das ja so üblich ist. Dann hätte ich die Nächte dort schlaflos oder mit unruhigem Schlaf verbracht und wäre tagsüber erschöpft gewesen. Jetzt ging es mir gut. Ich konnte mich zurückziehen, wann immer ich von der Unterhaltung mit anderen gesättigt war. Und ich hatte genug Ruhe und Freiraum, um meine Sinne zu beruhigen. So war ich morgens ausgeschlafen, frisch und erholt. Ein echter Gewinn an Lebensqualität. Und das durch eine kleine Entscheidung, nämlich ein ganzes Zimmer für mich alleine zu buchen. Jetzt habe ich verstanden, warum es sinnvoll ist, zu wissen, ob eine Hochsensibilität vorliegt oder nicht. Es ist dann in manchen Situationen ganz einfach, sich vor zu vielen Reizen zu schützen, ohne dass es andere beeinträchtigt. Und das Erlebnis ist am Ende sehr schön. Ohne die Rückzugsmöglichkeit hätte ich den Aufenthalt auf der Berghütte wahrscheinlich nicht genossen".

Mark lächelt mir zu. Fast ein bisschen triumphierend. So als hätte er einen kleinen Sieg errungen.

"Mir war ja zu Beginn nicht wirklich einsichtig, warum das Wissen über mein Persönlichkeitsmerkmal nützlich sein könnte. Ich hatte eher das Gefühl, jetzt gebrandmarkt zu sein, wieder so ein Etikett mehr. Aber dieses Erlebnis hat mir gezeigt, wie wichtig es ist, sich selbst gut zu kennen, um für sich Bedingungen zu schaffen, die förderlich und nicht behindernd sind. Und oft ist es, wie dort auf der Hütte, so einfach zu realisieren. Und es stört keine andere Person. Meine Entscheidung für das Zimmer für mich alleine hat höchstens Verwunderung ausgelöst. Aber das konnte ich lächelnd aushalten."

Dann fährt er in seinem Bericht fort.

„Es kamen immer mal wieder Wanderer vorbei, die eine Nacht in der Hütte übernachteten. Tagsüber besuchten auch einige Ausflügler die Hütte, die sich nur eine Brotzeit oder ein Stück des köstlichen Kuchens gönnten, um dann weiterzuwandern oder wieder abzusteigen. Die schönste Zeit war aber der frühe Morgen. Da war es still. Die ersten Sonnenstrahlen wagten sich hinter den hohen Gipfeln hervor. Den dampfenden Kaffee in der Hand war es ein besonderer Augenblick, den Beginn eines neuen Tages zu erleben.

Ab und zu half ich den Hüttenleuten, die im Sommer immer diese kleine Alm bewirtschaften, beim Holz hacken, sah zu beim Käse machen, oder ich ging mit in den Berg, um die Kühe in den Stall zum Melken zu treiben. Ein beschauliches Leben im Einklang mit der Natur und den Tieren. Die Ereignisse dieser Welt schienen nicht für uns zu gelten. Da es kein Internetempfang gibt, führte ich für diese Woche ein Leben abseits der normalen Gewohnheiten. So konnte ich in Ruhe nachdenken, wenn ich zum Beispiel in aller Frühe das Glitzern des Morgentaus bewunderte, oder wenn der Nebel aus dem Tal aufstieg und sich in bizarren Formen am sonnenbeschienenen Berghang auflöste."

Mark schweigt für eine längere Zeit, den Blick in die Ferne aus dem Fenster gerichtet. Plötzlich merkt er, dass er ja im Therapieraum sitzt, und ich auch anwesend bin. „Entschuldigung, ich war gerade mit meinen Gedanken auf der Alm und der wunderschönen aber auch gewaltigen Natur in den Bergen", sagt er in die Stille hinein.

„Ja, die Berge haben schon etwas Faszinierendes. Ich habe den Eindruck, dass Sie nicht das letzte Mal dort gewesen sind. Das Erlebnis in dieser wunderbaren Natur hat Sie tief in Ihrer Seele berührt", gebe ich zur Antwort.

„Ja, ich habe den Almbauern versprochen, im Herbst wiederzukommen, kurz vor dem Almabtrieb, also bevor die Rinder ins Tal gebracht werden. Dann kommen nur noch wenige Ausflügler, und ich kann bei der Arbeit, die Alm winterfest zu machen, mithelfen. Es hat sich zwischen den Almbauern und mir eine Art freundschaftliche Verbundenheit entwickelt, die mir sehr wertvoll ist", bestätigt er meine Vermutung.

„Und in der Zeit in den Bergen ist meine Entscheidung hinsichtlich meiner beruflichen Zukunft gereift", kommt er zurück auf das ursprüngliche Thema. „Aber eben nur gereift, wie ein guter Käse. Das habe ich ja auf der Alm gelernt, dass die guten Dinge ihre Zeit brauchen", erklärt er schmunzelnd.

Ich schaue ihn gespannt an und warte schweigend. Wie so oft braucht Mark ein wenig Zeit, um sich zu sammeln.

„Ich habe mit meinem besten Freund, meinen Eltern, dem Berufscoach und meinem Klavierlehrer über meine Fähigkeiten, Talente, Stärken, Neigungen, aber auch über meine Schwächen und Abneigungen besonders unter dem Aspekt der Hochsensibilität gesprochen. Ja, sogar mit dem Almbauern und seiner Frau, die beide über 70 Jahre alt sind, und die eine Menge an Lebenserfahrung besitzen, habe ich nächtelang diskutiert. Sie waren früher in anderen Berufen tätig, haben drei erwachsene Kinder, die etwas älter sind als ich. Die Almbäuerin war bis zu ihrer Berentung als Gymnasiallehrerin tätig gewesen, und ihr Mann hatte im Bankwesen gearbeitet und ist dann frühzeitig in den Ruhestand gegangen, damit sie beide zusammen ihren Traum, im Sommer auf einer Alm zu leben, realisieren können.

Während des Berufscoachings wurde zu meinem großen Erstaunen sowohl in den Persönlichkeits- und Eignungstests, als auch in der Beratung deutlich, dass ich im mathematisch-logischen Denken eine relativ große Begabung besitze. Gleichbedeutend wie im musischen Bereich. Damit hatte ich nicht gerechnet, denn meine schulischen Leistungen in Mathematik und den anderen Naturwissenschaften waren damals nicht so hervorragend. Aber während der Schulzeit war ich ohnehin mehr mit meinen Schamgefühlen und meinem mangelnden Selbstvertrauen beschäftigt, so dass ich mich wahrscheinlich nicht wirklich auf die Unterrichtsinhalte konzentrieren konnte.

Von Seiten meines Freundes und meiner Eltern wurde mir versichert, dass ich in meiner jetzigen Tätigkeit im Autohaus Sympathie und Kompetenz ausstrahle, was sehr wichtig für die Mitarbeiterführung und Kundenpflege ist. Auch das hat mich erstaunt, weil ich immer dachte, diesen Beruf nur aus Pflichtgefühl meinen Eltern zu Liebe gewählt zu haben. Vielleicht liegt er mir doch mehr, als ich geglaubt habe.

Auch meine kommunikativen und integrierenden Fähigkeiten, die in den Tests offenkundig wurden, haben mich sehr verwundert. Ich glaube, ich bin in meiner Selbsteinschätzung in vielerlei Hinsicht zu negativ.

Mein Klavierlehrer bestätigte meine musischen Fähigkeiten, riet mir aber aufgrund seiner eigenen Erfahrungen ab, die Musik zu meinem Beruf zu machen. Er bescheinigte mir zwar ein gewisses Talent, aber eben kein herausragendes. Das hatte ich selbst schon herausgefunden. So kamen wir zu dem Ergebnis, dass ich die Musik in der Freizeit intensiver betreiben könnte. Es gäbe die Möglichkeit, selbst zu unterrichten, eine Jazzband, ein Ensemble für klassische Musik oder eine andere Gruppierung zu suchen, um je nach Musikstil auch in einer Gemeinschaft musizieren zu können. Vielleicht gibt es in diesem Bereich noch weitere Ideen.

In den Gesprächen kam auch der Gedanke auf, dass ich ein zweites Studium beginnen könnte. Da würde mich besonders der Fachbereich Psychologie/Soziologie interessieren. Alternativ gibt es auch die Möglichkeit einer berufsbezogenen Coaching-Ausbildung mit der Aussicht Workshops oder Einzelsitzungen zum Beispiel zu den Themen Teamentwicklung und Personalführung in anderen Unternehmen anzubieten.

Nachdem ich die zahlreichen Varianten der Veränderung im beruflichen sowie im Freizeitbereich gedanklich unzählige Male durchgegangen bin, bin ich zwar jetzt erfreut über vielen Möglichkeiten, aber je mehr Alternativen es gibt, desto unentschlossen werde ich", ratlos blickt Mark mich an.

„Es ist großartig, was Sie in so kurzer Zeit herausgefunden haben. Dass die zahlreichen verschiedenen Möglichkeiten erst einmal verwirren, ist durchaus verständlich. Was gut ist, es gibt keine Notwendigkeit einer sofortigen Entscheidung. Sie können sich damit genug Zeit lassen", beruhige ich ihn erst einmal.

„Wenn Sie möchten, können wir eine hypnotherapeutische Sitzung dazu durchführen. Denn unser Unbewusstes weiß am besten, was für uns richtig ist. Eine rationale Entscheidung ist meistens von Glaubenssätzen geleitet, die manchmal gar nicht unserem ureigenen Selbst entsprechen, sondern die von den Ansprüchen, Meinungen und Vorgaben unserer Bezugspersonen, wie den Eltern, Lehrern und der Gesellschaft geprägt sind", gebe ich zu Bedenken.

Mit einer Mischung aus Skepsis und Interesse will Mark Genaueres über die Hypnose wissen.

„Ich führe Sie mit bestimmten suggestiven Worten in einen sehr entspannten Zustand, in die sogenannte Trance. In diesem Zustand werden die für die Wahrnehmung, Vernunft und kritisches Denken zuständigen Hirnareale heruntergefahren. Die Regionen im Gehirn, die für Sehen, Gefühl, Bewegung und Phantasie zuständig sind, sind dagegen besonders aktiv. Während dieser Trance findet Ihr Gehirn dann die für Sie richtigen Wege und Lösungen für schwierige Lebenssituationen. Manchmal in symbolischer Form, manchmal in konkreten Bildern. Sie können während der Hypnose jederzeit selbst entscheiden, ob und wann Sie diese beenden möchten und ganz von alleine wieder in die bewusste Gegenwart zurückkehren", führe ich ein wenig detaillierter aus.

Wie viele Menschen hat auch er ein wenig Angst vor einem Kontrollverlust. Er erinnert sich an Situationen im Rahmen von Bühnenhypnosen, in denen die Freiwilligen manchmal peinlichen Situationen ausgesetzt waren.

„In der therapeutischen Hypnose erleben Sie keinen Kontrollverlust, sondern einen Zustand höchster Aufmerksamkeit. Innere Bilder, durch bestimmte Suggestionen meinerseits angeregt, werden vermehrt aufsteigen, die wir dann therapeutisch nutzen können. Wenn Sie möchten, können wir in einer der nächsten Sitzungen eine kurze Trance ausprobieren, damit Sie spüren, wie sich dies anfühlt. Wir wissen dann auch, ob Sie leicht auf Suggestionen ansprechen oder eher nicht. Dann könnten wir die Technik leicht verändern und durch die Methode der Hand-Levitation modifizieren. Dabei suggeriere ich, dass Ihre rechte Hand ganz leicht wird und aufsteigt bzw. schwebt. Die Höhe der Hand-Levitation zeigt die Tiefe der Trance an. Aber die Trancetiefe ist für den Erfolg der Hypnose nicht unbedingt entscheidend. Oft kommen schon interessante Bilder bei einer leichten Trance", füge ich erklärend hinzu.

Mark schaut mich mit großen Augen an und schweigt. „Darf ich mir dies erst noch überlegen?" fragt er dann vorsichtig.

„Aber selbstverständlich", erwiderte ich lachend. „Vielleicht habe ich Sie mit meinem Vorschlag ein wenig erschreckt. Ja, die Hypnose hat auch für die Normalbevölkerung eine negative Konnotation eben wegen der Bühnenhypnosen und vielen Mythen, die sich um sie ranken. Aber nicht nur in der psychotherapeutischen, sondern auch in der organbezogenen Medizin wird sie zunehmend sehr effektiv eingesetzt, um zum Beispiel chronische Schmerzen zu reduzieren, zur Behandlung von chronischen Erkrankungen des Magens, des Darms, der Haut und der Atmung, in der Zahnheilkunde und zur Unterstützung bei Operationen", ergänze ich meine Ausführungen über die Hypnose.

In der nächsten Stunde: Mark fühlt sich bereit, die Hypnose auszuprobieren. Ermutigt durch eine Freundin, die im Rahmen ihrer eigenen Therapie gute Erfahrungen damit gemacht hat. Durch die Gespräche mit ihr sind seine Vorbehalte auf ein Minimum reduziert.

„Ein bisschen skeptisch bin ich zwar immer noch", beginnt er die Therapiestunde. „Aber auch ein bisschen neugierig".

„Dann dürfen Sie sich aussuchen, ob Sie in Ihrem Sessel sitzen bleiben möchten, oder ob Sie diesen bequemen Relaxsessel oder die Liege vorziehen. Alle drei Optionen haben keinen Einfluss auf den Erfolg der Trance bzw. der Hypnose. Es liegt ganz in Ihrem Ermessen. Wo Sie sich am wohlsten fühlen und sich vorstellen können, am leichtesten zu entspannen", dabei deute ich auf einen Ohrensessel mit weichem Sitzpolster und auf die Therapieliege, auf der sich auch ein Kissen und eine Decke befinden.

Er schaut sich um und entscheidet sich, in seinem Sessel, in dem er gerade und aufrecht sitzt, zu bleiben. Hier fühlt er sich bisher noch am sichersten. Ein vertrauter Ort.

„Dann setzen Sie sich ganz bequem hin und atmen einmal tief in Ihren Bauch ein", beginne ich die Tranceinduktion. "Und lassen die Luft ganz langsam wieder ausströmen. Wenn Sie mögen, dann folgen Sie mit Ihrer Atmung meinem Zählrhythmus. Atmen Sie bis 4 ein, halten Sie ein wenig die Luft an und atmen dann auf 8 wieder aus. Also einatmen 1-2-3-4, eine kleine Pause und auf 1-2-3-4-5-6-7-8 wieder ausatmen. In den meisten Fällen werden die Menschen dann ruhiger. Wenn wir diese tiefe Atmung mit verlängerter Ausatmung noch einige Male wiederholen, spüren Sie vielleicht auch eine gewisse innere Ruhe, die sich angenehm anfühlt".

Wir wiederholen diesen Atemrhythmus noch vier Mal, und ich sehe, wie seine Augenlider langsam schwerer werden und sich seine Armmuskulatur lockert.

„Jetzt stellt sich Ihr eigener angenehmer ruhiger Atemrhythmus von alleine ein. Falls sich Ihre Augenlider ganz schwer anfühlen, und Sie das Bedürfnis verspüren, die Augen zu schließen, dann können Sie dem ruhig nachgeben und diesem angenehmen Gefühl des In-sich-gekehrt-seins genießen. Alle äußeren Signale werden unwichtig und treten in den Hintergrund. Alle Geräusche, die Sie wahrnehmen, sagen Ihnen nur, dass Sie sich hier im Therapieraum befinden und dort draußen das turbulente Leben weitergeht. Für Sie gibt es aber im Augenblick nichts zu tun. Sie dürfen alles geschehen lassen. Manchmal tauchen Gedanken auf. Diese können Sie wie Wolken am Himmel vorbeiziehen lassen. Sie genießen einfach die tiefe innere Ruhe. Die Arme werden ganz schwer, die Hände liegen entspannt auf Ihren Oberschenkel. Auch die Beine sind schwer, locker und entspannt. Die Füße ruhen auf dem Boden. Ein angenehmes Gefühl der Erdung, der Sicherheit, der Ruhe. Konzentrieren Sie sich einfach nur auf das herrliche Gefühl, das Ihren Körper durchflutet. Bei jedem Einatmen nehmen Sie neue Kraft und Energie auf, und bei jedem Ausatmen geben Sie das, was Sie beschwert, einfach ab. Lassen Sie los. Erlauben Sie sich bei jedem Einatmen noch ein wenig tiefer in die Entspannung zu gehen und den sehr angenehmen Zustand von Ruhe und Wohlbefinden zu genießen. Manche Menschen sind jetzt schon in tiefer Trance, so dass Bilder aufsteigen, die sie verwundern. Vielleicht ist dies ja bei Ihnen auch schon so. Es würde mich nicht wundern, wenn auch Sie interessante Szenen vor Ihrem inneren Auge sehen können. Sollte dies der Fall sein, so beginnen Sie zu sprechen. Beschreiben Sie einfach, was Sie wahrnehmen können, und ich begleite Sie in Ihrem Bild", ich schweige eine Weile und nehme wahr, wie entspannt seine Gesichtszüge, Hände und Arme sind. Die Augenlider zeigen ein zartes Flattern. Ein untrügliches Zeichen, dass er sich in Trance befindet.

Und tatsächlich beginnt Mark leise und sehr langsam zu sprechen. Seine Stimme scheint leicht verändert. Sie ist dunkler und tiefer geworden.

„Ich sehe mich in einem Garten. Es liegt ganz viel Kinderspielzeug herum. Ein Roller und Kuscheltiere", seine Worte kommen langsam und schleppend.

„Können Sie abschätzen, wie alt Sie ungefähr sind?" frage ich.

„Ja, so ungefähr Mitte 40. Und es ist ein Sommertag. Die Sonne scheint, alles ist hell und fröhlich. Ich habe das Gefühl, nach Hause zu kommen. Bin innerlich glücklich. Es fühlt sich leicht an. Ich freue mich. Gehe mit schnellen Schritten auf das Haus zu. — —- Jetzt wechselt das Bild. Ich sitze mit meinem Vater im Büro unseres Geschäfts. Wir besprechen etwas. Mein Vater ist sehr freundlich und sieht mich erwartungsvoll an. Ich habe ein Gefühl von unendlicher Vertrautheit. Ich fühle mich voller Kraft und will irgendetwas Neues einführen. Ich will die Verantwortung dafür übernehmen. Mein Vater lächelt nur und nickt mir aufmunternd zu. In mir ist eine Aufbruchsstimmung", seine Stimme wird fester und dynamischer.

„Können Sie sonst noch etwas wahrnehmen", frage ich, „vielleicht gibt noch ein besonderes Gefühl oder etwas, was Sie hören, sehen, riechen können?"

„Nein", erwidert er sogleich. „Das Bild ist auch schon wieder verschwunden, jetzt sehe ich nur Farben. Farbige Wolken. Hellblaue, dunkelblaue und violette Wolken. Und ich verspüre eine Unruhe, so als würde die Entspannung weichen", beschreibt er seinen momentanen Zustand.

„Vielleicht möchte Ihr Unbewusstes für heute auch nicht mehr preisgeben", gebe ich zu Bedenken. „Ich werde Sie jetzt langsam wieder in das Hier und Jetzt zurückführen. Dazu zähle ich von 6 bis 1 rückwärts. 6 Sie nehmen alle Geräusche um sich wieder wahr. 5 Sie spüren Ihre Füße und Hände und bewegen diese leicht. 4 Ihr Atem fließt ruhig, aber etwas schneller. 3 Alle Schwere entweicht aus Ihren Armen und Beinen, sie sind leicht und frei. 2 Sie sind wieder voll orientiert und wissen, dass Sie hier im Therapieraum in Ihrem Sessel sitzen. 1 Ihr Kopf wird leicht und frei. Klarheit beherrscht Ihre Gedanken. Sie fühlen frisch, klar und erholt. Wenn Sie sich danach fühlen, können Sie jetzt jederzeit Ihre Augen wieder öffnen".

Mark öffnet die Augen und schaut eine Weile vor sich hin. Ich schweige und lasse ihm Zeit, das Erlebte einzuordnen. Viele

Menschen sind von den inneren Bildern sehr beeindruckt. Es ist, als ob sie in eine andere Welt eingetaucht sind. Jedes Wort würde dieses wunderbare Erlebnis zerstören.

Nach einer kleinen Weile schaut er mich an. „Irgendwie war das sehr schön. Ein wundervolles Gefühl erfüllt mich immer noch. Dabei waren die Bilder, die ich gesehen habe, ja ganz unspektakulär. Wie Alltagsszenen. Und trotzdem mit Gefühlen von Glück, Tatkraft und innerer Stärke verbunden. Und was soll mir das jetzt sagen?" seine Skepsis ist wieder zurückgekehrt.

Da die Zeit der Therapiestunde schon ein wenig überschritten ist, vereinbaren wir für die nächste Stunde, uns an eine mögliche Deutung zu wagen. Ich gebe ihm noch auf dem Weg mit, alle Gedanken und Gefühle, die zu den inneren Bildern im Nachhinein aufkommen, zu notieren. Sie geben uns wertvolle Hinweise.

Mark hat über seine inneren Bilder, die in der Hypnose aufgetaucht sind, viel nachgedacht. Leider blieb das beschwingte Gefühl, mit dem er die letzte Therapiestunde beendet hat, nicht lange bestehen. Die Alltagsaktivitäten haben seine Emotionen schnell wieder bestimmt. Doch wenn er an die Szenen zurückdenkt, spürt er wieder ein sanftes Glücksgefühl und einen Tatendrang, was er beides nur selten von sich kennt. Gewöhnlich ist er eher langsam, vorsichtig, zögerlich.

„Zu der ersten Szene fällt mir ein: es könnte sein, dass ich eine Familie gegründet habe, eine Familie mit Kindern. Und dass wir in einem schönen Haus mit Garten wohnen. Ich hatte das Gefühl, glücklich nach Hause zu kommen", berichtet er auf meine Anregung hin, alle Assoziationen zu dem ersten Bild auszusprechen. „Vielleicht war ja meine Frau mit dem Kind bzw. den Kindern im Haus. Ich hätte so gerne gesehen, wie sie aussieht", fährt er schmunzelnd fort. „Schade, dass diese Szene nicht länger dauerte. Die Bilder waren so schnell wieder weg. Und dabei habe ich noch nicht einmal eine feste Freundin", gibt er zu Bedenken. „Heißt das, dass ich eine Frau kennenlernen werde, in die ich mich dann verlieben kann", fragt er ungläubig.

„Die Hypnose ist keine Wahrsagung", erwidere ich lachend, „aber wenn ihr Unbewusstes eine Partnerschaft wünscht, dann wird es Sie dorthin führen, wenn Sie dies zulassen und nicht aus Angst verhindern. Vielleicht lassen Sie sich einfach mal öfter von Ihren Gefühlen leiten. Ihr Verstand könnte mögliche Begegnungen zu netten und hübschen Mädels gleich zensieren und abwerten, weil Sie ja doch in Ihrer Vergangenheit oft verletzende Erfahrungen mit Menschen gemacht haben. Manchmal möchte uns unser Verstand vor einer Wiederholung dieser Erfahrungen schützen und lenkt unser Verhalten so, dass es erst gar nicht zu einer intimeren Begegnung kommt. Vielleicht sind Sie ja auch schon einmal vor einer attraktiven Frau, die sich Ihnen zugewandt hat, weggelaufen. Zum Beispiel könnten Sie sich nicht mehr gemeldet haben, weil Ihnen die wachsende Nähe Unbehagen bereitete. Oder Sie haben sich vielleicht ganz merkwürdig benommen und verwirrende Signale ausgesendet, so dass die junge Dame nicht so recht wusste, ob sie willkommen war oder eben nicht", versuche ich das Thema Partnersuche ein wenig zu vertiefen.

Er blickt mich erstaunt an. „Woher wissen Sie das? Es ist tatsächlich so, dass ich mich oft ganz merkwürdig verhalte, wenn ich spüre, dass sich eine Frau für mich interessiert. Dann verstehe ich manchmal auch nicht, warum ich plötzlich ganz unsicher werde und mich schäme, klar zu meinen Gefühlen, zum Beispiel dass ich sie wiedersehen möchte, zu stehen.

Als ich 17 Jahre alt war, habe ich mich unsterblich in ein Mädchen in der Parallelklasse verliebt. Ich musste immer an sie denken und konnte nachts oft nicht schlafen, weil ich grübelte, wie ich ihr meine Liebe zeigen sollte. Sie war sehr hübsch und beliebt. Andere Jungen haben sich natürlich auch für sie interessiert. Nach einer längeren Zeit der stillen Verehrung habe ich dann einen kleinen Liebesbrief geschrieben. Ich hatte mittlerweile herausgefunden, dass sie an einem bestimmten Nachmittag zum Tanzunterricht in der Nähe unseres Autohauses ging. So habe ich mich an einem Nachmittag vor der Tanzschule versteckt und auf sie gewartet. Als sie dann aus der Tanzschule kam, so schön mit ihrem langen schwarzen Haaren und dem sexy Minirock stand ich dann ganz ungeschickt und stotternd vor ihr, um ihr den Brief zu geben, den ich extra in ein mit gepressten Blumen verziertes Kuvert gesteckt habe. Sie hat mich nur ausgelacht, den Brief vor mir zerrissen und so etwas gesagt, wie, dass ich kleiner Hänfling erst einmal von Mutters Brust abgestillt werden müsste. Dann kam ein toller muskulöser Typ mit einem schnellen Motorrad, hielt vor ihr, sie schwang sich auf den Rücksitz, schlang ihre Arme um ihn und sauste mit ihm davon. Mir streckte sie noch die Zunge heraus und schüttelte den Kopf. Dieses Erlebnis ging mir lange nicht aus dem Sinn. Ich weiß, dass viele Menschen in ihrer Pubertät schwierige Situationen bei den ersten Liebesabenteuern erleben. Ja, und auch danach wird es ja nicht einfacher.

Ich glaube mein Problem ist, dass ich selbstbewusst zu meiner Hochsensibilität, zu meinen Begabungen und auch zu meinen Einschränkungen stehen sollte, dann werde ich auch Zurückweisungen verkraften können. Das Problem ist, dass mein Selbstbewusstsein aufgrund meiner anderen Wahrnehmung und Sensibilität sehr instabil ist. Besonders bei Kontakten zu Menschen, die mir noch fremd sind. Das wird meine Herausforderung sein für die nächste Zeit. Es gilt zu mir und meiner Persönlichkeit zu stehen und dies auch offen zu kommunizieren. Wenn sich dann ein Kontakt zu einer Frau ergibt, und ich spüre, dass ich, so wie ich bin, gemocht und akzeptiert werde, dann ist es wahrscheinlich auch die richtige", er blickt mich etwas unsicher lächelnd an.

Ich bestätige ihm, dass dies tatsächlich die richtige Einstellung ist und bestimmt zum Erfolg führen wird. Denn er selbst ist ein liebenswerter, interessanter, einfühlsamer und dazu noch attraktiver Mann. Also gibt es keinen Grund, weshalb sich eine Frau nicht in ihn verlieben sollte.

„Na, dann werde ich mal Augen und Ohren offen halten", schließt er lachend dieses Thema ab.

„Ja, zu der zweiten Szene in der Hypnose, fiel mir während der letzten Woche ein, dass sich meine Beziehung zu meinen Eltern, besonders zu meinem Vater, sehr verändert hat. Ich glaube, ausschlaggebend war meine Ehrlichkeit in Hinsicht auf meine Sensibilität und auf das, was mich begeistert und das, was mir Probleme bereitet. Mein Vater ist sehr liebevoll geworden und lässt mir immer größere Entscheidungsfreiheit, bezüglich meines privaten Lebens, aber auch in der Firma. Er hört mir aufmerksam zu, wenn ich meine Meinung äußere. Es ist eine Beziehung auf Augenhöhe geworden. Sehr oft hat er in der letzten Zeit meinen Vorschlägen zugestimmt oder einfach gesagt: „mach mal, wenn du meinst, dann führe es auch so durch. Wir können ja dann darüber sprechen, wie es läuft". Ich fühle mich dadurch sehr unterstützt und angenommen. Ein schönes Gefühl. Das gibt mir sehr viel Sicherheit und Stärke. Irgendwie könnte ich mir im Moment sogar vorstellen, die Firma weiterzuleiten. Das Thema Auto ist dabei zweitrangig. Es geht eigentlich um den Managementprozess und die Teamentwicklung. Und es geht um Kundenbetreuung und strategische Planung. Das Produkt ist in diesem Fall eben das Auto. Aber da habe ich ja mittlerweile genug Kenntnisse, so dass ich voll in der Thematik drinstecke. Es fängt merkwürdigerweise sogar an, Spaß zu machen. Ich ertappte mich in der letzten Woche dabei, dass ich fröhlich aufstand und pfeifend zu Terminen oder ins Autohaus fuhr.

Das Wichtigste ist eigentlich, dass ich mit meinen Kräften im Gleichgewicht bin. Und das habe ich größtenteils in dieser Position glücklicherweise selbst in der Hand. Ich muss sehr darauf aufpassen, wann meine Kapazität zu Ende geht, wann ich mich zurückziehen muss, um wieder zu Ruhe zu kommen.

Dabei ist es auch entscheidend, wie meine Freizeit aussieht. Wenn dort viele Events geplant sind, gehe ich mittlerweile vorher in Gedanken jede Verabredung oder Veranstaltung durch. Dann überlege ich kritisch, ob ich auch wirklich daran teilnehmen will. Sollte ich merken, dass ich, wie früher, etwas aus Pflichtgefühl mache oder um andere Menschen zufrieden zu stellen, dann sage ich meine Teilnahme freundlich und humorvoll ab. Bisher war mir noch keiner böse. Vielleicht gibt es einige, die meine Entscheidung nicht nachvollziehen können und auch ein bisschen Druck machen. Dies kann ich mittlerweile aushalten. Bisher ist noch keine Freundschaft an meinem Rückzug zerbrochen.

Was ich jedoch gerne lernen würde, wie ich mein Nervensystem schneller und effektiver regenerieren kann. Bisher hat die Musik mir immer geholfen. Aber ich habe gelesen, dass Meditation auch eine wirksame Methode sein soll, um das Nervensystem runter zu fahren", fragend blickt Mark mich an.

„Ja, tatsächlich ist die Meditation eine sehr wirksame Methode, die Übererregung des Gehirns zu regulieren. Sie braucht ein wenig Übung und regelmäßige Anwendung. Es gibt viele sehr unterschiedliche Formen der Meditation, die auch ohne ihren spirituellen Hintergrund zur Entspannung, zur Betrachtung philosophischer Lebensfragen und zur Veränderung von negativer hin zu positiver Gedankenwelt eingesetzt werden. So unterschiedlich die Meditationstechniken auch sind, sie haben alle gemeinsam, dass die Aufmerksamkeit auf eine einzige Sache z.B. den Atem, ein Bild, eine Empfindung, ein Mantra oder einen Gedankengang gelenkt wird. Andere Gedanken werden ohne Bewertung einfach ziehen gelassen. Wir kehren dann wieder zu dem Objekt unserer Aufmerksamkeit zurück.

In zahlreichen Studien konnte gezeigt werden, dass sich während der Meditation Atem- und Herzfrequenz verlangsamen, dass der Blutdruck sinkt, und dass sich bestimmte Erregungsmuster im Gehirn synchronisieren. Die Meditation ist ein ideales Tool zur Selbstregulation. Wir können damit tatsächlich körperlich eine Entspannung hervorrufen, Emotionen positiv beeinflussen und unsere Aufmerksamkeit fokussieren. Sie ist nicht nur für Menschen mit Hochsensibilität, die vermehrt ungefilterten Reizen ausgesetzt sind, sehr nützlich, sondern eigentlich für alle Menschen, die ein Bedürfnis nach innerer Ruhe und Kontemplation verspüren.

Da Sie bei der Einleitung zur Hypnose mühelos und schnell in Trance gehen konnten, glaube ich sehr, dass Ihnen das Erlernen der Meditation keine Schwierigkeiten bereiten wird", führe ich meine Ausführungen zu dem Thema Meditation fort.

„Es gibt Kurse zur Meditation, die von den Krankenkassen durchgeführt und bezuschusst werden. Außerdem bieten Buddhistische Zentren in jeder Großstadt Einführungen in Meditation an. Auch Volkshochschulen haben sie mittlerweile in ihr Programm aufgenommen.

Wir können gerne einmal eine geführte Meditation zusammen ausprobieren, damit Sie spüren, wie sich dies anfühlt, und ob Sie dies intensivieren wollen.

Es gibt auch andere Entspannungstechniken, wie das Autogene Training oder die Progressive Muskelrelaxation, die erwiesenermaßen ebenfalls relativ schnell zur Entspannung führen.

Einige Menschen bevorzugen auch körperbezogene Übungen, wie Qigong oder Tai Chi, die zu dem Behandlungssystem der Traditionellen Chinesischen Medizin (TCM) gehören. Ihnen ist gemeinsam, dass sie davon ausgehen, dass das CHI, unsere Lebensenergie, frei im Körper fließen sollte. Ist das CHI blockiert, kann es zu Störungen beziehungsweise sogar zu Krankheiten kommen. Beide Verfahren tragen ebenfalls zu einer tiefen Entspannung und Harmonie von Seele und Körper bei. Auch Yoga ist sehr dafür geeignet Körper und Seele ins Gleichgewicht zu bringen und dabei noch die Beweglichkeit zu verbessern.

Sie sehen, es gibt zahlreiche Möglichkeiten, den übererregten Geist wieder zu beruhigen. Welche Methode für den Einzelnen die geeignetste ist, lässt sich nur durch Ausprobieren herausfinden. Manche Menschen ziehen auch sportliche Aktivitäten vor, um Stress abzubauen. Sie mögen es lieber, sich richtig auszupowern und zu schwitzen. Dann fühlen sie sich danach ganz wohlig entspannt. Auch dies ist eine gute Alternative", beende ich meine Ausführungen zu seiner Frage über die Wirkung der Meditation.

„Hm, von all den Methoden habe ich noch keine Ahnung. Bisher habe ich mich immer mit Musik beruhigt. Entweder habe ich selbst Klavier gespielt oder Musik gehört. Dass beides hilft, weiß ich genau. Aber ich würde gerne noch etwas Anderes lernen. Ich bin jetzt durch Ihre Anregungen neugierig geworden. Außerdem hat mich das beschwingte Gefühl während der Hypnose sehr beeindruckt. Ich könnte mir vorstellen, dass ich vielleicht Ähnliches während der Meditation spüre. Das ist ein spannendes Thema, in das ich mich einarbeiten werde. Ich glaube, ich bin mittlerweile auch mutig genug, um den einen oder anderen Kurs einmal auszuprobieren", kommentiert Mark seine Gedanken zu meinen Ausführungen.

„Aber es wäre auch schon spannend, die Meditation hier in der Praxis mit Ihnen einmal durchzuführen", schließt er das Thema Meditation ab.

„Ist es denn auch möglich, die Hypnose nochmals zu wiederholen", fragt er lächelnd. „Ich bin sehr neugierig, was sich noch für Szenen in der Trance darstellen. Ich spüre, dass ich mit dieser Methode gut arbeiten kann. Da ich ohnehin immer viel zu viel denke und sich meine Gedanken oft im Kreis drehen, habe ich das Gefühl, dass die Hypnose die Welt meiner Intuition und unbewussten Wünsche anspricht, zu der ich im Augenblick noch keinen direkten Zugang habe.

Ich glaube, ich habe in meinem bisherigen Leben aufgrund zu vieler Bewertungen durch andere und durch mich selbst, den Zugang zu meinem eigentlichen Selbst verloren. Durch Anpassung habe ich immer versucht, Anerkennung von anderen zu bekommen, selbst von meinen Eltern und Freunden. Ich verspüre eine Sehnsucht, herauszufinden, wer ich eigentlich bin, und was mich ausmacht, ohne dass mein Verstand wieder automatisch meine Wünsche und Entscheidungen zensiert.

Könnten wir noch einige Hypnosesitzungen einplanen vor dem Herbst? Denn ab Ende September werde ich für einige Wochen auf der Alm im Berchtesgadener Land sein, um den Almbauern zu helfen, alles winterfest zu machen. Das wäre dann eine ideale Zeit, um über all die Bilder und Szenen, die bis dahin während der Hypnose vor meinem inneren Auge aufgetaucht sind, nachzudenken. Die Ruhe und Einsamkeit in den Bergen sind für mich ungeheuer inspirierend.

Außerdem freue ich mich sehr, den Almbauern und seine Frau wiederzusehen. Sie sind mir sehr ans Herz gewachsen. Und ich glaube, sie mögen mich auch. Ich bekomme ab und zu einige Fotos geschickt von der Alm, den Bergen bei Sonnenaufgang, oder auch wenn der Nebel vom Tal aufsteigt. Sie wissen, dass ich diese Blicke sehr genossen habe. Da es keinen Internetempfang dort oben auf der Alm gibt, schicken sie mir ihre Nachrichten, wenn sie mal ins Tal hinabsteigen, um etwas Besonderes zu erledigen. Ich kann es schon kaum erwarten, dorthin zu kommen", er wirkt plötzlich ganz aufgeregt und ungeduldig. Wir vereinbaren einige Termine im Voraus bis zu seiner Abreise in die Berge.

In den nächsten Hypnosesitzungen wird Mark überwiegend von Bildern aus seiner Kindheit überrascht. Besonders Szenen, in der seine Mutter vorkommt, hinterlassen bei ihm oft ein Gefühl der Traurigkeit, des Schmerzes und sogar auch einmal ein heftiges Gefühl von Wut. Verwundert über die Intensität der Gefühle, die diese Szenen begleiten, fragt er sich, wie sich die Beziehung zu seiner Mutter früher anfühlte, und ob dies auch jetzt noch genauso ist. In seiner derzeitigen aktiven Erinnerung hat er seine Mutter als Kind oft vermisst. Sie war wie der Vater meistens mit dem Aufbau der Firma beschäftigt. Während aber der Vater meistens fröhlich war, ihn häufig überallhin mitnahm und mit ihm oft kleine lustige Ausflüge auch während der Arbeitszeit machte, zum Beispiel eine kurze Fahrt zur Eisdiele oder auf dem Nachhauseweg einen kleinen Stopp am

Spielplatz oder bei den Ponys, für die sie immer altes Brot verwahrten, war die Mutter oft gestresst, müde und abweisend. Wie oft hat er sich danach gesehnt, dass sie ihn einfach einmal in den Arm nimmt, und er sich an sie kuscheln darf. Dazu hatte sie nie Zeit. Sie war immer mit etwas „Wichtigerem" beschäftigt. Obwohl sie im Raum war, hatte er sich häufig einsam gefühlt.

Noch heute kommt es ihm so vor, als wäre sie von einem unsichtbaren Schleier umgeben, der ihn davon abhält, sich ihr wirklich zu nähern. Jetzt ist sie zwar freundlich und nicht mehr überlastet. Das Pflichtgefühl steht aber immer noch an erster Stelle. Auch heute ist es ihr wichtiger ein perfektes Mittagessen auf den Tisch zu bringen, als sich gegenseitig einmal ganz entspannt und gelöst zu erzählen, was einen bewegt, und was der Tag so an Ereignissen mit sich brachte. Wenn sie über etwas spricht, dann ist es fast ausschließlich über das Geschäft und Probleme bzw. Dinge, die noch erledigt werden müssen. Sie ist immer mit etwas beschäftigt.

Er hat außerdem das Gefühl, nie wirklich von ihr angenommen und akzeptiert worden zu sein. Ein Unbehagen, dass er nicht ihren

Vorstellungen entspricht, dass er anders sein sollte, vielleicht fleißiger, mutiger, selbstbewusster, engagierter, eben halt besser, verlässt ihn in ihrer Gegenwart nie. Er nimmt sich vor, darüber nachzudenken und zu überlegen, wie er nach seinem Aufenthalt in den Bergen darüber mit ihr ins Gespräch kommen könnte.

Während der Hypnosen erscheinen auch immer wieder Farbwolken, oft in Blau oder Lila. Einmal erhellt ein gelblich- oranger Lichtstrahl die farbigen Wolken. Ein anderes Mal ist es ein ganzes Farbspektrum, das sich wie ein Regenbogen durch das Bild bewegt. Diese Farbspiele beeindrucken ihn sehr. Sie erfüllen ihn mit einer prickelnden Energie. Er hat das Gefühl, etwas Kreatives schaffen zu wollen. Seine ersten Assoziationen sind Musik, Melodien, Töne, die in seinem Kopf klingen. „Ich glaube, ich werde mich sogleich an mein Klavier setzen, wenn ich wieder zuhause bin. Eine intensive Schaffenskraft erfüllt mich. Vielleicht kann ich diese in der Musik ausdrücken", beschreibt Mark seine Gefühle.

„Hochsensible Menschen besitzen oft besondere Begabungen und haben eine künstlerische Seite. Bei Ihnen ist es gewiss die Musik, in der Sie Ihre feinsinnige Kreativität ausdrücken können. Betrachten Sie dies als etwas sehr Wertvolles. Einerseits hilft Ihnen die Musik auch wieder dabei, sich zurückzuziehen. Andererseits wäre es vielleicht auch eine neue Herausforderung, Ihr Werk auch einmal der Öffentlichkeit zu zeigen. Sich der Kritik, der Bewunderung, der Anerkennung, aber auch der Ablehnung zu stellen. Ihr Selbstvertrauen ist in den letzten Monaten sehr stabil geworden. Vielleicht wäre dies ein weiterer Schritt des inneren Wachstums?"

Ich möchte ihn anregen, zu seinen Talenten zu stehen und sie nicht mehr zu verstecken. Wie weit er sich mit seinen Kompositionen in die Öffentlichkeit traut, ist seine ureigene Entscheidung. Doch seine Begabung gehört genauso zu seiner Persönlichkeit wie seine Sensibilität. Beides zu integrieren und zu beidem zu stehen, wäre für ihn eine wirkliche Weiterentwicklung.

Er errötet leicht und schaut auf die Spitzen seiner weißen Turnschuhe. „Sie meinen, ich sollte meine Kompositionen irgendwo vorspielen", fragt er zaghaft.

„Es gibt doch heutzutage zahlreiche Möglichkeiten, Musik zu präsentieren. Es ist leicht möglich, ein Tonstudio für einen bestimmten Zeitraum zu mieten. Zahlreiche Kleinkunstbühnen freuen sich, Nachwuchskünstler in ihr Programm aufzunehmen. Außerdem ist es ganz einfach, die eigene Musik in digitalen Stores und Streaming-Diensten bereitzustellen. Eigene Musik zu veröffentlichen, ist zu Beginn für den Künstler aufgrund der Komplexität der Urheberrechte bestimmt verwirrend. Wenn Sie sich aber erst einmal damit beschäftigt haben, wird es garantiert übersichtlicher. Es gibt auch Musikverlage, die die lizenzierte Veröffentlichung der Kompositionen übernehmen", versuche ich ihm Mut zu machen.

Mark schaut mich mit großen Augen an. „Auf diese Idee bin ich noch nie gekommen. Ich habe immer still für mich alleine in meinem Zimmer gespielt. Ja, doch einige Male habe ich meinem Klavierlehrer einige Kompositionen vorgespielt. Dieser war sehr angetan. Auch er hat versucht, mich zu einem öffentlichen Auftritt zu begeistern. Dies habe ich bisher aus Angst vor einem kritischen Publikum immer abgelehnt", erklärt er sichtlich bewegt.

„Jetzt habe ich noch mehr, worüber ich nachdenken werde", beschließt er die Therapiestunde. Wir verabschieden uns für eine mehrwöchige Pause, da er ja den Herbst auf der Alm verbringen möchte.

„Wenn ich bedenke, dass ich mir jetzt für einige Wochen eine Auszeit nehmen kann, und mein Vater die Stellung im Autohaus alleine hält, so ist das schon ein großes Privileg. Das könnte ich in einem anderen Job wahrscheinlich nicht so einfach realisieren", denkt er zum Abschied laut vor sich hin.

Nach einigen Wochen sehe ich ihn wieder. Es ist schon Winter geworden, und Weihnachten steht vor der Tür. Er wollte so gerne noch zu einer Stunde vor dem Jahreswechsel kommen, damit wir gemeinsam alle Ereignisse, Erfahrungen und Entscheidungen der letzten Monate noch einmal ordnen. Außerdem möchte er mir eine Neuigkeit, etwas ganz Aufregendes, erzählen. So hat er es jedenfalls am Telefon angekündigt. Jetzt bin ich sehr gespannt auf die nächste Therapiestunde.

Äußerlich hat Mark sich verändert. Von seinen weißen Turnschuhen hat er sich nicht getrennt. Seine alte Jeans ist jedoch durch eine schicke, moderne enge schwarze Hose ersetzt worden. Darüber trägt er ein modisches langes weißes Hemd mit einem beigen Sakko. Er wirkt älter als früher und fast ein bisschen elegant. Seine Körperhaltung ist lässig souverän. Ein neuer kurzer Haarschnitt akzentuiert sein fein geschnittenes Gesicht mit den ausdrucksvollen Augen.

Ich staune und schaue ihn nach der Begrüßung erwartungsvoll an. Denn wenn jemand seinen Kleidungsstil verändert, hat dies meistens eine tiefere psychodynamische Bedeutung.

Lachend erwidert er meinen forschenden Blick. „Ich habe mich verändert, nicht wahr", schmunzelnd er und genießt sichtlich, dass es ihm gelungen ist, mich zu überraschen.

„Ich habe mich innerlich verändert und möchte dies auch äußerlich unterstreichen", beginnt er schwungvoll seinen Bericht. „Da gibt es doch dieses Sprichwort: Kleider machen Leute. Dies probiere ich gerade aus. Es ist so spannend, wie andere Menschen darauf reagieren. Und es stimmt. Mit meinem neuen Outfit werde ich größtenteils respektvoller behandelt. In meiner Position als Juniorchef des Autohauses werde ich von den Kunden, den Geschäftspartnern und den Mitarbeitern irgendwie mehr ernst genommen. Ich glaube, so stelle ich nicht mehr den kleinen Jungen dar, der an Vaters Hand die Werkstatt besichtigt oder bei dem Großlieferanten einen Lutscher bekommt", er lacht ganz ungezwungen.

„Die Überraschung ist Ihnen gelungen", entgegne ich ebenfalls lachend. "Und was bedeutet jetzt „ich habe mich innerlich verändert", hake ich forschend nach.

„Also ich erzähle mal der Reihe, oder", schlägt Mark vor und wartet auf mein Nicken.

„Es war eine wunderschöne Zeit auf der Alm. Ich durfte ausmisten, melken, bei der Käseherstellung helfen, die Kühe abends vom Berg in den Stall holen, die Alm winterfest machen. Es gab viel Handwerkliches zu tun, was mir erstaunlicherweise sehr großen Spaß bereitete. Dies wusste ich gar nicht. Ich dachte immer, ich sei bei Aufgaben, bei denen man so richtig zupacken muss, eher ungeschickt. Aber das stimmt gar nicht. Der Almbauer war ganz begeistert und traute mir immer schwierigere Aufgaben zu.

So musste das Dach der Almhütte eine neue Schindelabdeckung bekommen. Das alte Schindeldach war mit der Zeit marode geworden und sollte vor dem Winter erneuert werden. Da habe ich tatkräftig mitgeholfen. Wir haben das dann vor einem heftigen Unwetter tatsächlich geschafft. So war ich ordentlich beschäftigt.

Abends saßen wir dann mit einer guten Suppe, die die Bäuerin aus dem frischen Gemüse ihres Gartens gekocht hat, oder mit Kaiserschmarren und heißer Milch vor dem Kaminfeuer und haben geredet, oft bis spät in die Nacht hinein. Die Bäuerin ging meistens früher schlafen und ließ den Almbauern und mich mit unserem Bierchen oder dem Birnenschnaps alleine.

So ein Gespräch unter Männern, das war richtig cool. Wir sprachen über die Vergangenheit und die Zukunft, über die Lebensgeschichte des Almbauern und seiner Familie, über mich und meine Hochsensibilität und meine Zweifel und Sorgen, was meine Zukunft angeht. Es gab so viel Vertrautheit und Nähe zwischen uns. Ich musste oft an meinen Großvater denken. Er hätte sich hier ebenfalls wohlgefühlt. Ich glaube, ich habe in dem Almbauern ein Stückchen von meinem Großvater wiedergefunden."

Lächelnd schaut er aus dem Fenster. Es ist ihm anzusehen, dass er sehr glücklich gewesen ist, dort auf der Alm.

Und er fährt fort in seinem Bericht: „Ein Ergebnis aus all den Gesprächen bezüglich meiner beruflichen Situation ist: Ich werde die Leitung des Autohauses übernehmen, sobald meine Eltern bereit sind, sich zurückzuziehen. Sie haben es ja schon teilweise gemacht, aber sie sind immer noch in vielen Entscheidungsprozessen involviert. Und meine Mutter ist immer noch viel zu viel in der Buchhaltung tätig. Sie tut sich schwer, alle Aufgaben den jungen Mitarbeitern zu überlassen. Mir ist in den Gesprächen mit dem Almbauern klar geworden, dass das gutlaufende und über die Grenzen unserer Kleinstadt bekannte Autohaus mit Werkstadt und Neuwagenverkauf mir für die Zukunft viel Sicherheit bietet. Da ich ja schon in allen

Prozessen eingearbeitet bin, und die Arbeit mir leicht von der Hand geht, habe ich viel Zeit und Freiraum für andere Tätigkeiten, wie die Musik, die Berge und vieles andere mehr, was es noch zu entdecken gibt. Auch wenn Autos nicht wirklich meine Leidenschaft sind, und ich lieber zu Fuß durch die Natur wandere, so kenne ich mich in dem Thema gut aus und mache einen guten Job. Mir sind auch die Mitarbeiter und langjährigen Kunden ans Herz gewachsen. Irgendwie hat dies auch etwas Familiäres. Bei dem Gedanken, das Unternehmen ganz zu verlassen und komplett in andere Hände zu geben, werde ich ein bisschen traurig. Ich bin wahrscheinlich mehr damit identifiziert, als ich mir eingestehen möchte.

So, und nachdem diese Entscheidung gefallen ist, gehe ich jetzt mit ganzem Elan an die Tagesarbeit. Meine Eltern haben sich natürlich riesig gefreut und mir all ihre Unterstützung zugesagt. Gleichzeitig haben sie auch versprochen, sich Schritt für Schritt zurückzuziehen. Sie werden wohl nie so richtig in den Ruhestand gehen, aber das brauchen sie ja auch nicht. Eine Vertretung durch meinen Vater, wenn ich im Sommer wieder für einige Wochen auf die Alm gehen möchte, wäre schon super. Ja, das ist die erste Neuigkeit. Da staunen Sie jetzt. Damit haben sie bestimmt nicht gerechnet oder?" Er schaut mich neugierig an und ist auf meine Reaktion gespannt.

„Wenn ich ehrlich bin", antworte ich vorsichtig, „dann habe ich auch schon daran gedacht. Aber es ist meine Aufgabe, Sie bei Ihrer Entscheidungsfindung zu begleiten. Es wäre falsch, Sie durch meine Gedanken zu beeinflussen. Alle anderen von Ihnen zusammengestellten beruflichen Alternativen wären ebenso gut möglich. Was sehr schön ist, Sie haben die Entscheidung reifen lassen, zahlreiche Gespräche geführt und letztendlich hat ihre Intuition entschieden. Es gibt zwar auch plausible rationale Gründe, die dafürsprechen. Die Traurigkeit, die aufkommt, wenn Sie über einen Verkauf des Unternehmens nachdenken, zeigt Ihnen klar, dass es doch eine Bauchentscheidung ist. Und das ist gut so", bestätige ich seine Gedanken.

Mark strahlt mich an. Irgendwie tut es ihm gut, auch meinen Segen für seine Entscheidung hinsichtlich seiner beruflichen Zukunft zu bekommen.

„Außerdem habe ich inzwischen eine ideale Work-Life-Balance gefunden, die meiner Sensibilität entspricht. Ich kann mir meine Termine einteilen und habe gelernt, immer wieder Pausen einzulegen, um mich ein wenig zu regenerieren, wenn es einmal stressig war. Dies ist in vielen anderen Berufen nicht immer so leicht möglich. Aber hier bin ich mein eigener Chef, und das ist schon wertvoll", fügt er nachdenklich hinzu.

„Ja, und dann möchte ich Ihnen noch etwas erzählen", unruhig zappelt er auf seinem Sessel hin und her. Dies ist ganz ungewöhnlich für ihn. Normalerweise ist er eher ruhig, langsam, fast ein bisschen bedächtig in seiner Gestik und Mimik. Er errötet ein wenig. Schaut etwas verlegen auf seine Fußspitzen. Dann - ich sehe richtig, wie er all seinen Mut zusammennimmt – sagt er: „Ich habe mich verliebt."

Jetzt ist es raus. Sein Gesicht wirkt entspannter, und er atmet tief ein und aus.

„Jetzt bin ich aber wirklich überrascht", lächele ich ihm zu, schweige und warte, ob er mehr darüber erzählen möchte.

Er berichtet: „Es war ungefähr in der Mitte meines Aufenthaltes auf der Alm. Einer der letzten sonnigen Tage im Oktober. Das Laub hatte sich schon gefärbt. In der Sonne glitzerte es manchmal wie Gold. Der Bergwald zeigte sich in allen Gelb- und Rottönen. Dazwischen einige dunkelgrüne Fichten. Ein Traum. Die Berggipfel waren klar zu sehen. Darüber lag ein blauer wolkenloser Himmel. Ich war vom Anblick der Natur so überwältigt und konnte mich gar nicht sattsehen. Es kamen nur noch wenige Wanderer auf die Hütte. Den Meisten ist der Aufstieg zu weit und zu riskant, wenn die Wettervorhersage nicht eindeutig ist. An diesem Tag sah ich schon von Weitem zwei Frauen mit Rucksäcken den kleinen Weg zur Hütte hochstapfen. Sie schienen gut geübte Wanderer zu sein. Mit festen zügigen Schritten kamen sie der Alm allmählich näher. Der Hüttenwirt hatte sie auch schon entdeckt und rief seiner Frau zu, dass wir Gäste bekommen. Diese hatte die Nachtlager schon aufgeräumt, weil wir zu dieser Jahreszeit eigentlich keine

Übernachtungsgäste mehr erwarten. Aber es war schon am späten Nachmittag, so dass es für die beiden Frauen zu spät war, heute noch abzusteigen. Ich freute mich auf eine neue Begegnung. Jeder Neuankömmling ist für die Hüttenwirte eine Bereicherung. Zum einen, weil sie ein bisschen daran verdienen. Die Einkünfte sind ohnehin sehr mager und eigentlich ist es purer Idealismus, der die Menschen antreibt, die solch eine abgelegene Alm bewirtschaften. Außerdem ergeben sich oft sehr interessante Gespräche, denn die Besucher, die in den Bergen unterwegs sind, sind geübte und erfahrene Wanderer oder Bergsteiger. Sie bringen mit ihren Lebensgeschichten immer wieder frischen Wind in die Abgeschiedenheit.

Ich hatte noch den Stall auszumisten und machte mich schnell an die Arbeit. Schon bald hörte ich fröhliche Stimmen, die immer näher kamen. Plötzlich standen die beiden Frauen im Stall und fragten, ob die Alm bewirtschaftet sei, und ob sie heute hier übernachten könnten. Sie hätten sich mit dem Aufstieg verschätzt und seien hungrig und durstig. Ich schätzte sie auf Mitte bis Ende 20 und schämte mich fast ein bisschen, dass ich in dreckigen Stiefeln in der Gülle stand und bestimmt keinen attraktiven Eindruck machte. Hinzu kam der Geruch, der gewöhnungsbedürftig für Neuankömmlinge ist. So stotterte ich etwas von kein Problem und führte sie um die Hütte herum zu der Almbäuerin, die gerade in ihrem Gemüsegarten arbeitete. Ich war froh, ihr die beiden übergeben zu können, denn ich wollte mich auf jeden Fall so schnell wie möglich duschen und umziehen. Sie sollten mich nicht für den Stalljungen halten, zumal eine von ihnen sehr hübsch ist und sofort meine Aufmerksamkeit erregte.

Ja, und als wir dann alle bei einer warmen Suppe, selbstgebackenem Brot und einem Glühwein in der Stube saßen, da spürte ich eine sanfte Zuneigung zwischen mir und der hübschen Wanderin. Ihr Lächeln ist einfach bezaubernd, ihr feines Gesicht wird umrahmt von dichten wuscheligen dunkelbraunen Locken. Große braune ausdrucksvolle Augen schauten mich immer wieder an. Ich dachte: wie ein Reh, das aus dem geheimnisvollen Dickicht auf die Lichtung getreten ist. Ganz zart entwickelte sich zwischen uns eine wundervolle Vertrautheit, so als würden wir uns schon ewig kennen. Wir spielten alle zusammen einige Gesellschaftsspiele, lachten viel und redeten oft alle durcheinander. Als es dann spät war, verzogen sich die Almbauern in ihr Schlafgemach, nicht ohne mir zuzuzwinkern und mir deutlich zu machen, dass ich morgen früh ruhig auch einmal ausschlafen dürfte. Auch die Freundin der hübschen Wanderin ging bald zu Bett, da sie angeblich vom Bergsteigen sehr müde war. Alle hatten die Magie zwischen uns gespürt. So blieben wir alleine in der gemütlichen Stube. Der Wind heulte draußen und rüttelte an den Fensterläden. Aber vor dem warmen knisternden Kaminfeuer fühlten wir uns geborgen. So redeten wir Stunde um Stunde. Die Zeit verging wie im Flug. Und irgendwann weit nach Mitternacht gingen wir dann auch schlafen. Wir hatten uns gegenseitig unser Leben, unsere Träume und Sehnsüchte erzählt und viele Gemeinsamkeiten entdeckt.

Glücklicherweise haben wir dann am nächsten Tag, als die beiden Freundinnen wieder ins Tal abgestiegen, die Telefonnummern ausgetauscht. Seitdem haben wir uns schon häufiger getroffen und fast täglich telefoniert. Sie wohnt ungefähr dreißig Kilometer von mir entfernt und ist Grundschullehrerin. Ich bin ganz erfüllt von starken Gefühlen. So etwas habe ich früher nie erlebt. Und ich habe keine Angst, abgelehnt zu werden. Sie ist so klar, so bezaubernd liebevoll und ehrlich. Einfach ein Engel".

Mark beendet seine Erzählung mit einem Seufzer und einem tiefen Atemzug und schaut mich erwartungsvoll an.

Oh je, es hat ihn ordentlich erwischt. Ich freue mich sehr für ihn und beglückwünsche ihn herzlich zu seiner Freundin, die seinem Bericht zufolge bestimmt wundervoll ist.

„Darf ich Sie noch etwas Fachliches fragen, das mich sehr beschäftigt? Ich weiß, dass die Stunde fast zu Ende ist, aber wir werden uns erst in einigen Wochen im Neuen Jahr wiedersehen, und ich hätte so gerne vor der Weihnachtspause Ihre Einschätzung kurz gehört", fragt er ein bisschen zaghaft.

„Ich denke, wenn wir Ihre Frage kurz ansprechen, so ist das bestimmt noch möglich", ich schaue auf die Uhr. „Sollte es sich als Umfangreicher herausstellen, dann können wir uns dieses Thema ja in der nächsten

Stunde noch einmal vornehmen", antworte ich auf seine Frage.

„Meine Freundin hat mir erzählt, dass sie immer Farben sieht, wenn sie Töne hört. Das bedeutet, wenn ich ihr auf dem Klavier etwas vorspiele, dann hört sie die Klänge und sieht aber zusätzlich blaue, violette, gelbe Wolken, Kreise oder andere Gebilde. Als Kind wusste sie nicht, dass sie hier etwas Besonderes wahrnimmt. Sie dachte immer, dass alle Menschen dies so sehen würden. Erst als sie älter wurde, hat sie dies einmal ihrer Mutter erzählt. Diese wurde sehr ängstlich und hat ihr geraten, es keinem Menschen zu sagen, damit niemand denken soll, dass sie nicht normal sei. So glaubte sie eine lange Zeit einen Makel zu haben. Sie hat versucht, das Farbsehen zu unterdrücken, was aber nicht funktioniert. Oft fühlte sie sich als Außenseiterin, irgendwie anders als ihre Schulkameraden und Freunde. Noch nicht einmal ihrer besten Freundin hat sie sich anvertraut. Mit ihrer Mutter hat sie nie wieder darüber gesprochen. Erst im Lehramt-Studium ist ihr ein Buch in die Hände gefallen, in dem dieses Phänomen beschrieben wurde, damit zukünftige Lehrkräfte Bescheid wissen, falls sie Kinder unterrichten, die diese Besonderheit besitzen. Synästhesie oder so ähnlich heißt es. Ich habe es im Internet nachgelesen. Es macht mir ein bisschen Sorge. Was wissen Sie darüber?" fragt er etwas verunsichert.

„Ja, das haben Sie richtig beschrieben. Die Synästhesie, die seit der Kindheit besteht, hat keinen Krankheitswert. Sie ist eine Normvariante der menschlichen Sinneswahrnehmungen. Hier werden zwei verschiedene Sinnesmodalitäten miteinander verknüpft. Bei ihrer Freundin sind es Töne, also das Hören, mit dem Farbsehen. Es gibt zahlreiche andere Kombinationen, wie beispielsweise das Sehen von Farben bei bestimmten Gefühlen oder Zahlen werden bunt gesehen oder Geschmacksempfindungen als Form wahrgenommen. Es wird geschätzt, dass circa 5% der Bevölkerung eine Form der Synästhesie besitzen. Wahrscheinlich mehr, weil viele Menschen, wie Ihre Freundin als Kind, sich nicht trauen, darüber zu sprechen, oder wenn es ganz dezent auftritt, es gar nicht als etwas Besonderes wahrnehmen. Man kann das gleichzeitige Auftreten von den beiden Sinneseindrücken nicht unter-drücken. Oft gibt es mehrere Mitglieder einer Familie, die dieses Phänomen besitzen. Viele Synästhetiker sind hochbegabt, manche besonders kreativ. Sie brauchen sich also keine Sorgen um Ihre Freundin machen. Sie ist völlig gesund. Vielleicht gibt es zwischen Ihnen beiden eine besondere Anziehung und Verbindung, weil Menschen mit Synästhesie auch sehr sensibel, geräusch-empfindlich und feinfühlig sind", gebe ich zu Bedenken.

Mark scheint erleichtert zu sein, dass sich seine Recherche mit meiner Einschätzung deckt und nickt: „Ja, es gibt eine besondere Verbindung zwischen uns. Das haben wir sofort gespürt. Oft haben wir die gleichen Gedanken und Empfindungen bezüglich Menschen, die wir treffen, oder Situationen, in denen wir uns wohl oder eben unwohl fühlen. Es fühlt sich so leicht und stimmig an. Irgendwie schön. Ich habe sie meinen Eltern noch nicht vorgestellt. Vielleicht ist es die Angst vor der Bewertung durch meine Mutter, die mich zurückhält. Sie findet immer ein Haar in der Suppe.

Mit meiner Mutter möchte ich ohnehin noch ein längeres Gespräch führen. Ich würde ihr so gerne sagen, wie ich mich als Kind oft ihr gegenüber gefühlt habe und mich teilweise immer noch fühle. Aber das ist ein neues Kapitel. Ich möchte Ihre Zeit nicht länger beanspruchen, wir haben heute die Stunde schon überzogen. Danke dafür", er schaut mich mit einem warmen Lächeln an.

Es ist eine besondere Vertrautheit zu spüren. Er kann sich hier mittlerweile vollkommen öffnen. In seiner Körperhaltung gibt es keine Spannung mehr. Ich denke daran, wie er in den ersten Sitzungen auf der Vorderkarte des Sessels saß, so, als wolle er so schnell wie möglich aufspringen und davonlaufen, wenn es gefährlich würde. Davon ist jetzt nichts mehr zu spüren. Er sitzt bequem und entspannt. Ein bisschen habe ich das Gefühl, er möchte heute gar nicht gerne aufstehen und gehen. Als würde er lieber noch sitzen bleiben und weiter erzählen. So viel geht ihm im Kopf herum.

Aber dann beenden wir die Stunde mit neuen Terminvereinbarungen. Er möchte gerne die Meditation ausprobieren. Und er glaubt, dass er noch meine Unterstützung braucht, wenn er mit seiner Mutter ins Gespräch kommt. Er hat davor ein bisschen Angst, denn er weiß nicht, wie sie reagieren wird. Und so ganz sicher ist er sich auch noch nicht, was seine Selbstfürsorge angeht. Es gelingt ihm immer öfter, sich zurückzuziehen und sich zu regenerieren, wenn viel auf ihn eingeströmt ist. Aber er hat auch bemerkt, dass auch schöne Gefühle, wie das Verliebtsein oder das Einführen seiner neuen Freundin in seinen Freundeskreis oder umgekehrt seine Vorstellung bei ihrer Familie und ihren Freunden, bei ihm auch zu einer Übererregung des Nervensystems führen. Es zeigt sich dadurch, dass er an solchen Tagen oft nicht in den Schlaf findet. Tausende Gedanken rasen dann durch seinen Kopf. Auch wenn es schöne Themen sind, so ist es manchmal für ihn zu viel. Hier möchte er noch lernen, sich besser abzugrenzen, ohne jemanden zu verletzen oder Methoden hinzu gewinnen, um die einströmenden Reize zu filtern. Er spürt, dass da noch ein Weg vor ihm liegt.

Wir beginnen die erste Stunde im Neuen Jahr mit einer geführten Meditation. Ich bitte ihn, sich bequem in seinem Sessel hinzusetzen, und die Hände auf den Oberschenkel abzulegen, mit den Handflächen nach oben oder nach unten, wie es für ihn angenehm ist. Nach mehreren tiefen Atemzügen, bei denen die Ausatmung etwas länger als die Einatmung sein sollte, ist es sinnvoll die Augen ganz zu schließen oder die Oberlider so zu senken, dass die Umgebung nur durch einen kleinen Spalt zu sehen ist. Jetzt bitte ich ihn, sich auf seine Atmung zu konzentrieren. Zu fühlen, wie die Atemluft durch die Nase einströmt und bei der Ausatmung wieder ausströmt. Vielleicht ist es auch leichter den Atemstrom im Rachen zu spüren oder wahrzunehmen, wie sich der Brustkorb oder der Bauch vorwölbt.

„Es ist völlig normal, wenn immer wieder andere Gedanken durch den Kopf ziehen. Meistens sind es Gedanken an vergangene Situationen oder Gedanken, was man noch alles zu erledigen hat, oder was in der Zukunft geplant ist. Das ist bei allen Menschen so. Falls Sie bemerken, dass Sie nicht mehr auf Ihren Atem achten, dann hadern Sie bitte nicht mit sich, sondern lenken ganz sanft ihre

Aufmerksamkeit wieder auf den Atem zurück. Falls Sie irgendeine Körperwahrnehmung als störend empfinden, wie zum Beispiel einen leichten Schmerz im Rücken oder ein Jucken oder etwas Anderes, dann registrieren Sie dies auch einfach nur ohne Bewertung und kommen mit Ihrer Wahrnehmung wieder zu Ihrem Atem zurück. Ebenso verfahren Sie mit Geräuschen, die im ersten Moment als störend empfunden werden. All das wird wieder unwichtig und tritt in den Hintergrund, wenn wir darauf möglichst wenig Aufmerksamkeit richten", führe ich erklärend aus.

Nach circa 10 Minuten bitte ich ihn sich von der Fokussierung auf seine Atmung zu verabschieden, mit der Orientierung in den Praxisraum zurückzukommen und langsam die Augen zu öffnen.

„Wie ist es Ihnen ergangen", frage ich ihn, nachdem er mich wieder anschaut.

„Es ist nicht so einfach, sich auf den Atem zu konzentrieren", beschreibt er seine Erfahrungen. „Es tauchen tatsächlich immer wieder neue Gedanken auf, die ablenken. Erst nach einiger Zeit habe ich dann bemerkt, dass ich gar nicht mehr auf den Atem konzentriert bin, sondern an einen späteren Termin gedacht habe. Außerdem ist es merkwürdig, sich mit dem eigenen Atem zu beschäftigen. Normalerweise geschieht das Atmen ja ganz unbewusst. Doch wenn ich darauf achte, beginne ich plötzlich schneller zu atmen, oder der Atem stockt, und ich komme aus dem Rhythmus und bekomme ein bisschen Atemnot", beschreibt er seine ersten Erfahrungen mit der Meditation.

„Das ist völlig in Ordnung. Die ersten Versuche zu meditieren, sind bei den meisten Menschen nicht immer erfolgreich. Sehr viele geben dann schnell auf und glauben, die Meditation sei nichts für sie. Es braucht ein bisschen Übung, wie alles im Leben. Ideal ist, wenn es Ihnen gelingt, täglich einmal zu meditieren. Zu Beginn erst einmal 10 Minuten. Wenn es nur 5 sind, ist das auch gut. Später können Sie dann versuchen, etwas zu verlängern. Das Ziel ist, ein bis zweimal täglich für 20 Minuten zu meditieren.

Sollte sich die Konzentration auf den Atem als schwierig herausstellen, dann gibt es auch die Möglichkeit, ein sogenanntes Mantra, das ist ein ein- oder zweisilbiger Laut ohne Bedeutung, vor sich her zu murmeln oder sich ein bestimmtes Bild, beispielsweise eine Blume, einen Berg oder ähnliches vorzustellen.

Wichtig ist, den ungeordneten permanenten Gedankenstrom zu unterbrechen und sich auf etwas zu fokussieren. Dieses Unterbrechen des unablässigen Gedankenstroms, der ständig im Kopf herumgeht, ist der Hauptauslöser für die Entspannungsreaktion, die bei der Meditation eintritt. In der Folge sinkt der Blutdruck. Der Herzschlag und die Atemfrequenz verlangsamen sich. Das Gehirn schaltet in einen Entspannungszustand, der im EEG durch langsame Alpha – und Theta- Wellen sichtbar gemacht werden kann", führe ich ein wenig detaillierter aus, um ihm das, was während der Meditation geschieht, verständlich zu machen.

Wir vereinbaren, dass er sich in den nächsten Tagen erst einmal mit der Atemmeditation beschäftigt und schaut, wie er damit zurechtkommt. Die anderen Variationen können wir dann danach jeweils einmal ausprobieren.

Ansonsten geht es ihm sehr gut. Die Beziehung zu seiner Freundin hat sich gefestigt. Es ist geplant, dass er sie am nächsten Wochenende seinen Eltern vorstellen wird. Das macht ihn jetzt schon nervös. Er erwartet kritische Kommentare seiner Mutter und hofft, dass das gemeinsame Mittagessen nicht allzu spannungsreich abläuft. Seine Freundin hat er schon vorgewarnt. Diese macht sich jedoch keine allzu großen Sorgen. Sie hat als Lehrerin täglich mit vielen verschiedenen Menschen Kontakt. Besonders die Kommunikation mit den Eltern ihrer Schüler und Schülerinnen ist nicht immer einfach. Es gelingt ihr aber meistens, eine wohlwollende konstruktive Atmosphäre zu schaffen. Daher sieht sie dem sonntäglichen Zusammentreffen mit den Eltern ihres Freundes gelassen entgegen.

Dem Gespräch mit seiner Mutter ist Mark bisher aus dem Wege gegangen. Irgendwie ist es ihm gar nicht mehr so wichtig. Er kann die Vergangenheit im Augenblick so stehen lassen, wie sie war. Es gelingt ihm immer mehr, sein Leben jetzt nach seinen Vorstellungen zu gestalten.

Er hat aufgehört, sich für seine Bedürfnisse zu rechtfertigen. Mit klaren Worten kann er selbstbewusst formulieren, was er möchte und ist immer wieder erstaunt, dass dies meistens ohne Rückfragen sowohl von seinen Eltern, als auch von anderen Menschen akzeptiert wird. Er nimmt auch wahr, dass neuerdings seine Mutter sehr bemüht ist, sich aus dem Geschäft zurückzuziehen. Wahrscheinlich haben die Eltern gemeinsam darüber gesprochen. Der Vater hat bestimmt dazu beigetragen. Er spürt auf jeden Fall eine Veränderung. Und die fühlt sich gut an, spannungsfreier, zugewandter. Die Mutter wirkt sogar manchmal ein wenig fröhlicher und herzlicher. So als wäre auch von ihr eine unsichtbare Last abgefallen.

Die Meditation stellt sich schwieriger heraus als ursprünglich angenommen. Mark berichtet in der nächsten Stunde, dass es ihm enorm schwerfällt, mehr als 10 Minuten still zu sitzen und sich nur auf den Atem zu konzentrieren.

Dann hat er es mit der Konzentration auf ein inneres Bild versucht. Dies funktioniert mittlerweile schon viel besser. Er stellt sich dabei einen Berggipfel vor. Es ist der Berg, den er bei seinen Besuchen auf der Alm am Morgen immer als Erstes vor Augen hatte. Dieser Berggipfel ist aus weiß-grauem Gestein, schroff und ganz kahl. Die Baumgrenze verläuft weit unterhalb. Doch es gibt viele Variationen dieses Berges, abhängig ob die Sonne scheint, oder ob sich tiefliegende Wolken an seiner Flanke stauen. Und so stellt er sich vor, dass dieser Berg im Laufe der Zeit allen Einflüssen trotzt und dabei im Fundament unverändert bleibt. Im Winter ist der Gipfel teilweise mit Schnee bedeckt, im Frühjahr scheint die Sonne zart auf seine Spitze, und leichtes Grün beginnt an der Baumgrenze zu sprießen. Im Sommer ist der Berg starker Hitze ausgesetzt, und die Stürme und Regengüsse peitschen um ihn herum im Herbst. Der Berg bleibt aber unverändert in seiner Position. Alles prallt an ihm ab. Dieses Bild möchte er gerne auf sich selbst beziehen. Alle äußeren Einflüsse und Reize sollten ebenso an ihm abprallen, wie es bei dem Berggipfel geschieht. Er möchte eine ebensolche Stabilität erreichen.

Nach einigen Versuchen bemerkt er, dass ihm dieses Bild mittlerweile in vielen Situationen hilft, in denen er sich sonst gereizt oder gestresst gefühlt hat. Er ist von der Wirkung dieser Imagination fasziniert und spürt, dass sie ihn bei seiner Hochsensibilität unterstützen kann, um sich vor zu vielen Reizen zu schützen. Er möchte mehr über Imaginationen und meditative Verfahren erfahren und tiefer einsteigen. Aus diesem Grund hat er sich bei einem Gruppenkurs zur Achtsamkeitsmeditation angemeldet. In einer Gruppe, so denkt er, unterstützen sich die Gruppenmitglieder bei der Motivation und lernen bei auftretenden Schwierigkeiten auch voneinander.

Der gemeinsame Sonntag mit Freundin und Eltern ist gut verlaufen. Die Mutter hat ein köstliches Mittagessen zubereitet. Er war ganz gerührt, dass sie sich so viel Mühe gemacht hat. Der Tisch war so schön gedeckt mit Blumen und passenden Servietten. Sogar einen feinen Nachtisch gab es, und die Stimmung war entspannt. Zwar hat er der Mutter eine leichte Anspannung angemerkt, aber seine Freundin hat mit ihrem Charme und Humor die Eltern gleich für sich einge-nommen. Besonders der Vater ist sehr von ihr angetan. Er schmunzelt vor sich hin und schweigt einen kurzen Moment.

„Ja und einige Tage danach ergab sich dann ein langes Gespräch mit meiner Mutter. Wir waren alleine in der Küche. Der Vater war auf einem Auswärtstermin", beginnt Mark seinen Bericht. „Ich dankte ihr noch-mals für das leckere Mittagessen, und über-haupt dass sie sich immer so viel Mühe gibt. Ich fragte sie, wie es ihr eigentlich jetzt geht, wo sie doch auch ein bisschen älter gewor-den ist. Und wie sie sich so ihren Lebens-abend vorstellt.

Sie war so überrascht, dass sie erst einmal nichts antworten konnte. Normalerweise wird bei uns nämlich nur selten über Gefühle und Wünsche gesprochen.

Sie schluckte mehrmals, und ich spürte, wie Tränen aufstiegen. Oh je, dachte ich, was habe ich jetzt falsch gemacht.

Sie schluchzte, und es brach aus ihr her-aus, dass sie so gerührt sei über meinen Dank und über meine persönliche Anteil-nahme. Sie sei das gar nicht gewohnt, dass jemand überhaupt wahrnehme, was sie immer alles für mich und meinen Vater und auch für das Geschäft getan habe. Sie selbst sei sich immer unwichtig gewesen. Eigene Bedürfnisse habe sie immer zurückgestellt, weil alles andere ja wichtiger sei. Jetzt sei sie ganz verunsichert, weil ich ja die Firma übernehmen wolle, und sie werde plötzlich nicht mehr gebraucht. Was hätte sie dann noch für einen Sinn in ihrem Leben", er macht eine kurze Pause und sieht nachdenklich aus dem Fenster.

Ich spüre, wie aufgewühlt und ergriffen er durch dieses Gespräch noch immer ist. Er kämpft mit Tränen.

Dann fasst er sich wieder und fährt fort: „Ja, und dann ergab ein Wort das andere, und wir waren bei „früher", also bei ihrer und meiner Kindheit angekommen. Ich erfuhr, dass sie immer für andere da sein musste. Mein Großvater, von dem ich Ihnen ja erzählt habe, war wohl sehr mit seiner Fotografie beschäftigt. Er war nur selten für seine Frau und die Kinder – meine Mutter hatte noch einen Bruder – da. Außerdem war das Geld immer knapp, so dass meine Großmutter, die eine begabte Schneiderin war, immer viel gearbeitet hat, damit die Familie über die Runden kam. Meine Mutter hat dann wohl schon früh den Haushalt übernommen und sich auch um den jüngeren Bruder gekümmert. Dieser verstarb im Alter von 18 Jahren in einem Motorradunfall. Das war ein großer Schmerz für die ganze Familie. Meine Großmutter hat meinem Großvater wohl heftigste Vorwürfe gemacht, dass er sich nicht genug um seinen Sohn gekümmert hat. Daran ist wohl auch die Ehe zerbrochen. Großvater hat sich dann ganz zurückgezogen. Nur zu mir hatte er eine liebevolle Beziehung. Aber das wissen Sie ja bereits.

Ich wusste davon nur wenig. Meine Eltern haben nie darüber gesprochen. Meine Großmutter auch nicht. Ich war sehr traurig, als meine Mutter mir dies alles unter Tränen erzählte. Und dann hatte sie mit mir, als ich Kind und Jugendlicher war, so ihre Schwierigkeiten. Ich war so anders als andere Jungen, zum Beispiel die aus der Nachbarschaft. Wie oft musste sie zu den Lehrern, weil ich mal wieder zu verträumt und unaufmerksam gewesen war. Oder weil mich andere Schüler geschlagen haben. Sie hat sich oft gewünscht, dass ich einfach mal ganz

„normal" wie andere Kinder sein möge. Sie wusste ja nichts von meiner Hochsensibilität. Auch als ich dann älter wurde und mich oft mit meiner Musik in mein Zimmer zurückgezogen habe, dachte sie, ich wäre wie Großvater und würde ebenso eigenwillig wie er. So war sie mir gegenüber immer ein wenig skeptisch, kritisch, vielleicht abweisend.

Ich konnte ihr auch sagen, dass ich mich sehr alleine gefühlt habe. Und wie oft ich mich nach einer Umarmung von ihr gesehnt habe. So fühlten wir uns in unserem Schmerz über die Vergangenheit plötzlich ganz nahe, so dass ich sie ohne Zögern in den Arm nahm und sie ganz fest hielt. In diesem Augenblick kam mein Vater zurück und war sehr verwundert, uns so zu sehen. Die Tränen liefen uns beiden über die Wangen, und wir hielten uns ganz fest. Mein Vater schaute ängstlich und fragte sofort: „Was ist passiert?" Als ich ihm dann schniefend erklärte, wir hätten uns gerade sehr lieb, verstand er gar nichts mehr und verschwand in seinem Arbeitszimmer.

So ist das in unserer Familie. Gefühle zu zeigen, zu sehen oder zu teilen ist ein schwieriges Thema.

Seitdem ist meine Mutter weicher und zarter geworden. Manchmal wirkt sie auf mich ganz zerbrechlich. Sie ist oft sehr schweigsam, hat aber seit unserem Gespräch für mich immer ein liebevolles Lächeln."

Mark hält in seinem Bericht kurz inne und schaut versunken aus dem Fenster. Wahrscheinlich gehen ihm die Szenen dieser emotional bewegenden Annäherung durch den Kopf. Er schaut mich an, lächelt und fährt langsam fort.

„Nach einigen Tagen kam ich aus der Firma zum Essen nach Hause, und die Eltern waren nicht da. Es lag ein Zettel auf dem Tisch mit der Nachricht, ich möge mir mein Essen doch einfach warm machen. Es sei in dem Topf auf dem Herd. Sie seien zu einem Einkaufsbummel in die Stadt gefahren. Das habe ich, soweit ich zurückdenken kann, noch nicht erlebt. Na, ich war sehr gespannt, was die beiden erlebt haben. Sie kamen fröhlich lachend am Abend zurück. Mutter trug eine große Einkaufstüte. Sie war sehr glücklich. Sie hat ein sehr schönes Kleid mit passenden Schuhen für sich selbst gekauft. Sie zog es sogleich an, um es mir zu zeigen.

Ich war erstaunt. Meine Mutter ist eine wirklich schöne Frau. Zum ersten Mal nahm ich wahr, wie weiblich sie aussieht, und was für eine tolle Figur sie trotz ihres Alters hat. Das ist mir bisher nie aufgefallen. Als ich ihr das sagte, wurde sie sogar ein bisschen rot. Wie nett.

Ja, und die große Überraschung ist, dass die Eltern eine längere Reise machen wollen. Ich käme ja gut im Geschäft zurecht und bei Fragen gäbe es ja immer noch Telefon oder WhatsApp. Sie haben wohl auch über vieles gesprochen und nachgedacht. Klingt echt super", lächelnd beendet Mark seinen Bericht und schaut mich erwartungsvoll an.

Ich schweige erst einmal, da ich das eben Gehörte auch überdenken muss. Aber es fühlt sich sehr gut an. Die Familie hat wirklich zueinander gefunden. Sowohl die Eltern, wie auch er, scheinen neue Wege zu gehen. Ich beglückwünsche ihn zu diesen wunderbaren neuen Entwicklungen und freue mich mit ihm auf die Zukunft.

In den nächsten Sitzungen dreht sich alles um die Beziehung zu seiner Mutter. Mark ist einige Male sehr bewegt und aufgewühlt. Vergangene Gefühle brechen auf. Sie sind sehr schmerzhaft. Tränen fließen, wenn die Erinnerungen an Demütigungen oder an Einsamkeit ihn übermannen. Aber bald wird er ruhiger und gefasster. Er ist im Hier und Jetzt bei sich angekommen. Und er fühlt, dass er noch nie in seinem Leben so authentisch gelebt hat, wie im Augenblick. Das gibt ihm Kraft.

„Meine Mutter macht sich jetzt große Vorwürfe, mich in meiner Kindheit und Jugendzeit nicht optimal beschützt und behandelt zu haben. Sie hat gesagt, dass sie sich deshalb in die Arbeit gestürzt hat. Da fühlte sie sich sicher. Da wusste sie, was sie zum Erfolg der Firma beitragen konnte. Bei meiner Erziehung war sie meistens verzweifelt. Und ich habe ihr Verhalten immer als Ablehnung empfunden und fühlte mich von ihr nicht gemocht. Was für ein Missverständnis", beschreibt er die Vergangenheit.

Auch ich hatte immer Schuldgefühle meinen Eltern gegenüber. Ich dachte immer, ich sei in ihren Augen ein Versager, weil ich ihnen nur Sorgen bereitet habe. So gab es Schuldgefühle auf beiden Seiten, was die emotionale Situation sehr komplizierte. Mein

Vater ist eigentlich mit meiner Andersartigkeit ganz gelassen umgegangen. Er meinte immer: der Junge ist halt so, wie er ist. Er hat sich nicht darum geschert, was andere dachten. Mit ihm konnte ich fröhliche Momente erleben ohne Spannung. Und das ist bis heute so geblieben", fasst er die Beziehung zu beiden Elternteilen zusammen.

„Es ist erstaunlich, dass sich plötzlich alles ganz einfach anfühlt, seitdem ich mich selbst wertschätze und mich so akzeptiere, wie ich bin. Das scheine ich auch nach außen hin auszustrahlen. Weil ich nicht mehr so sehr auf die Anerkennung von meiner Mutter angewiesen bin, kann ich auch sie so annehmen, wie sie ist. Wir haben alle irgendwie versucht, unser Bestes zu geben. Manchmal ist dies gelungen, oft aber auch nicht. Aber ich hadere nicht mehr mit der Vergangenheit. Eigentlich habe ich auch viel gelernt. Ich habe gelernt, mit mir selbst zufrieden zu sein. Alleinsein ist für mich nichts Negatives. Es ist sogar oft sehr schön und bereichernd. Wieviel Zeit konnte ich für meine Musik aufbringen, und wieviel Kraft hat mir dies gegeben. Das ist ein Schatz, der mir für ewig bleibt. Vielleicht kann ich mich auch dort noch weiterentwickeln." Mark lässt seinen Blick aus dem Fenster in die Ferne schweifen und hängt noch ein wenig seinen Gedanken nach.

„Auf jeden Fall hat sich die Beziehung zu meiner Mutter verändert. Sie ist liebevoller und herzlicher geworden. Seitdem von ihr der Druck, mich auf den richtigen Weg bringen zu müssen, abgefallen ist, wirkt sie fröhlicher und beschwingter. Wir können uns jetzt sogar manchmal umarmen, ganz spontan und ungezwungen. Richtig schön. Meine Mutter hat mittlerweile auch ein eigenes Hobby entdeckt, das sie richtig erfüllt. Sie singt seit einigen Wochen in einem Chor und ist dabei ganz begeistert. Hab ich von ihr das musikalische Talent geerbt?" fragt er sich seitdem.

Nach einigen Wochen kommen wir zu dem Schluss, dass er jetzt ziemlich stabil auf eigenen Beinen steht, und wir die Therapie beenden können. „Darf ich mich denn noch einmal melden, wenn es doch noch einmal „brennt", und ich ein Gespräch brauche", fragt er vorsichtig. Nachdem ich ihm versichere, dass dies jederzeit möglich ist, nehmen wir Abschied. Trotz der Traurigkeit, die jeder Abschied mit sich bringt, hat er die Zuversicht, tatkräftig seinen zukünftigen Weg gehen zu können und zu wollen.

Nach einem halben Jahr bekomme ich einen Brief mit einer wunderschönen Karte und zwei Tickets für eine Musikdarbietung. Auf der Karte steht nur „Danke für alles, Ihr Mark….". Es ist ein Klavierkonzert in einem kleinen Schloss in der Nähe der Stadt, im Rahmen eines größeren Programmes mit mehreren Nachwuchskünstlern. Er spielt seine eigenen Kompositionen.

Wenn alles eng und grau wird

Waltraut ist Mitte 60. Es ist ihr letztes Berufsjahr. Dann will sie in den Ruhestand gehen. Als Cheflektorin eines renommierten Verlages ist ihr Terminkalender täglich von morgens bis abends voll. Eine Besprechung folgt auf die nächste. Besprechungen mit den Autoren, Besprechungen mit den Redakteuren, die die Bücher bearbeiten, Besprechungen mit dem Korrektor, der die Bücher auf Orthographie und Satzzeichen liest, Besprechungen mit der Herstellung über das Layout, mit der Druckerei, mit dem Verlagsleiter über das neue Verlagsprogramm. Daneben türmen sich zahlreiche Manuskripte auf dem Schreibtisch für neue Buchprojekte, die gelesen und beurteilt werden wollen. Und das ist nur ein kleiner Teil der Manuskripte, die dem Verlag zur Veröffentlichung angeboten werden. Die meisten werden per E-Mail geschickt. Über 90 Prozent sind unbrauchbar, denkt sie sich immer, wenn sie ihre Mailbox öffnet. Aber es könnte ja die Sensation darunter sein. Das **eine** Buch, das dem Verlag einen Bestseller beschert. Das hat sie in ihrer mehr als 30jährigen Tätigkeit in verschiedenen Verlagen erst zweimal erlebt. Aber dennoch muss sie jede Nachricht ernst nehmen, lesen und entscheiden.

Waltraut liebt ihren Beruf. Ja, was liebt sie denn eigentlich sonst noch auf dieser Welt? Sie mag spanisches Essen, die spanische Sprache, die spanische Literatur, Carlos Ruiz Zafon ist ihr Lieblingsschriftsteller. Sie mag eigentlich alles, was mit Spanien zu tun hat. Vor allem auch die spanische Lebensart und die warme Sonne des Südens, die ohnehin schon das Leben leichter macht. Aber sie lebt hier im kühlen Deutschland. Hier gibt es Ordnung und Sicherheit. Alles ist gut geregelt. So wie ihr Gehalt, ihre Rente, die sie ja bald beantragen will, so wie die Reaktion der Menschen, die meistens vernünftig und beherrscht sind, und fast immer fair und gerecht. Aber sie sehnt sich eigentlich nach Spontaneität, nach Wärme und Herzlichkeit, nach einer Großfamilie, nach Liebe.

Aber sie hat sich nie getraut, aus ihrer geregelten Welt auszubrechen. Das Verlagswesen war und ist ihre Welt. Sie hat als

Buchhändlerin angefangen und ist nach einem späten Studium und einigen Wechseln in verschiedenen Verlagen jetzt bis zur Cheflektorin aufgestiegen. Eigentlich blickt sie auf ein erfolgreiches Leben zurück. Die schöne Stadtwohnung mit Dachterrasse genießt sie sehr. Besonders im Sommer, wenn sie nach der Arbeit auf der Terrasse sitzen kann, mit einem Tee oder einem Glas Wein. Der Blick schweift dann über die Dächer der Stadt, manchmal ist alles in Rosarot getaucht, wenn die Sonne golden hinter den letzten Hochhäusern in der Ferne untergeht. Ein kühler Hauch des Abendwindes lässt die Hitze des Tages im Büro vergessen, ebenso kühl wie das Glas Weißwein, das sie sich gerade eingeschenkt hat. In diesen Momenten scheint alles zu stimmen. Dann ist sie zufrieden mit sich und der Welt. Sie hat dann das Gefühl, tagsüber etwas Wichtiges geschafft zu haben. Jetzt darf sie sich entspannen. Jetzt erlaubt sie sich etwas Muße. Einfach für eine kurze Zeit nichts tun und nur träumen.

Doch bald wird sie von der Realität wieder eingeholt. Morgen geht es wieder weiter im Verlag. Es gibt noch die eine oder andere

Vorbereitung auf ein Gespräch oder Meeting. Und schon ist die herrliche Ruhe des abendlichen Sonnenuntergangs vorbei und vergessen. Der Computer wird hochgefahren, und sie versinkt in den Texten.

Nur in wenigen Momenten wird ihr klar, dass sie eigentlich sehr einsam ist. Diese Momente versucht sie zu vermeiden. Gut, dass genug Arbeit auf sie wartet.

Vor ungefähr zehn Jahren hat sie sich von ihrem Mann getrennt. Die gemeinsame Tochter ist mittlerweile 31 Jahre alt und lebt mit ihrem Freund zusammen. Sie trifft sich mit ihrer Tochter ungefähr ziemlich regelmäßig einmal im Monat. Dann gehen sie zusammen in ein gutes Restaurant zum Abendessen. Der Kontakt ist freundlich, aber nicht besonders warmherzig. Sie respektieren sich gegenseitig. Enkelkinder gibt es noch nicht. Sie sehnt sich auch nicht danach. Sie hätte ohnehin keine Zeit, sich darum zu kümmern. Die Arbeit ist ihr viel wichtiger.

Nach der Scheidung hatte sie noch einige flüchtige Beziehungen zu Männern, die aber nie lange gehalten haben. Meistens wurden diese von ihr beendet. Sie will ihre Selbstständigkeit nicht aufgeben. Auch hier ist ihr die Arbeit wichtiger. So ist es gut, und so soll es bleiben.

Ein kleiner Freundeskreis ist ihr seit der Kindheit geblieben. Ihre beste Freundin aus der Grundschule kümmert sich rührend um sie, ruft häufig an und will sie immer wieder überreden, mit zum Salsatanzen zu gehen, damit sie auch einmal etwas anderes sieht, als nur Bücher. Bisher hat sie immer lachend abgelehnt. Zu einer Vernissage, ins Konzert oder in die Oper geht sie schon gerne, oft auch mit dem Verlagsleiter und seiner Frau. Sie wird dazu auch sehr häufig eingeladen, da sie durch ihre Verlagstätigkeit in der Kulturellen Szene viele Kontakte hat. So ist sie viel unterwegs. Diese Termine sind alle mit ihrer Arbeit gekoppelt, sie sind interessant und nützlich.

All das läuft nach einem regelmäßigen Plan und hat sich eingespielt. Ihr Leben ist vielseitig und abwechslungsreich.

Doch sie hat in den letzten Wochen etwas erlebt, was sie überhaupt nicht an sich kennt. Plötzlich wacht sie mitten in der Nacht auf, ist völlig aufgelöst, muss schnell atmen, ihr

Herz klopft bis zum Hals und – es überkommt sie ein heftiges Gefühl starker Angst. Atemnot führt dazu, dass sie wie panisch aus dem Bett springt und schnell das Licht in der ganzen Wohnung anmacht. Dies wiederholt sich immer häufiger, in kürzeren Abständen.

„Ich weiß gar nicht, wovor ich Angst habe", klagt Waltraut bedrückt, als sie mir beschreibt, warum sie gekommen ist.

Sie sitzt gerade, aufrecht in dem Sessel mir gegenüber. In einem dunkelblauen klassischem Business-Kostüm, die Schuhe mit hohen Absätzen und die Handtasche in passender Farbe zu ihrer Kleidung. Gewiss, alles ist schick, hochwertig und teuer an ihr. Doch irgendwie wirkt sie steif und verkrampft. Denn sie hat so viel Spannung in ihrem Gesicht und in ihrem Körper. Es entsteht der Eindruck, als fühle sie sich höchst unwohl in ihrer Haut. Als sei das Kostüm im wahren Sinne des Wortes ein Kostüm, eine Verkleidung.

„Angst kenne ich normalerweise gar nicht in meinem Leben", ihre Stimme vibriert ein wenig. Sie ist innerlich aufgewühlt. Ängstlich schaut sie mich an.

„Ich traue mir plötzlich gar nichts mehr zu. Wenn ich mit der U-Bahn zum Verlag fahre, erdrücken mich die Enge in den Wagons, die Nähe anderer Menschen und die Dunkelheit der U-Bahn-Schächte. Dann im Verlag ist alles wieder wie früher. Ich bin bei meiner vertrauten Arbeit und denke nicht mehr darüber nach. Aber am Abend allein zuhause in der Wohnung bekomme ich schon wieder ein mulmiges Gefühl. Ich denke schon im Voraus daran, wie diese Nacht wohl werden wird", beschreibt sie ihre derzeitige Situation.

Ich frage sie nach anderen Symptomen: ob sie ein- und durchschlafen kann, wie sie sich ernährt, ob sie sonst körperlich gesund ist. Sie berichtet, dass normalerweise der Schlaf bis auf diese neuen Angstattacken gut ist. Ihre Ernährung ist nicht so ganz gesund, das weiß sie. Aber sie mag nun mal gerne Süßigkeiten vor allem Schokolade und Kuchen, dann fühlt sie sich irgendwie besser. Auch die Stimmung ist dann fröhlicher.

Ihr Hausarzt hat einen leicht erhöhten Blutdruck festgestellt und der Wert, der den Langzeitblutzucker angibt, ist grenzwertig auch ein bisschen zu hoch. Beides wird noch nicht mit Medikamenten behandelt. Der Arzt hat ihr zu Gewichtsabnahme und Sport geraten. Aber das ist für sie sehr schwierig. Sie hat noch nie gerne Sport gemacht.

„Er hat mich auch zum Kardiologen geschickt. Da ist aber Gottseidank alles in Ordnung", berichtet sie erleichtert.

„Aber zu der Angst kommt manchmal auch so eine Traurigkeit, ein Gefühl, dass alles keinen Sinn mehr macht. Vieles, was mir früher Freude bereitet hat, wie das Erscheinen eines neuen Buches, ist mir jetzt manchmal fast ein bisschen gleichgültig. Irgendwie fühle ich mich plötzlich alt. So als ginge das Leben bald zu Ende", mit sorgenvoller Miene schaut sie auf den Boden und schweigt.

„Kann Ihr derzeitiger Zustand eventuell etwas mit der Tatsache zu tun haben, dass Sie bald in den Ruhestand gehen werden", frage ich vorsichtig.

Waltraut blickt mich unsicher an. „Ich weiß es nicht, aber ich habe auch schon daran gedacht", erwidert sie zögernd.

„Es gibt schon eine Nachfolgerin für mich im Verlag", beginnt sie zu erzählen. „Ich habe sie selbst eingestellt. Es ist der Plan des Verlegers, dass ich sie einarbeite. Ich werde in 8 Monaten ausscheiden, denn ich habe noch einige Wochen Urlaub aufgespart, für den ich nie Zeit hatte. Und dann – was ist dann nach den 8 Monaten", bricht es aus ihr heraus. Sie schluckt, und die Augen füllen sich mit Tränen.

„Ich habe immer gedacht, dass ich bis mindestens 75 weiterarbeiten werde. Freiwillig gehe ich nicht in den Ruhestand. Aber die Verlagswelt hat sich total verändert. Alles wird digital. Wir stellen zwar immer noch richtige Bücher her, dafür gibt es tatsächlich noch einen Kundenkreis. Aber die Medien gehen in Richtung E-Books, E-Audios, E-Magazine und so weiter. Es ist nicht mehr so wie früher. Ich habe versucht, mich weiterzubilden und kann schon mit den neuen Medien umgehen. Aber sehen Sie, diese junge Lektorin, die meine Nachfolgerin wird, hat das alles schon von Kindheit an in den Händen gehabt. In ihrem Studium der Kommunikationswissenschaften sind die neuen Medien natürlich ein Schwerpunkt. Wo ich mich schwertue und dies mühsam lernen muss, ist es für sie ganz selbstverständlich und mühelos.

Der Verlagsleiter hat mir deutlich zu verstehen gegeben, dass meine Zeit zu Ende geht. Er möchte innovativ sein und mit neuen Medien und jungem Team durchstarten. Nicht nur ich bin von der Umstrukturierung betroffen, auch Mitarbeiter aus anderen Abteilungen. Hier werden einige langjährige Kollegen durch die neue Technik ersetzt. Wir brauchen keinen Korrektor und keine Sekretärinnen mehr. Wir diktieren gleich in den Laptop und versenden unsere Briefe per Mail. Auch in der Herstellung wird vieles durch Software vereinfacht. Ich werde also nicht mehr gebraucht! Ich beziehungsweise mein Arbeitsstil ist veraltet", sie wird immer schneller und heftiger in ihrem Ausdruck.

Ich schaue Waltraut ruhig an. Ich fühle, wie verzweifelt sie ist. Das Einzige, was für sie wichtig ist, nämlich ihre Arbeit im Verlag, wird bald der Vergangenheit angehören. Sie ist fast ein bisschen gekränkt, dass ihr Wissen und ihre Erfahrung so leicht ersetzbar sind. Was soll zukünftig ihre Beschäftigung sein? Was ist dann ihr persönlicher Sinn im Leben? Wofür lohnt es sich dann morgens aufzustehen? Sie hat im Moment keine Antwort auf all diese Fragen. Das kann schon Angst erzeugen. Und jeder Abschied, auch der von einem erfüllenden Beruf, kann traurig machen.

„Es ist, als würde ich im nächsten Jahr in ein großes schwarzes Loch fallen und dort nicht mehr herauskommen", fasst sie ihre Angst vor der Zukunft zusammen. „Ich bin auf ein Leben ohne sinnvolle Arbeit nicht vorbereitet", fügt sie hinzu. „Es gibt nichts außer dem Verlagswesen, was mich wirklich ausfüllt und begeistert. Gewiss habe ich Interesse an kulturellen Veranstaltungen im Allgemeinen, aber da bin ich ja nicht wichtig. Da nehme ich ja nur teil. Was mir eine Existenzberechtigung gibt, ist, wenn ich etwas leiste, herstelle, etwas, wofür ich dann Anerkennung bekomme. Sonst macht doch das Leben keinen Sinn mehr", sie seufzt tief und schweigt dann nachdenklich.

„Denken Sie, dass Sie eine medikamentöse Unterstützung brauchen, um Ihre nächtlichen Ängste und das allgemeine Gefühl der Freudlosigkeit zu überwinden", frage ich sie, um mit ihr einen Therapieplan festzulegen. „Es gäbe die Möglichkeit, mit einem angstlösenden und stimmungsaufhellenden Antidepressivum zu beginnen."

„Hm, das hat der Hausarzt auch schon vorgeschlagen. Aber ich dachte, ich versuche
es erst einmal ohne Medikament. Das können wir dann ja immer noch einsetzen. Was
gibt es denn für andere Möglichkeiten", fragt
sie interessiert.

„Bei der ersten Betrachtung Ihres derzeitigen Lebensstils gibt es einiges, was Sie verändern könnten. In kleinen Schritten natürlich. Denn wir können unsere Routinen und
Einstellungen ja nicht plötzlich von heute auf
morgen ganz anders machen. Das geht nur
achtsam nach und nach. Das Wichtigste ist
jedoch, dass Sie bereit sind, etwas Neues
auszuprobieren. Ideal wäre sogar, wenn Sie
mit Freude und Neugier beginnen könnten.
So als würden Sie eine spannende Reise in
ein unbekanntes Land beginnen. Trauen Sie
sich dies zu", frage ich sie vorsichtig.

Mir ist schon bewusst, dass es schwierig
wird, neue Gewohnheiten zu etablieren und
sich von alten zu trennen, wenn wir älter werden und dazu noch in einer eher depressiven
Stimmungslage sind.

Waltraut schaut mich mit großen Augen erstaunt an. „Hm, verändern? Was meinen Sie

denn? Womit soll ich denn anfangen? Glauben Sie, dass dann meine Ängste und meine Traurigkeit nicht mehr auftreten", fragt sie etwas ungläubig.

„Ja, zahlreiche Studien haben gezeigt, dass ausreichender Schlaf, Bewegung, Ernährung, der Inhalt unserer Gedanken und die Qualität unserer sozialen Kontakte einen großen Einfluss auf unser seelisches Wohlbefinden haben.

Da Sie ja, wie Sie berichtet haben, normalerweise gut schlafen, ist dies ja ein Bereich, der sich gut bei Ihnen etabliert hat. Dies ist nicht so häufig, denn viele Menschen jenseits der 60, insbesondere Frauen leiden an Schlafstörungen. Wie schön, dass Sie hiermit keine großen Probleme haben.

Im Hinblick auf Bewegung ist wissenschaftlich bewiesen, dass regelmäßiger Sport, aber auch schon jegliche Bewegung, den Gehirnstoffwechsel positiv beeinflussen. Ein Wachstumsfaktor, der neue Vernetzungen der Nervenbahnen im Gehirn initiiert, und auch andere Überträgerstoffe wie Serotonin und Endorphine werden durch körperliche Aktivität vermehrt im Gehirn gebildet.

Diese verändern die ängstliche und depressive Stimmung. Nicht zu unterschätzen ist die Tatsache, dass, wenn wir uns leistungsfähiger und fitter fühlen, wir automatisch schon mutiger sind und uns mehr zutrauen.

Die neuere Forschung zeigt auch, dass vermehrt Depressionen auftreten, wenn versteckte Entzündungen im Körper vorliegen. Auch ein Ungleichgewicht in der Zusammensetzung der Darmbakterien, dem sogenannten Mikrobiom, zugunsten schädlicher Bakterien, kann Stimmungsschwankungen hervorrufen. Dies beides kann durch eine Modifikation der Ernährung positiv beeinflusst werden. Sowohl Sport als auch eine Ernährungsumstellung würden außerdem Ihren Blutdruck und Blutzucker zusätzlich noch verbessern. Also ein weiterer Gewinn für Ihre allgemeine Gesundheit.

Auch die Arbeit an unserem Denkmuster hat einen besonders großen Einfluss auf unsere Stimmung. Oft merken wir gar nicht, wie wir immer wieder grübeln und die gleichen negativen oder katastrophisierenden Gedanken in unserem Kopf kreisen. Genetische Veranlagung und frühkindliche belastende

Erfahrungen können zu solch einer Grübel-
neigung prädestinieren. Diese Gedanken-
schleifen zu erkennen und zu durchbrechen,
hat eine große Wirkung.

Dann sind auch liebevolle soziale Kontakte sehr wichtig. Wie Sie berichtet haben,
leben Sie alleine und haben vor allem Kontakte zu Menschen, mit denen Sie auch beruflich verknüpft sind. Wenn wir in den Ruhestand gehen, bleiben von diesen Kontakten
nur wenige bestehen. Dazu kommt, dass wir
in einem Gefühl der Traurigkeit und Sinnlo-
sigkeit uns ohnehin stärker zurückziehen.
Somit vereinsamen wir langsam und dies
verstärkt wiederum das Gefühl der Depression und Angst. Das bedeutet, dass wir die
Beziehungen zu den Menschen, die uns nahestehen, intensivieren sollten, auch wenn
es manchmal schwer fällt.

Aber wir können natürlich nicht alles
gleichzeitig verändern. Das würde jeden
Menschen überfordern. Aber das Wissen,
dass wir selbst etwas zu unserem Wohlbefinden beitragen können, ist alleine schon
sehr hilfreich. Dann fühlen wir uns den negativen Gefühlen nicht so hilflos ausgeliefert.
Nur manchmal kann es sein, dass wir keine

Kraft haben, um etwas zu ändern. Deshalb ist es erst einmal wichtig, zu akzeptieren, dass wir unsere Balance verloren haben, und dass wir nicht wie früher immer bedingungslos funktionieren können", beende ich erst einmal den Überblick über das, was sie eventuell selbst dazu beitragen kann, um wieder ihre alte Stärke zurückzugewinnen.

„Das ist aber ein großes Programm", Waltraut blickt mich zweifelnd und fast ein bisschen verzagt an. „Ob ich das schaffe? Ich fühle mich im Moment eher etwas schwach und kraftlos", fügt sie leise hinzu.

„Ja, wie Sie sehen, gibt es zahlreiche Möglichkeiten, Veränderungen in Ihr Leben zu bringen. Aber wie gesagt in ganz kleinen Schritten. Deshalb brauchen wir vor allem Geduld mit uns selbst. Was glauben Sie denn, was das Leichteste von all dem, was ich aufgezählt habe, für Sie wäre? Mit welchem kleinen Schritt könnten Sie gleich beginnen", frage ich Waltraut vorsichtig.

„Hm", sie überlegt lange und schweigt.

Dann beginnt sie zu sprechen: „So ganz spontan könnte ich mir vorstellen, dass ich mich mit meiner besten Freundin aus Kindheitstagen treffen möchte, um ihr ehrlich zu erzählen, wie es mir geht, und was mich quält. Ich habe mich nämlich bisher geschämt zuzugeben, dass ich Ängste in der Nacht habe, und dass ich mich immer öfter einsam und traurig fühle. Ich habe immer die Starke gespielt, die erfolgreiche Lektorin, die beschäftigt ist, die keine Zeit hat, weil ja so viel Arbeit anliegt. Meine Freundin und eigentlich alle Menschen kennen mich nur souverän, ohne Probleme, immer mit kühlem Kopf und überlegen. Sie wird erstaunt sein, wenn ich mich zum ersten Mal wirklich öffne. Aber ich glaube, dass ich dieses Versteckspiel nicht mehr weiter machen möchte. Es wird mich zwar eine riesengroße Überwindung kosten, denn die Scham davor, dass ich oft eine Show gemacht habe, und dass meine Freundin mich deshalb verachten könnte, ist gewaltig. Auch eine Angst, dass sie vielleicht dann nichts mehr mit mir zu tun haben will, ist natürlich auch da. Aber ich glaube, Ehrlichkeit ist erst einmal der erste wichtige Schritt. Und mit meiner Freundin fällt mir dies am leichtesten", sie seufzt und sackt förmlich ein bisschen in sich zusammen.

Ihr Blick zu mir ist zaghaft. Wie werde ich jetzt reagieren? Werde ich sie jetzt auch nicht mehr wertschätzen? Jetzt, da auch ich weiß, dass sie manchmal eine Rolle spielt, dass sie nicht immer so stark und selbstbewusst ist, wie sie vorgibt.

Ich spüre ein warmes Mitgefühl in mir aufsteigen. Am liebsten würde ich sie einfach in den Arm nehmen. Sie wirkt so zart, so verletzlich, so verwundbar. Ich sehe sie plötzlich als kleines hilfloses Mädchen vor meinem inneren Auge.

„Kann es sein, dass Sie in Ihrer Kindheit auch eine Rolle spielen mussten? Dass Sie sich nur geliebt fühlten, wenn Sie den Ansprüchen Ihrer Eltern oder anderer Bezugspersonen entsprachen? Durften Sie als kleines Mädchen auch einmal weinen, traurig sein oder erzählen, wenn etwas schief gelaufen ist", frage ich Waltraut leise.

Sie schaut mich erstaunt an. „Wie kommen Sie darauf", fragt sie verwundert und beginnt zu erzählen:

„Ja, es war tatsächlich so, dass ich nur selten von meiner Mutter getröstet wurde, wenn ich traurig war. Wenn zum Beispiel eine Freundin mich geärgert hat, oder wenn es in der Schule mal nicht so gut lief, und ich schlechte Noten mit nach Hause brachte. Dann hieß es von meiner Mutter nur „reiß dich zusammen, es ist bestimmt deine Schuld, oder du machst mir immer nur Sorgen". Das führte dazu, dass ich Zuhause nichts mehr erzählt habe.

Ich habe gelernt, meine Gefühle wegzuschieben. Irgendwann waren dann einfach keine Gefühle mehr spürbar. Ich weiß nicht mehr, ab welchem Alter. Aber ich erinnere mich gut daran, als mein Meerschweinchen starb, und da war ich so sieben oder acht Jahre alt. Da habe ich mich gezwungen nicht zu weinen und so zu tun, als wäre mir das völlig egal. Dabei war mein Meerschweinchen mein einziger wirklicher Freund. Ihm konnte ich alles anvertrauen, wenn ich von der Schule nach Hause kam. Das Meerschweinchen gurrte nur, fraß sein Salatblatt und kuschelte sich immer in meine Armbeuge, egal was ich ihm anvertraute. Als es nicht mehr da war, fiel ich in ein schwarzes Loch. Ich war wochenlang traurig und fühlte mich einsam auf der Welt. Meine Mutter merkte davon nichts. Ich konnte es gut verbergen. Ihr einziger Kommentar war, dass das Tier ja viel Dreck gemacht hat, und sie froh sei, dass die Wohnung jetzt sauberer sei. Denn sie habe ja immer so viel Arbeit."

Waltrauts Augen füllen sich mit Tränen. Sie schluckt heftig und ist bemüht, nicht zu weinen. Bald ist ihr Gesicht wieder regungslos, so als sei nichts gewesen.

„Entschuldigen Sie bitte", sagt sie mit tonloser Stimme. „Es tut mir leid, dass ich so unbeherrscht bin."

„Nein, Sie sind nicht unbeherrscht", erwidere ich lächelnd. „Sie sind zum ersten Mal, seitdem ich Sie kennengelernt habe, authentisch. Der Verlust des einzigen Freundes ist etwas sehr, sehr, sehr Schmerzhaftes. Traurigkeit und Tränen sind ein adäquater Ausdruck dafür. Hier dürfen Sie Ihre Tränen fließen lassen, hier ist ein geschützter Ort."

Waltraut schluckt heftig und nickt zaghaft. Sie ist zu berührt von ihrer Erinnerung, um etwas zu antworten. Wir schweigen eine kleine Weile.

Dann beginne ich zu sprechen: „ Wollen Sie in den nächsten Tagen mal auf Ihre Gefühle achten? Ganz achtsam und ohne Wertung. So als ob Sie sich aufmachen auf die Entdeckung der eigenen Gefühlswelt. Die

Gefühle sind nämlich nicht verschwunden, sie sind eingeschlossen, ja eingefroren und können so zu Krankheiten an Körper und Seele führen. Lassen Sie einfach zu, was kommt und beobachten Sie. Meistens ist es wie bei den Gedanken, sie kommen und gehen.

Wenn die Gefühle zu heftig werden, zum Beispiel die Traurigkeit oder die Angst, dann brauchen wir einen Plan. Was hat Ihnen in der Nacht geholfen, als die Panikattacken auftraten? Haben Sie da etwas Bestimmtes gemacht, um sich zu beruhigen", frage ich Waltraut eindringlich.

Sie überlegt kurz und berichtet, dass sie sich dann immer eine heiße Milch mit Honig gemacht hat. Das kennt sie schon seit ihrer Kindheit. Schon damals hat dies immer geholfen, wenn sie traurig war oder einsam. Und dann hat sie sich ein Buch genommen, einen Bildband oder einen Sachbuch. Als Kind hatte sie auch ihre Lieblingsbücher, die haben immer getröstet. Nach einigem Lesen ist sie dann ruhiger geworden, und die Angst ist abgeflaut. Sie konnte sogar nach einer gewissen Zeit wieder einschlafen.

„Vielleicht bin ich deshalb Buchhändlerin und Lektorin geworden", denkt sie laut. „Bücher waren immer alles für mich, Tröster, Freunde, Helfer, eigentlich meine ganze innere Welt. Aber auch, wenn ich nicht mehr als Lektorin arbeite, kann ich ja trotzdem in meine Bücherwelt eintauchen. Diese bleiben mir eigentlich für immer, auch wenn ich ganz alt bin. Und sollte ich nicht mehr lesen können, dann kann ich sie hören. Es gibt so hervorragende Hörbücher von wunderbaren Menschen gesprochen", ihre Augen strahlen wieder, und es wird ein wenig deutlich, wie groß ihre Begeisterung für die Literatur ist.

Wir verabreden, dass wir im Moment die Therapiegespräche in kürzeren Abständen führen wollen, wenn möglich, zweimal pro Woche. Ansonsten darf sie sich natürlich auch dazwischen bei mir telefonisch melden, wenn es ihr nicht gut geht.

So sehen wir uns schon nach einigen Tagen wieder.

Waltraut hat über vieles nachgedacht und beginnt gleich über ihre Kindheit und Jugendzeit zu berichten:

„Ich bin fast ohne Vater aufgewachsen. Als ich drei Jahre alt war, verließ mein Vater meine Mutter und mich wegen einer anderen Frau. Meine Mutter war sehr verletzt und verbittert. Gespräche über ihn endeten meistens in lauten hasserfüllten Schimpftiraden. So traute ich mich bald nicht mehr Fragen über ihn zu stellen. Sie verbot mir auch, ihn zu treffen. Er hat einige Male versucht, mich beim Spielen auf der Straße oder später nach der Schule auf dem Nachhauseweg anzusprechen. Ich hatte aber immer Angst, meine Mutter würde dies herausbekommen und bin schnell vor ihm weggelaufen. Dann habe ich mich irgendwo versteckt und bitterlich geweint, weil ich mich eigentlich nach ihm sehnte, dies aber keinem Menschen anvertraut habe. Irgendwann hat er dann aufgegeben, und ich habe ihn nicht mehr gesehen.

Von einer Nachbarin meiner Mutter habe ich mal erfahren, dass er mit seiner neuen Frau noch zwei Kinder bekommen hat, einen Jungen und ein Mädchen. Aber das wollte ich gar nicht mehr so genau hören. Auch wo er wohnt, weiß ich nicht. Und ob er überhaupt noch lebt.

Meine Mutter hat dann nie mehr geheiratet, sie hatte noch nicht einmal eine neue Beziehung. Sie war verhärtet und verbittert. Sie hasste alle Männer und sagte mir dies auch immer wieder.

Sie musste hart arbeiten, um den Lebensunterhalt für uns zu verdienen. Mein Vater hat zwar immer wieder versucht, Geld für mich zu überweisen, dies hat sie ihm jedoch wieder zurückgeschickt. Sie war so gekränkt, dass sie von ihm nichts annehmen wollte. So wuchs ich ziemlich einsam und in spärlichen Verhältnissen auf.

Als ich noch klein war, hat mich eine Nachbarin oft betreut. Diese war sehr liebevoll, aber schon sehr alt. Ich habe eine einzige Erinnerung: nämlich dass die alte Dame in einem Sessel sitzt. Sie hat ihre weißen Haare zu einem Dutt aufgebunden und trägt ein dunkles langes Kleid. Auf ihrem Schoß hält sie ein Buch, aus dem sie mir vorliest. Ich sitze auf einem großen roten Kissen zu ihren Füßen und halte ein Lämmchen aus Stoff in meinem Arm, dies hat sie mir geschenkt.

Ich glaube, diese alte Dame war so etwas wie eine Ersatzoma für mich. Plötzlich verschwand sie aus meinem Leben. Ob sie verstorben war oder weggezogen, weiß ich nicht genau. Mit meiner Mutter konnte ich darüber nicht sprechen. Auf Fragen nach Menschen, die mir etwas bedeuteten, sagte sie immer nur: „Binde dich nie allzu fest an andere Menschen. Auf keinen kann man sich verlassen. Man ist im Leben immer allein und muss für sich selbst sorgen. Erwarte keine Hilfe von anderen." Und sie war auch immer allein.

Sie arbeitete als Schneiderin in einer Schneiderei einige Straßen von unserer Wohnung entfernt. Das Gehalt war nicht üppig, und wir mussten immer sparen. Ich traute mich nie, einen Wunsch zu äußern. Wie gerne hätte ich auch einmal eine Jeans gehabt, wie andere Mädchen in meinem Alter. Aber ich musste immer die Kleider tragen, die meine Mutter für mich genäht hat. Meist aus den Stoffresten, die von ihrer Kundschaft übrig geblieben waren. Als ich dann zur Schule ging, bekam ich einen Schlüssel von unserer Wohnung und ging nach dem Unterricht nach Hause, um schon einmal die Wohnung sauber zu machen, aufzuräumen und später auch um zu kochen, damit ich meine Mutter entlasten konnte. Aber sie war nie zufrieden. Immer hatte ich etwas falsch gemacht. Die Wohnung war nicht sauber genug, das Essen schmeckte nicht, oder sie hatte Rückenschmerzen vom Nähen, oder sie hatte einfach nur schlechte Laune, die sie an mir ausließ. Sie warf mir immer vor, undankbar zu sein. Sie mache alles ja nur für mich. Und ich würde dies gar nicht sehen.

Tatsache war, dass ich mich oft mit den Hausaufgaben oder einem Buch, das ich aus der Bücherei mitgebracht hatte, in mein Bett zurückzog. Dann war ich in einer anderen Welt. Ich lebte mit den Figuren, die in den Büchern vorkamen und träumte vor mich hin. Ich hatte immer das Gefühl, in den Geschichten mit zu leben. Die Romane sind zu meiner Wirklichkeit geworden. Ich glaube, ohne die Bücher, hätte ich meine Jugendzeit nicht überlebt.

Meine Mutter ist dann früh gestorben. Sie war erst fünfzig Jahre alt und ich achtzehn. Sie war in den letzten Jahren vor ihrem Tod an Krebs erkrankt und konnte auch nur noch wenig arbeiten. Ich habe dann die Schneiderei geputzt und beim Bäcker ausgeholfen, damit wir wenigstens ein bisschen Geld hatten. Dem Vermieter unserer Wohnung war unsere Geldnot bekannt, und er erließ uns an manchen Monaten die Miete, wenn es ganz eng geworden war.

Damals schwor ich mir, dass ich einen guten Beruf ergreifen wollte, um niemals mehr arm zu sein. Es war so schrecklich, und ich schämte mich sehr. Ich habe nie eine Schulkameradin zu mir nach Hause eingeladen, weil ich nicht wollte, dass irgendjemand unser Elend sieht. In der Schule war ich immer gut. Ich lernte, wann immer ich konnte. Besonders in Deutsch, Englisch und Geschichte. Die Deutschlehrerin hat mich sehr gefördert. Sie ahnte wohl, wie es zuhause bei mir aussah, und fragte oft nach meiner Mutter bzw. nach meinen Eltern. Ich erfand immer eine Ausrede, warum diese nicht zum Elternabend kommen können. Die Lehrerin schenkte mir oft Bücher. Sie wusste, wie sehr ich sie verschlang.

Nach dem Ende der Hauptschule habe ich dann eine Ausbildung als Buchhändlerin gemacht und mich dann langsam hochgearbeitet in den Verlagen.

Heute bin ich beruflich da, wovon ich immer geträumt habe. Und jetzt soll dies plötzlich im nächsten Jahr alles zu Ende sein. Ich habe das Gefühl, wie damals als kleines Mädchen, dass die Zukunft nur düster für mich aussieht", Waltraut beendet ihren Bericht und schweigt lange.

Sie ist ganz in sich zusammengefallen. Es fühlt sich an, als ob eine dunkle schwere Wolke den Raum ausfüllt. Das Atmen ist mühsam. So muss sie sich als Kind gefühlt haben. Wie schrecklich. Eine Kindheit ohne Liebe und Freude. Und doch ist sie so eine starke Persönlichkeit geworden und hat so viel in ihrem Leben erreicht. Als ich ihr dies sage, beginnt sie zu weinen. Es ist, als ob das gesamte Leid, das sich seit der Kindheit in ihrem Herzen angesammelt hat, aus ihr herausbricht.

Ich lasse ihr Zeit. Sie füllt den Raum mit ihrem Schmerz.

Nach einer Weile beginne ich zu sprechen: „Erinnern Sie sich an eine Begebenheit aus Ihrer Kindheit, wo Sie glücklich, fröhlich oder vielleicht sogar ausgelassen waren?"

Waltraut schaut mich erstaunt an und wischt sich die Tränen aus den Augen. Sie denkt nach. Dann erhellt sich ihr Gesicht, und sie nickt heftig.

„Ja, es war ein schöner Sommertag. In der Straße, in der wir wohnten, lebte einige Häuser weiter eine spanische Familie. Sie führten ein Restaurant mit spanischen Spezialitäten nicht weit von unserem Haus entfernt. Die Frau war immer sehr freundlich zu mir und hat auch meine Mutter nett gegrüßt. Meine Mutter hatte mir aber verboten, mit den Kindern, die einige Jahre jünger waren als ich zu spielen. Trotzdem habe ich manchmal auf der Straße mit ihnen geredet.

Eines Tages gab die Familie in ihrem Restaurant ein Fest. Ich weiß nicht mehr aus welchem Grund. Vielleicht war es ein Geburtstag oder etwas Ähnliches. Zufällig kam ich an dem Restaurant vorbei und sah, wie schön alles geschmückt war. Mit bunten Girlanden und kleinen Laternen, in denen bunte Lämpchen flackerten. Ich hörte Musik und fühlte mich sofort angesprochen. Ich vergaß die Mahnungen meiner Mutter, so sehr war ich fasziniert von der Dekoration und den fröhlichen Menschen.

Irgendetwas in mir zog mich hinein in das Restaurant, in dem viele Erwachsene beieinander standen und sich unterhielten und lachten oder sich umarmten. Eine andere Welt, die ich nicht kannte. Ich staunte nur und fühlte mich plötzlich so wohl und geborgen. Die spanische Frau, die mich ja vom Sehen her kannte, nahm mich in den Arm und fragte mich, ob ich hungrig sei, und ob ich etwas essen wolle. Ich könne einfach etwas nehmen aus den vielen Schüsseln und Teller mit köstlichen Speisen, die alle so gut dufteten und auf einem großen Tisch standen. Sie drückte mir einen Teller in die Hand und ging mit mir von Schüssel zu Schüssel, um mir von allem einen kleinen Löffel auf meinen Teller zu häufen. Ich solle erst einmal probieren und dann nachnehmen, wenn es mir schmeckt. Bald entdeckten mich auch die Kinder, nahmen mich einfach bei der Hand und führten mich in den hinteren Raum, in den zwei Musikanten mit Gitarre und Trommel saßen, musizierten und sangen. Bald sangen alle Gäste mit, und die Kinder tanzten dazu. Sie nahmen mich mit in ihren Kreis und zeigten mir einige Schritte. Sofort gehörte ich dazu. War eins mit ihnen.

Tanzte und spürte den Rhythmus. Vergaß alles um mich herum. Es war wie in einem Traum.

Wir lachten, wir sangen, liefen und tanzten durcheinander. Nahmen uns bei den Händen und waren sorglos und glücklich. Nach einer gewissen Zeit fragte mich die spanische Frau, ob meine Mutter wisse, dass ich hier sei. Ich solle ihr doch Bescheid sagen, damit sie sich keine Sorgen mache, wenn ich nicht zuhause wäre. Ich erschrak heftig. Ich war schon viel zu lange dort gewesen und hatte die Zeit vergessen. Ich bedankte mich bei allen, umarmte die Kinder und lief eilig nach Hause. Die spanische Frau rief mir nach, ich solle doch gleich wiederkommen, wenn ich meiner Mutter Bescheid gesagt hätte. Ich winkte ihr nur zu und wusste, dass für mich das Fest zu Ende war. Zuhause angekommen, war ich froh, dass meine Mutter nicht da war. Sie kam wenige Minuten nach mir von der Arbeit nach Hause. Ich habe ihr nie über mein Erlebnis bei den Spaniern erzählt. Es ist bis heute mein Geheimnis. Jetzt wissen Sie davon", Waltraut schaut mich lächeln an noch ganz versunken in ihrer Erinnerung.

„Mögen Sie deshalb alles, was mit Spanien zu tun hat, so gerne", frage ich leise. Sie schaut ganz irritiert und überlegt.

„Ja, ich glaube, dieses Erlebnis hat sich in meinem Herzen fest eingraviert. Ich habe dann während meiner Berufsausbildung Spanisch gelernt und bin auch einige Male nach Andalusien gereist, um mir die Kulturschätze dort anzuschauen. Das Land übt auf mich eine magische Anziehung aus. Ja, eigentlich wie damals, als ich einfach der Musik und den Stimmen gefolgt bin und das Restaurant betreten habe", berichtet sie schon etwas weniger traurig.

„Jetzt bin ich ganz erschöpft vom vielen Erzählen", gibt Waltraut zu und hält sich ihren Kopf. Wahrscheinlich hat sie auch Kopfschmerzen, denn all die Erinnerungen, die plötzlich auftauchten, sind mit vielen Emotionen gekoppelt, die auch Spannungen im Körper verursachen können.

„Müssen Sie eigentlich heute noch arbeiten? Werden Sie heute im Verlag vermisst", frage ich sie eindringlich.

„Hm, meinen Sie mit dieser Frage, ich sollte heute einfach schwänzen", antwortet sie lachend. „Das habe ich in meinem Leben ja noch nie gemacht", fügt sie nachdenklich hinzu. „Weder in meiner Schulzeit, noch im Berufsleben. Ich war immer am Arbeitsplatz. Bis zum späten Abend. Nur an wenigen Tagen, wenn ich sehr sehr krank war, habe ich mal gefehlt. Aber das war die absolute Ausnahme. Irgendwie habe ich jetzt tatsächlich Lust auf einen schönen langen Spaziergang im Park. Mich jetzt auf einen Buchtext zu konzentrieren, kann ich mir nicht vorstellen. Sollte ich mir tatsächlich einen freien Nachmittag gönnen", Waltraut ist völlig aufgeregt, so als ob sie etwas ganz Verbotenes plane.

„Sie haben doch von zahlreichen Überstunden erzählt, die Sie nie als Freizeit genommen haben. Wäre dies heute nicht eine passende Gelegenheit? Vielleicht könnten Sie einfach einmal ausprobieren, wie es sich anfühlt, sich treiben zu lassen. Sie haben bestimmt viel nachzudenken", ich schaue aus dem Fenster. Die Sonne scheint, und es ist ein milder Herbsttag. Die Blätter an den Bäumen beginnen sich langsam rot und gelb zu färben. Die Natur zeigt sich heute von ihrer schönen Seite. Als ich Waltraut darauf aufmerksam mache, ist sie sofort einverstanden. Sie beschließt ihrer Nachfolgerin Bescheid zu sagen und sie zu bitten, einige Telefonate, die heute noch geführt werden sollten, zu übernehmen.

„Jetzt gebe ich langsam ab", kommentiert sie ihren Entschluss mit einem Lächeln. „Im Augenblick fällt es mir nicht schwer." Sie verlässt schnellen Schrittes die Praxis, es scheint, als hätte sie eine gute Idee, was sie mit dem freien Nachmittag anfangen möchte.

In der nächsten Therapiestunde beginnt sie sogleich zu berichten, dass sie sich mit ihrer Freundin aus Kindertagen getroffen hat. Sie hat diese zu sich in ihre Wohnung eingeladen und für sie gekocht. Die Freundin sei dermaßen erstaunt gewesen, dass sie es erst einmal nicht glauben wollte. Denn bisher hat sich Waltraut mit ihr immer draußen in einem Restaurant oder Café verabredet. Aber Waltraut wollte in einer privaten Atmosphäre in aller Ruhe mit ihr reden. Auch war sie sich nicht sicher, ob sie alle Gefühle unter Kontrolle halten konnte, wie sonst. Irgendetwas hat sich in ihr verändert. Sie ist weicher geworden, sensibler, was auch manchmal dazu führt, dass sie plötzlich weinen muss. Diese

Tränen sind ihr aber gar nicht mehr peinlich. Früher hätte sie sich dafür zu Tode geschämt. Jetzt kann sie sie einfach zulassen. Sie hat sogar das Gefühl, dass das Weinen etwas in ihr gelöst hat, so als wären die Tränen viele Jahre eingeschlossen gewesen. Jetzt dürfen sie einfach fließen, wenn ihr danach zu Mute ist.

Sie kochte ein einfaches Nudelgericht mit einer köstlichen Soße aus Tomaten und Zucchini. Dazu gab es geriebenen Parmesan und ein Glas Rotwein. Die Freundin war hoch entzückt, völlig begeistert. Und natürlich neugierig, was wohl der Anlass für solch eine außergewöhnliche Einladung war.

Waltraut erzählte ihr aus ihrer Kindheit. Zum ersten Mal erfuhr die Freundin, wie schrecklich sie sich gefühlt hat. Und wie sie sich vor allen Mitschülerinnen geschämt hat. Dies sei der Grund, weshalb sie in ihrem Leben immer eine Rolle gespielt habe. Die Rolle der erfolgreichen, selbstbewussten Lektorin, die sich immer über andere überlegen gab, es aber in Wirklichkeit nicht war. Dann berichtete sie ihr über ihre Ängste, über ihre Traurigkeit, und dass sie jetzt eine Psychotherapie begonnen habe.

Die Freundin war gar nicht so erstaunt. Sie hatte immer gespürt, dass hinter der Fassade aus Unnahbarkeit und Arroganz eine zarte Seele versteckt war. Deshalb hat sie nie aufgehört, sich um Waltraut zu kümmern. Irgendwie hat sie gehofft, dass die Maske einmal fallen würde. Waltraut hatte ja auch ihre liebenswerten Seiten. Sie war immer sehr großzügig und hilfsbereit und hatte die Freundin auch schon einige Male finanziell unterstützt, als es ihr sehr schlecht ging. Das hat sie ihr nie vergessen. Jetzt war sie über das Ausmaß der Verzweiflung, über die Waltraut berichtete, sehr berührt.

So kamen sich die beiden Freundinnen viel näher als bisher. Beide weinten ein wenig und nahmen sich in die Arme mit dem Versprechen, sich gegenseitig in Zukunft immer die Wahrheit zu sagen und absolut ehrlich zu sein. Beide waren ja jetzt keine Jugendliche mehr, sondern reife Damen von über sechzig. Sich jetzt noch etwas vorzumachen, wäre ja auch lächerlich.

So endete der Abend mit einem schönen Gefühl der Verbundenheit und in Waltraut keimt Mut, auch andere Dinge anzupacken.

Wir sehen uns erst nach einigen Wochen wieder. Waltraut kommt von einer längeren Dienstreise zurück. Sie hat mehrere Autoren in Norddeutschland besucht, um eventuelle Buchprojekte mit ihnen zu besprechen.

Sie ist sehr bedrückt. Während der Reise hat sie in Hotels übernachtet. Während ihr dies früher nichts ausgemacht hat und sie auch ohne Schwierigkeiten alleine in Restaurants essen ging, ist es ihr diesmal schwer gefallen. Alleine in den fremden Hotelzimmern stieg die Angst wieder auf und hinsichtlich des Betretens eines Restaurants verspürte sie erhebliches Unbehagen. So kaufte sie sich belegte Brote oder einen Imbiss und versteckte sich in ihrem Hotelzimmer, in dem sie sich aber auch nicht wohlfühlte.

„Was ist nur los mit mir", fragt sie verzweifelt. „Früher habe ich diese Dienstreisen sogar genossen. Ich habe mir dann noch die Städte angeschaut, in denen ich übernachtet habe. Bin in Kunstgalerien gegangen oder habe mir Karten für ein Konzert gekauft. Jetzt war ich weit davon entfernt, dies auch nur im Geringsten zu genießen. Ich verstehe mich selbst nicht mehr", sie ist sehr unglücklich.

„Es macht den Eindruck, als würden sich Ihr Körper und Ihre Seele weigern, dieses Leben, das für Sie immer so erfüllend war, weiterzuführen. So als wollte Ihre Seele Ihnen sagen: „Ich will das nicht mehr. Ich will anders leben". Wenn Sie in sich hineinhorchen, gibt es dort eine Stimme, eine Intuition, die Ihnen einen Hinweis gibt, was Ihnen fehlt", frage ich Waltraut.

Sie schließt die Augen und überlegt lange.

„Wenn ich die Augen schließe, kommen sogleich innere Bilder mit Szenen, in denen ich mich im Kreise von freundlichen lachenden Menschen befinde. Ein bisschen so, wie auf dem spanischen Fest in meiner Kindheit, von dem ich Ihnen erzählt habe. Glauben Sie, dass dies ein Hinweis ist, in welche Richtung ich mein Leben verändern soll? Dann käme der Abschied aus dem Verlag ja genau richtig. Ich habe aber gar keine fröhlichen und herzlichen Freunde, in deren Mitte ich aufgenommen werde. Und ich dachte immer, ich komme alleine gut zurecht und brauche sie nicht. Außerdem höre ich sofort die Stimme meiner Mutter, die mich vor anderen

Menschen warnt und mir rät, keinem zu vertrauen. Das sind die Leitgedanken, die mich bisher immer begleitet haben. Und wie soll ich jetzt in meinem Alter noch neue Menschen kennenlernen? Das stelle ich mir fast unmöglich vor", klagt Waltraut mit trauriger Stimme.

„Vielleicht schauen Sie erst einmal auf die Menschen, die Sie schon kennen. Sie haben sich ja vor einiger Zeit mit Ihrer Freundin aus der Grundschule zu einem ehrlichen Gespräch getroffen. Hat dies nicht schon das Gefühl zwischen Ihnen beiden verändert? Wie Sie berichtet haben, ist dort ganz viel Nähe und Wärme entstanden. Wer wäre die nächste Person, der Sie näher kommen möchten", frage ich sie vorsichtig.

„Hm, das stimmt", Waltraut schweigt und denkt nach. „Ich glaube, die nächste Person, der ich mich annähern möchte, ist meine Tochter. Unsere Beziehung ist nicht schlecht. Wir schätzen uns gegenseitig und versuchen uns nicht zu verletzen. Wir sind sehr höflich miteinander. Das heißt, wir gehen ganz vorsichtig miteinander um. Aber dies erzeugt auch eine große Distanz. Es ist wahrscheinlich mein Fehler. Ich war und bin keine Mutter zum Kuscheln. Aber ich habe versucht, meine Tochter immer zu unterstützen. Habe ihr Mut gemacht, als sie sich beruflich verändern wollte. Habe sie finanziell unterstützt, als sie nach der Ausbildung noch ein Studium begonnen hat. Ich stehe immer hinter ihr, das weiß sie auch. Sie kann sich auf mich verlassen. Aber wie entsteht mehr Nähe, mehr Wärme, mehr Herzlichkeit?" Waltraut schaut aus dem Fenster und ist in Gedanken ganz weit weg.

„Ich denke gerade an meine eigene Mutter. Wie kühl und abweisend sie immer war. Und so verbittert. Ich weiß gar nicht, wie man eine liebevolle Mutter sein kann. Wie macht man das?" Waltraut blickt mich fragend an.

„Haben Sie ein Vorbild", gebe ich zu Bedenken, „gibt es eine Frau in Ihrem Bekanntenkreis, von der Sie sagen würden: „dies ist eine wirklich gute Mutter, so möchte ich sein?"

„Ja vielleicht meine Freundin. Sie hat einen Sohn und eine Tochter. Beide sind schon erwachsen. Aber wenn sie sich treffen, dann fallen sie sich gegenseitig in die Arme und drücken sich ganz fest. Und die

Augen strahlen. Und sie lachen. Als Zu-
schauer spürt man die Freude bei allen Personen. Auch der Mann meiner Freundin ist
sehr herzlich. Es ist der einzige Mann, von
dem ich mich zur Begrüßung in den Arm
nehmen lasse. Bei dieser Familie ist körperliche Nähe immer ganz selbstverständlich
und natürlich", erwidert Waltraut mit einem
Lächeln.

„Aber so etwas kenne ich aus meiner Kindheit nicht. Kann man dies in meinem Alter
noch lernen", fragt sie neugierig.

Ich lache, denn sie schaut so skeptisch.
„Alles kann man lernen, wenn man das wirklich möchte", erwidere ich. „Wie könnten Sie
sich denn mit ihrer Tochter annähern?"

„Puh, ich tue mich sehr schwer mit Körper-
kontakt", gesteht Waltraut. „Mir ist es immer
am liebsten, wenn die Menschen mir nicht zu
nahe kommen".

„Wie war das denn, als Ihre Tochter klein
war? Ist es Ihnen damals auch schwergefal-
len, sie zu liebkosen? Vielleicht mögen Sie
ein bisschen über diese Zeit erzählen. Wie
war das, als Sie verheiratet waren und
schwanger wurden, und als Ihre Tochter geboren wurde", frage ich interessiert.

Waltraut beginnt: „Nachdem meine Mutter gestorben war, habe ich mir ein kleines Apartment gesucht, das ich von meinem Gehalt als Buchhändlerin bezahlen konnte. Ich war gerade 18 geworden und verspürte immer wieder den Wunsch, noch mehr zu lernen. Es zeigte sich aber schnell, dass ohne Abitur keine wirkliche Weiterentwicklung möglich war. So entschied ich mich, auf dem Abendgymnasium das Abitur nachzuholen. In diesem Fall konnte ich tagsüber arbeiten und Geld für meinen Lebensunterhalt verdienen, und abends ging ich zur Schule. Das machte mich glücklich. Da ich ohnehin nicht gerne ausging und lieber lernte, war ich in meiner freien Zeit ausgefüllt und vermisste nichts. Die Mitschüler und Mitschülerinnen waren alle auch etwas älter, und wir hatten eine schöne Klassengemeinschaft und halfen uns gegenseitig vor dem Examen. In meiner Klasse war dann auch ein Junge, zwei Jahre älter als ich, den ich sehr nett fand. Er war sehr gut in Mathematik, was mir eher schwer fiel. Dafür lagen mir die Geisteswissenschaften. So kam es, dass wir an den Wochenenden häufig zusammen lernten. Ja, und bald waren wir ein Paar und heirateten, nachdem wir das Abitur in der Tasche hatten.

Werner, so heißt er, studierte Ingenieurwissenschaft, und ich schrieb mich für deutsche Literatur und Geschichte ein. Es waren einige wenige unbeschwerte Jahre, in denen wir zwar neben dem Studium noch arbeiten mussten. Trotzdem fiel uns dies alles leicht. Dann war ich plötzlich schwanger. Werner war hellauf begeistert. Er hatte sich immer eine große Familie gewünscht. Voller Zuversicht meinte er, dass wir alle Herausforderungen mit Job, Studium und Kind schaffen werden. Aber es war alles nicht einfach. Manchmal war ich so erschöpft, dass ich am frühen Abend, wenn ich unsere Tochter ins Bett gebracht habe, ebenfalls einschlief. Vielleicht habe ich auch alles zu verkniffen gesehen. Ich war unter einem großen Druck und wollte keinen Fehler machen. Wahrscheinlich war ich keine fröhliche unbeschwerte Mutter, aber ich habe mein Bestes gegeben. Werner war da wesentlich unbeschwerter. Er konnte problemlos mit dem Baby spielen, kuscheln, toben und war dabei glücklich. Ich eher bedrückt. Aber irgendwie haben wir es geschafft. Wir beendeten unsere Studien und begannen in neuen Positionen gut zu verdienen. Eine große Hilfe war auch meine Schwiegermutter, das heißt Werners Mutter. Sie war immer da, wenn wir sie brauchten, besonders zum Babysitten. Sie kochte für uns, wenn wir mal krank waren. Sie war die gute Seele. Immer mit einem Lächeln und manchmal auch mit einem Lied auf den Lippen. Sie hat mich sehr unterstützt. Und unsere Tochter hat sie vergöttert.

Bald konnten wir uns eine neue größere Wohnung leisten. Sogar für eine Haushälterin, die sich stundenweise um Kind und Haushalt kümmerte, war noch Geld übrig. Für mich war es sehr wichtig, weiter arbeiten zu können. Meine Gedanken kreisten oft um meine eigene Kindheit, in der ich mich für meine Mutter und unsere ärmlichen Verhältnisse so geschämt habe. Das wollte ich auf keinen Fall wieder erleben. Und so setzte ich alles auf meine berufliche Zukunft und merkte nicht, wie ganz langsam aber sicher die Beziehung zu Werner und auch zu meiner Tochter darunter gelitten hat. Ich war so sehr mit mir selbst beschäftigt. So lebten wir, Werner und ich, uns langsam auseinander.

Wir hatten uns immer weniger zu sagen, keine gemeinsamen Hobbys und schon lange keinen Sex mehr. Als unsere Tochter dann ihr Abitur machte und für ein Jahr ins Ausland ging, haben wir uns im gegenseitigen Einverständnis getrennt. Eigentlich ohne Streit, so in aller Freundschaft. Unsere Tochter steht ihrem Vater immer noch näher als mir. Beide sind sehr sportlich und gehen ab und zu gerne zusammen in die Berge bzw. im Winter zum Skifahren. Mein Ex-Mann ist eindeutig der wärmere und herzlichere Elternteil", beendet Waltraut ihren Bericht über ihre Ehe und Familie.

„Wenn ich dies so berichte, fällt mir auf, dass ich eigentlich Schuld bin, dass meine Ehe auseinander gegangen ist. Ich habe nie tiefer darüber nachgedacht. Eigentlich war ich froh, alleine zu leben und all meine Kraft in meine Karriere zu stecken. Ich dachte immer, ich brauche keine anderen Menschen. Ich habe Werner noch einige Male getroffen. Immer, wenn es um unsere Tochter ging. Zuletzt im vorigen Jahr. Da haben wir unsere Tochter finanziell beim Kauf einer Wohnung unterstützt und waren alle drei beim Notar.

Danach haben wir dies bei einem gemeinsamen Essen im Restaurant gefeiert. Unsere Tochter war sehr dankbar und glücklich. Werner war und ist immer sehr ausgeglichen und ruhig. Immer fair und freundlich zu mir. Er hatte auch einige Beziehungen in all den letzten Jahren, lebt aber im Moment alleine, wie unsere Tochter mir erzählte. Vielleicht sollte ich auch mit ihm alleine mal ein Gespräch führen. Ich fühle mich sehr schuldig ihm gegenüber. Er war zuvorkommend und herzlich. Ich eher kühl und abweisend. Auch schäme ich mich, dass ich meine Schwiegermutter nach unserer Trennung nicht mehr besucht habe. Sie war über die Trennung sehr traurig und hat nie verstanden, wie es dazu kam. Sie ist vor einigen Jahren gestorben. Meine Tochter hat es mir erzählt. Sie hat sie sehr geliebt, und sie fehlt ihr heute noch.

Wie doch die Lebensphilosophie meiner Mutter in mir nachwirkt. Sie war verbittert, weil mein Vater uns verlassen hatte. Deshalb sollte auch ich mich nicht in einer Beziehung zu einem Mann zu sehr binden. Das hat sie mir immer wieder gesagt. Ich hatte daher

Angst, meine Selbstständigkeit und Unabhängigkeit zu verlieren und wahrscheinlich auch unbewusst Angst, verlassen zu werden. Dann war ich lieber der aktive Part und habe meinen Mann verlassen, bevor er es tut. Ist das nicht alles traurig? Irgendwie ist es mir bisher nicht gelungen, liebevolle und herzliche Beziehungen zu anderen einzugehen. Ich halte immer eine sichere Distanz", schließt Waltraut ihren Bericht.

„Ja, und unpersönliche Beziehungen machen einsam und traurig, besonders wenn man spürt, dass der Beruf, in dem man ja so beschäftigt war und der alle Kraft und Aufmerksamkeit gebunden hat, langsam zu Ende geht und bald nicht mehr Inhalt des Lebens sein wird", füge ich nachdenklich hinzu.

„Aber Sie können dies jederzeit ändern. Wie Sie Ihrer Freundin näher gekommen sind, so ist dies mit anderen Menschen auch möglich, natürlich wenn diese es möchten. Das Geheimnis einer Freundschaft ist die Authentizität und das Vertrauen. Spielen Sie keine Rolle mehr. Zeigen Sie sich selbst, zeigen Sie nicht nur Ihre Stärken, sondern auch Ihre Schwächen. Das erzeugt Nähe. Es ist vielleicht nicht ganz einfach, die Glaubenss-ätze Ihrer Mutter zu hinterfragen und dann eventuell von sich zu weisen. Sie könnten beginnen, Ihre eigenen Werte zu etablieren und danach zu leben. Wie wäre es, wenn Sie für sich eine Liste Ihrer Werte und Lebens-ziele erstellen. Und immer wenn Sie eine Entscheidung treffen, nachschauen, ob Sie sich treu geblieben sind", schlage ich ihr vor.

„Glauben Sie denn, dass ich mich jetzt noch, mit Mitte 60 noch ändern kann", fragt Waltraut zaghaft.

„Aber natürlich", sage ich zuversichtlich. „Die Tatsache, dass Sie es wirklich möchten, ist schon alleine ein Garant dafür. Sie sind eine starke Frau und haben alle Ziele in Ih-rem Leben erreicht. Jetzt brauchen Sie nur noch Ihre neuen Ziele formulieren, und ich bin sicher, dass Sie auch diese erreichen werden", versichere ich ihr.

Waltraut schaut mich nachdenklich an und nickt langsam. „Das bedeutet, ich werde ganz neue Wege einschlagen. Auf der einen Seite motiviert mich das, wie immer, wenn ich eine Herausforderung gesehen habe. Auf der anderen Seite bin ich etwas unsicher, ob ich meine bisherigen Überzeugungen so leicht überwinden kann", gibt sie zu Bedenken. „Aber gut, ich kann ja mal mit der Werteliste anfangen. In Listen anfertigen bin ich ganz gut", wir lachen beide und beschließen damit die intensive Stunde.

Die nächsten Therapiestunden sind erfüllt von vielen heftigen Gefühlen. Schmerzhafte Erinnerungen an die traurige, einsame und mit Scham besetzte Kindheit führen zu heftigen Emotionen. Wut und Verzweiflung, Traurigkeit und Resignation brechen aus Waltraut hervor. Schuldgefühle bezüglich ihrer Ehe und ihrer Rolle als Mutter sind fast unerträglich. Sie durchlebt eine schwere Zeit der Aufarbeitung ihrer Vergangenheit, die sie in all den Jahren durch viel Arbeit und Aktivitäten überdeckt hat. Jetzt bricht es nur so aus ihr heraus, so als würde ein Damm brechen und die gewaltigen Wassermassen stürzen ins Tal. Immer wieder suchen wir Halt bei ihren Ressourcen – den Büchern und der Kultur. Gespräche mit der Freundin, die empathisch und geduldig zuhört und den einen oder anderen Rat ausspricht, stabilisieren ebenfalls. Langsam werden die Wogen der Gefühle etwas flacher und erträglicher. Bis sie schließlich in eine tiefe körperliche Erschöpfung enden. Waltraut kann dem nachgeben und schläft tatsächlich viel. Sie erlaubt sich morgens später in den Verlag zu gehen und etabliert eine neue Morgenroutine, indem sie sich ein wunderbares gesundes Frühstück zubereitet und dies in Ruhe genießt. Der Impulse, sich morgens ein ausgiebiges Frühstück mit Früchten, Nüssen, Vollkornbrot oder Müsli zu zubereiten, kommt von ihr selbst.

„Ich habe plötzlich den Wunsch, mich liebevoller um mich selbst zu kümmern", beginnt sie das Gespräch in aufgeräumter Stimmung. „Meine Ernährung war bisher wirklich ungesund. Mein Hausarzt hat dies immer wieder angesprochen und wusste nicht, wie er mich zu einer Ernährungsumstellung bewegen kann. Jetzt spüre ich einen starken Wunsch, bewusster zu leben und zu überdenken, was gut und was nicht gut für mich ist. Also die vielen Süßigkeiten schaden mir und auch der schnelle fleischhaltige fettige Imbiss am Abend ist bestimmt nicht gesund. Ich habe beschlossen, dies zu verändern und jetzt für mich abends zu kochen. Meine Freundin ist ganz begeistert davon und hat mir ein Kochbuch mit dem Titel „Gesunde schnelle Küche für Singles" geschenkt. Und wir haben gleich die ersten Gerichte ausprobiert. Natürlich durften sie und ihr Mann mitessen. Wir haben die Single-Menge einfach mal drei genommen. Und wissen Sie was", sie schaut mich erwartungsvoll an.

Da ich lächele, spricht sie gleich weiter: „Es macht mir plötzlich richtig viel Spaß zu kochen und Rezepte auszuprobieren. Und wenn ich dann noch das Gemüse frisch auf dem Markt einkaufe, schmeckt alles sehr viel besser als die Fertiggerichte von früher. Es tut auch meiner Seele gut. Schon das Putzen und Schneiden des Gemüses oder der anderen Zutaten fühlt sich wie eine meditative Tätigkeit an. Ich werde innerlich ganz ruhig. Ich höre dabei meine Lieblingsmusik. Das ist wirklich schön.

Und überall in meiner Wohnung liegen Bücher über gesunde Ernährung. Sie sind zwar nicht aus unserem Verlag. Aber sie sind halt Bücher, und ich lese sie jetzt, wie früher die Belletristik. So spannend, was ich da alles lerne. Wussten Sie, dass Brokkoli viele wichtige Vitamine wie z.B. Vitamin C, B-Vitamine,

Vitamin K und Folsäure liefert und zudem einen hohen Gehalt an Vitamin-A-Vorstufen besitzt", fragt sie ganz aufgeregt.

Ich nicke lächelnd und freue mich über ihre Begeisterung. Sie ist wirklich schon tief in die Ernährungswissenschaften eingestiegen und geht einen für sie ganz neuen Weg. Sie entdeckt, dass da noch so vieles auf der Welt gibt, was wir nicht wissen, und das es noch zu lernen gibt, wenn wir die Augen öffnen und uns umschauen.

Die neue Ernährung mit frischem Obst und Gemüse, wenig Fleisch, ab und zu Fisch und reichlich Ballaststoffen in Form von Vollkornprodukten lässt sie richtig aufblühen. Ihre Haut ist rosiger geworden, und sie hat deutlich an Gewicht abgenommen, worauf sie sehr stolz ist. Sie achtet darauf, genug probiotische Lebensmittel zu sich zu nehmen, in denen sich zahlreiche für den Darm wichtige Bakterien befinden, wie Joghurt, Kefir, Buttermilch, aber auch Eingelegtes wie Sauerkraut und Pickles. Kurz - sie ist zu einer kleinen Expertin für ihre eigene gesunde Ernährung geworden. Der Hausarzt staunt nur und bestätigt sie mit zahlreichen Komplimenten. Nach einem halben Jahr möchte er einen größeren Gesundheits-Check durchführen, um zu sehen, ob sich die Ernährung schon auf Blutdruck und Blutzucker positiv ausgewirkt hat.

Waltraut ist begeistert. „Ich hätte nie geglaubt, dass eine Ernährungsumstellung so viel Kraft geben kann. Ich fühle mich viel vitaler, und meine Ängste werden immer weniger. Irgendwie bin ich zuversichtlicher geworden. Ich glaube, ich bin auf einem guten Weg. Aber nach Ihrem Plan müsste ich eigentlich auch noch mit einer sportlichen Betätigung beginnen. Oh je, das ist das Schwerste für mich. Ich habe Sport, besonders in der Schule, immer gehasst. Ich war unbeweglich, etwas pummelig und war zum Beispiel beim Wettrennen immer die Letzte. Beim Auswählen, wer von den Schülern in welche Mannschaft kommt, war ich immer diejenige, die übrig blieb. Mich wollte keiner in seiner Mannschaft haben. Man nahm mich dann notgedrungen. So war der Sportunterricht für mich immer die Hölle. Ich wäre vor Scham am liebsten im Boden versunken und habe immer versucht, durch Entschuldigungen zu fehlen. Als ich dann erwachsen war, habe ich alles, was mit Bewegung oder sportlichen Aktivitäten zu tun hat, weit von mir gewiesen. Ich hab's erst gar nicht probiert. So tief saßen und sitzen die Verletzungen aus der Schulzeit immer noch in mir. Ich werde darüber nachdenken", fasst sie ihre Einstellung zu Sport und Bewegung zusammen.

Wir sehen uns eine Weile nicht. Waltraut hat die letzte vereinbarte Stunde telefonisch verschoben, weil sie mit ihrer Tochter eine kurze Reise geplant hat. Sie möchte während dieser gemeinsamen Zeit versuchen, ihrer Tochter näher zu kommen. Am Telefon ist sie ganz aufgeregt und besorgt, ob ihr dies auch gelingen wird, und bittet noch um den einen oder anderen Rat, wie sie das Gespräch über die Mutter-Tochter- Beziehung beginnen könnte. Aber letztendlich gibt es hierzu ja kein Rezept. Es kommt auf die jeweilige Situation und Stimmung an. Das Einzige, was sie beherzigen könnte, ist, ehrlich und authentisch zu sein und auch selbstkritisch zu eigenen Fehlern zu stehen.

So bin ich dann ganz gespannt, wie die gemeinsame kleine Reise verlaufen ist, als die nächste Therapiestunde bevorsteht.

Waltraut kommt zum ersten Mal in sportlich legerer Kleidung in die Praxis. Immer noch ist sie sehr geschmackvoll und stilvoll gekleidet. Aber in enger schwarzen Hose, darüber ein bunter und doch eleganter Pullover und Sportschuhen wirkt sie viel entspannter. Die Kleidung passt zu ihr. Sie sieht damit flotter und dynamischer aus. Vielleicht ist es auch ihr Gesichtsausdruck, der sich verändert hat. Die tiefen Sorgenfalten sind verschwunden. Ihr Gesicht wirkt heller, strahlender, freundlicher.

Sie setzt sich schwungvoll in den Sessel, und ich spüre sogleich, dass sich in der Zwischenzeit etwas verändert hat. Ihre Körpersprache zeigt mehr Weichheit und Harmonie.

„Jetzt möchten Sie bestimmt wissen, wie meine Zeit mit meiner Tochter verlaufen ist, nicht wahr", eröffnet sie gleich das Gespräch.

„Wenn Sie mir davon erzählen möchten, ja gerne", erwidere ich interessiert.

„Also, ich hatte meine Tochter zu einem verlängerten Wellness- Wochenende in ein schönes Sporthotel in Österreich eingeladen. Das passte ganz gut, denn vor kurzem war ihr Geburtstag, und so konnte ich die Einladung begründen. Meine Tochter hat sich zwar über ein solch großes und besonderes Geschenk gewundert, weil ich ihr normalerweise immer einen Gutschein für etwas, was sie sich wünscht, schenke. Doch sie hat sofort zugesagt. Ich glaube, das Hotel, in dem viele sportliche Aktivitäten wie Fitnessstudio, Mountainbiken, Kletterwand, Yoga und so einiges mehr angeboten werden, hat sie bestimmt gereizt. Für mich war die wunderbare Wellness-Abteilung sehr verlockend. So ließen wir es uns gut gehen, und jeder ging seinen Aktivitäten nach. Wir trafen uns dann zum Essen und Kaffeetrinken. Die Stimmung zwischen uns war richtig freundschaftlich.

Fast war ich geneigt, gar kein Gespräch über die Vergangenheit zu beginnen, um die fröhliche Atmosphäre nicht zu gefährden. Aber dann ergab es sich, dass die Sonne uns zu einem Spaziergang durch den angrenzenden Wald lockte. So begann ich das Gespräch auf die Kindheit meiner Tochter zu lenken. Ich fragte nach, was sie für Erinnerungen an ihre Kindheit hat und war sehr erstaunt, dass diese fast ausschließlich positiv waren. Dann berichtete ich ihr von meinen Schuldgefühlen, keine liebevolle und warmherzige Mutter gewesen zu sein. Darüber war sie dann ganz erstaunt. In ihrer Wahrnehmung ist tatsächlich ihr Vater, also der Werner, der mehr mütterliche Teil der Eltern, und mich empfindet sie eher als der männliche, leistungsorientierte, strebsame Part. Aber irgendwie hat ihr das nicht geschadet, glaubt sie. Es sei eben in unserer Familie mit umgekehrten Rollen gewesen, und sie hätte von uns beiden ja viel mitbekommen, auch von der geliebten Oma. Das Einzige, was sie traurig gemacht hat und worüber sie immer noch traurig ist, ist die Tatsache, dass wir uns getrennt haben. Sie sei da ja schon erwachsen gewesen, aber trotzdem hätte sie es nie verstanden. Wir hätten uns doch kaum gestritten. Sie hatte unser Familienleben in harmonischer Stimmung in Erinnerung. So kamen wir uns immer näher, waren beide erstaunt und verwundert, wie unterschiedlich wir viele Situationen empfunden haben. Aber obwohl ich vorher eine große Angst vor diesem Gespräch hatte – meine Stimme zitterte auch oft während des Gesprächs – waren wir sehr einfühlsam und liebevoll miteinander.

Wir konnten uns am letzten Tag sogar in den Arm nehmen, und meine Tochter sagte zum Abschied „das war wunderschön, Mama, ich danke dir sehr“.“

Waltraut schluckte heftig und wischte sich verstohlen einige Tränen aus den Augenwinkeln.

„Ja, und es ist tatsächlich so“, gibt Waltraut zu, „dass warmherzige liebevolle Beziehungen zu wunderbaren Menschen, wie meine Tochter oder meine Freundin, mir so viel Kraft geben. Es macht plötzlich Sinn, auch ohne Beruf, weiterzuleben. Übrigens wird der Verlag für mich immer unwichtiger. Das hätte ich nie geglaubt.“

„Wir Menschen sind evolutionär gesehen, eigentlich „Rudeltiere“. Das heißt, wir haben ein tiefes inneres Bedürfnis, zu einer Gruppe dazu zu gehören. Leider durften Sie in Ihrer Kindheit dieses Bedürfnis nicht stillen und mussten viel Einsamkeit ertragen. Auch hat das Misstrauen Ihrer Mutter allen Menschen gegenüber vielleicht dazu beigetragen, dass Sie selbst Angst vor zu großer Nähe entwickelt haben. Es ist wirklich wunderschön, dass Sie jetzt entdecken dürfen, wie wohltuend und kraftspendend liebevolle Beziehungen sind. Aber Sie waren mit Ihren ersten Schritten der Öffnung bei Ihrer Freundin und Ihrer Tochter auch sehr mutig. Sie haben etwas gewagt, was ganz neu für Sie ist, was Sie vorher noch nie in Ihrem Leben gemacht haben. Umso schöner ist natürlich das Ergebnis. Vielleicht ermutigt Sie dies, sich einigen anderen Menschen ebenfalls ehrlich und vertrauensvoll zu nähern", füge ich den Ausführungen von Waltraut hinzu.

Sie nickt stumm, ganz versunken. Da ein feines Lächeln auf ihren Lippen liegt, gehe ich davon aus, dass sie in Gedanken wieder bei dem Wochenende mit ihrer Tochter ist, und schweige.

Sie räuspert sich und schaut mich an. Ihr Gesicht drückt freudige Erwartung aus. Die Gesichtszüge sind ganz entspannt. Auch ihr gesamter Körper strahlt zum ersten Mal, seitdem ich sie kenne, eine innere Ruhe und Zufriedenheit aus. Sie ist bei sich selbst angekommen.

Ich spüre, dass ich mir jetzt keine ernsthaften Sorgen mehr um sie zu machen brauche. Es wird noch ein wenig dauern, bis sie ihren neuen Weg sicher gefunden hat, aber die ersten wichtigen Schritte sind schon getan.

Wir vereinbaren, die Frequenz der Therapiestunden etwas zu lockern. Sie braucht jetzt vor allem Zeit, um die neuen Erkenntnisse zu verarbeiten. Außerdem möchte sie einige sportliche Aktivitäten mal für sich ausprobieren, ob nicht doch etwas dabei ist, was ihr Freude machen könnte. Ihre Tochter hatte ihr auch Anregungen dazu mitgegeben.

„Jetzt kommt der Countdown", sagt sie, als sie sich an der Türe noch einmal umdreht, „die letzten vier Arbeitswochen! Und dann gibt es eine große Abschiedsparty. Die habe ich mir von dem Verlagsleiter und den Kollegen und Kolleginnen gewünscht. Das erste Mal in meinem Leben ein Fest nur für mich alleine! Ob ich das aushalte und genießen kann", sie winkt mir zu und ist auch schon mit schnellen Schritten die Treppe hinuntergelaufen.

Über die letzten Worte an der Türe, die in einer Therapie oftmals mit zu den wichtigsten gehören, denke ich noch länger nach.

Waltraut bittet auf dem Anrufbeantworter um einen schnellen Rückruf wegen eines neuen Termins. Wir finden gleich am nächsten Tag einen passenden.

Sie kommt schon zehn Minuten zu früh und muss leider noch warten. Wir haben die Begrüßung kaum hinter uns gebracht, als sie auch schon aufgeregt zu sprechen beginnt.

„Ich habe eine frühere Nachbarin meiner Mutter zufällig getroffen, die mich noch als Kind kennt. Sie ist schon weit über 80 und hat mich trotzdem wiedererkannt, als ich sie angesprochen habe. Von ihr weiß ich, dass mein Vater jetzt in einem Seniorenheim etwas außerhalb der Stadt lebt. Seine Frau ist vor einigen Jahren verstorben, und es war schwer für ihn, sich selbst zu versorgen. Er hat einen Schlaganfall überlebt, jedoch noch eine Lähmung im Arm behalten. Ja, und so haben wir über die Vergangenheit geplaudert. Sie ist einer der Nachbarn, die immer alles genau wissen. Ich bin ihr früher immer aus dem Weg gegangen. Jetzt wollte ich so viel wie möglich von ihr erfahren. Sie wusste den Namen des Heims nur so ungefähr. Ich habe aber recherchiert und habe ein Seniorenstift mit ähnlichem Namen 20 km außerhalb der Stadt gefunden. Ich habe sofort angerufen und gefragt, ob ein Herr mit dem Namen meines Vaters bei ihnen lebt. Erst wollte mir die Dame am Empfang keine Auskunft geben, aber als ich beteuerte, dass ich eine Angehörige sei und ihn gerne besuchen wolle, hat sie mir vertraut und es bestätigt. Jetzt bin ich ganz aufgeregt. Soll ich ihn wirklich besuchen? Ich traue mich nicht richtig, nach all den Jahren. Wird er mich überhaupt erkennen? Und was werden seine anderen Kinder dazu sagen? Jetzt tauche ich plötzlich auf. Vielleicht will er gar nichts mehr mit mir zu tun haben", Waltraut sprudelt nur so aus sich heraus. „Was meinen Sie? Was soll ich tun? Können Sie mir einen Rat geben?"

Ich überlege eine kleine Weile. „Was würden Sie Ihrer besten Freundin raten, wenn diese in Ihrer Situation wäre", frage ich sie.

„Hm, eine schwierige Frage", meint Waltraut. „Ich glaube, ich würde sie fragen, was ihr Herz sagt, nicht ihr Verstand", fügt sie zögernd hinzu.

„Und was sagt Ihr Herz jetzt im Moment", frage ich nach.

Waltraut schweigt. Sie schließt kurz ihre Augen und fühlt in sich hinein. Nach einer kurzen Zeit öffnet sie ihre Augen wieder, schaut mich unvermittelt an und sagt: „Mein Herz sagt mir, ich soll es versuchen. Wenn ich es nicht versucht habe, dann mache ich mir ewig Vorwürfe, dass ich nicht mutig genug war."

„Was kann schlimmstenfalls passieren", frage ich, um sie darauf vorzubereiten.

„Nun ja, wenn es nicht gut ausgeht, dann erkennt mein Vater mich entweder nicht mehr wieder, oder er will mich gar nicht sehen und wirft mich aus dem Zimmer. Oder", fügt Waltraut noch hinzu, „er hat gerade Besuch von einem seiner Kinder, und die werfen mich hinaus."

„Wenn Sie diese drei Szenen einmal vor Ihrem inneren Auge vorbeiziehen lassen, was geschieht dann mit Ihrem Herz, welche Gefühle kommen dabei hoch", frage ich sie.

Sie schließt noch einmal die Augen und schweigt. Ihr Gesicht ist sehr angespannt, und die Augenlider zucken unmerklich. Sie atmet schwer. Dann öffnet sie die Augen und sagt sofort mit fester Stimme: „Also gut, ich bin bereit. Das Schlimmste, was ich mir vorstellen kann, ist dass ich das Seniorenheim verlasse mit einem Gefühl einer tiefen Traurigkeit. Scham fühle ich nicht. Wenn ich es nicht versuche, dann würden Schuld und Scham vorherrschen. Und das wäre schwerer zu ertragen, als Traurigkeit. Aber ich habe ja eine gute Chance, dass ich meinem Vater noch einmal nahe sein darf, und dass er mir verzeiht, dass ich all die Jahre keinen Kontakt zu ihm gesucht habe. Ok, es ist entschieden. Ich werde dorthin fahren." Waltraut ist schon aufgestanden und macht einen entschlossenen Eindruck. Sie will sich wieder melden, wenn sie die Begegnung hinter sich gebracht hat.

Nach einigen Wochen ist sie wieder da. Ich bin sehr erstaunt, sie ganz verändert zu sehen. Sie kommt tatsächlich in legeren Jeans und luftiger Bluse. Sie sieht um Jahre jünger aus, zumal sie auch eine flotte neue Kurzhaarfrisur trägt mit hellen Strähnchen. Solch eine Veränderung!

Da sie sich auch in der Zwischenzeit nicht gemeldet hat, gehe ich davon aus, dass es ihr ziemlich gut geht. Und das ist tatsächlich so. Ihr Äußeres stimmt mit ihrer derzeitigen Stimmung überein.

„Ich bin frei", sind ihre ersten Worte. „Ich habe den letzten Arbeitstag im Verlag hinter mich gebracht und wurde dann auch gebührend gefeiert. Das war ein merkwürdiges Gefühl. So im Mittelpunkt zu stehen. Das bin ich gar nicht gewöhnt. Aber ich konnte es ein wenig genießen. Ich habe dem Verlagsleiter und meiner Nachfolgerin das Versprechen gegeben, dass ich für kleinere Projekte freiberuflich zur Verfügung stehe. Es gibt sogar ein Buchprojekt, das ich seit langem betreut habe. Den Autor kenne ich schon seit Jahren. Dieses Buch darf ich bis zur Veröffentlichung von zuhause aus weiter begleiten. Ich bin so glücklich. Das ist doch ein toller Übergang.

Und dann habe ich in der letzten Woche meinen Vater tatsächlich besucht. Ich habe einige Zeit mit mir gerungen. Aber dann siegte der neue Mut, den ich durch die Begegnungen mit meiner Freundin und meiner Tochter gewonnen habe. Also, um es kurz zu fassen: er hat mich wiedererkannt. Er saß in einem Sessel in seinem Zimmer. Ich habe an der Rezeption nach seiner Zimmernummer nachgefragt und musste dort meinen Namen, die Anschrift und den Verwandtschaftsgrad angeben. Die Dame staunte nicht schlecht und meinte nur „aber er hat doch schon eine Tochter und einen Sohn". Ich erwiderte nur „ich weiß" und stapfte los. Immer folgenden Satz vor mich her murmelnd: „es wird gut gehen, wir werden uns wiederfinden".

Und als ich dann so vor ihm stand, und nur mühsam „hallo Papa" herausbrachte, da rief er sofort: „nein, du bist doch die Waltraut. Mein liebes Mädchen. Ich habe dich all die vielen Jahre so vermisst. Das gibt es doch nicht. Du bist einfach so da. Wieso, woher weißt du…… „ Ja, und wir fielen uns in die Arme. Ich kniete vor ihm auf dem Boden, denn er saß ja in seinem Stuhl. Er streichelte immer wieder über meinen Kopf, und wir weinten und lachten abwechselnd. Eine gefühlte Ewigkeit sagte keiner von uns ein Wort. Bis mir mein Bein einschlief, und ich mich aufrichten musste. Ich fragte ihn, ob es ihm dann überhaupt recht sei, dass ich gekommen sei. Und er antwortete nur mit einem heftigen Nicken. Er sagte, dass kein Tag in seinem Leben vergangen wäre, an dem er nicht an mich gedacht hätte. Und wir sprachen über ihn und über die Zeit, als er mich und meine Mutter verlassen hatte. So erfuhr ich, wie unglücklich er in der Beziehung zu meiner Mutter gewesen sei, und wie schuldig er sich immer gefühlt habe, dass er mich nicht mitgenommen habe. Es war eine sehr schöne, aber auch tief ergreifende Begegnung. Als er dann zum Abendessen gerufen wurde, habe ich ihn in den Speisesaal begleitet und gesehen, wie schwer er durch seine Lähmung der rechten Körperseite beeinträchtigt ist. Ich musste ihm versprechen, wiederzukommen. Und er wollte mich seinen beiden anderen Kindern vorstellen. Und so verabschiedeten wir uns unter Tränen. Die Tischnachbarn schauten ganz erstaunt und verstanden gar nichts mehr. Er wird es ihnen bestimmt danach erzählt haben.

Ich habe die ganze Nacht danach nicht schlafen können. So ergriffen war ich von der Begegnung. Hoffentlich sind die Kinder nicht allzu eifersüchtig auf mich. Ja, ich weiß, ich denke wieder wie meine Mutter. Immer erst das Negative. Immer mit übertriebener Angst vor anderen Menschen", Waltraut beendet

ihren bewegenden Bericht mit einem Seufzer. Und atmet noch einmal tief durch.

Ich bin ganz gerührt von der Erzählung
und den starken Gefühlen, die Vater und
Tochter ausgetauscht haben.

„Das ist ja eine wundervolle Geschichte",
kommentiere ich das eben Gehörte. „Wie
gut, dass Sie den Mut aufgebracht haben
und dorthin gegangen sind."

„Ja", antwortet Waltraut mit einem Lächeln, „und da ich ja jetzt im Ruhestand bin,
habe ich auch genug Zeit, meinen Vater öfter
zu besuchen. Und wissen Sie was", fügt sie
fröhlich hinzu, „ jetzt gibt es in meinem Leben
schon drei Menschen, die mir ganz nahe stehen, meine Freundin, meine Tochter und
mein Vater. Ich hatte noch nie in meinem Leben solch ein schönes Gefühl der Vertrautheit und Geborgenheit. Es ist so schön zu
wissen, dass es auf der Welt Menschen gibt,
die mich lieben. Das ist so wunderbar. Eigentlich schade, dass ich dieses Gefühl nicht
in meiner Ehe gehabt habe. Aber da war ich
leider zu sehr mit mir selbst beschäftigt und
mit meiner Angst vor Abhängigkeit von einem Mann. Der Beruf war mir damals das

Wichtigste. Heute würde ich anders entscheiden. Nachdem ich erfahren habe, wie
es sich anfühlt, wahre liebevolle Beziehungen aufzubauen. Mal sehen, was die Zukunft
mir bringt".

Wir vereinbaren, dass wir die Therapie
langsam beenden können, da die Ängste
und die Traurigkeit nicht mehr aufgetreten
sind. Einige abschließende Gespräche drehen sich vor allem über die Zukunft. Waltraut
hat zahlreiche Pläne, wie sie ihren Ruhestand gestalten will. Die ideale sportliche Betätigung hat sie noch nicht für sich gefunden.
Sie möchte aber nicht aufgeben, einiges
auszuprobieren. Aber mehrere Reisen hat
sie geplant, besonders nach Andalusien. Sie
möchte auch einen Intensivkurs in Spanisch
in Palma de Mallorca machen, wo sie schon
eine Wohnung für sechs Wochen, d.h. für die
Zeit des Kurses, gebucht hat. Ihre Tochter
will sie mit ihrem Freund dort besuchen kommen.

Waltraut ist voller neuer Ideen und hat das
Gefühl, ein zweites Leben zu beginnen.

So ungefähr zwei Jahre nach dem Ende
der Therapie gehe ich in der Stadt durch die

Einkaufspassage. In Gedanken versunken. Mit schnellen Schritten, weil ich so einiges besorgen möchte. Als plötzlich eine ältere Dame auf mich zukommt und mich am Arm berührt. „Hallo, kennen Sie mich noch?" Mein Gehirn arbeitet auf Volltouren. Das Gesicht der Dame ist mir vertraut. Doch sie trägt ein buntes luftiges Sommerkleid. Sie ist braun gebrannt und strahlt mich an. Sie schiebt einen Kinderwagen, in dem ein süßes kleines Mädchen sitzt und seine Ärmchen herausstreckt. Sie nimmt die Kleine auf den Arm und küsst und streichelt sie voller Freude.

„Jetzt erkennen Sie mich doch nicht", sagt sie ganz enttäuscht. Ich schaue der Szene zu und bin ganz gerührt. „Waltraut?" frage ich vorsichtig.

„Ja, ich habe mich verändert, nicht wahr", antwortet sie schwungvoll. „Und das ist meine Enkelin Carina".

Und so erfahre ich, dass es ihr gut geht, und dass sie oft nach Andalusien fährt, da sie ja den Flamenco-Tanz für sich entdeckt hat. Sie hat viele Kurse absolviert, und es ist ihre Leidenschaft geworden. Ihre Tochter hat die kleine Carina bekommen, die von ihr und auch von Werner, dem Opa, und der Schwiegermutter betreut wird. Werner und sie sind nach vielen Gesprächen über die Vergangenheit gute Freunde geworden und treffen sich ab und zu, um gemeinsam etwas zu unternehmen. Ihren Vater besucht sie so oft es geht. Die Beziehung zu seinen beiden anderen Kindern ist freundlich neutral, die Beiden halten Abstand. Aber das ist für sie ok. Das kann sie gut aushalten.

Waltraut verabschiedet sich herzlich mit den Worten: „und das Leben ist doch schön".......

Wenn wir das Leben der Anderen leben

Georg, ein 42jähriger Gymnasiallehrer sitzt vor mir und schwitzt. Die Tropfen stehen auf seiner Stirn. Er greift immer wieder zum Taschentuch, um sich abzuwischen. Sein Gesicht ist leicht gerötet. Er ist sichtbar aufgeregt. Unruhig rutscht er auf dem Sessel hin und her.

„Ich bin voller Wut", sind seine ersten Worte auf die Frage, warum er zu mir kommt. „Ich zerstöre alles. Alles – damit meine ich meine Beziehung. Die Partnerschaft mit meiner Freundin, die seit vier Jahren besteht. Es ist ein Auf und Ab. Wir wollten uns schon einige Male trennen, haben uns aber bisher dann doch immer wieder für einander entschieden. Eigentlich passen wir gut zusammen. Wir haben ähnliche Hobbys und unternehmen in der Freizeit viel miteinander, was auch Spaß macht.

Doch ich bin mir oft nicht sicher, ob sie mich wirklich liebt, oder ob ich sie richtig liebe. Sie macht mir häufig Vorwürfe, dass ich launisch und aggressiv sei. Ja, ein bisschen stimmt es schon, was sie sagt. Ich bekomme immer wieder heftige Wutanfälle. Wegen Kleinigkeiten. Wenn irgendetwas nicht so klappt, wie ich es erwarte oder geplant habe. Hinterher schäme ich mich dann sehr und bin ganz kleinlaut und unterwürfig. Das mag sie dann gar nicht. Sie meint, ich solle eine Therapie machen, um mich selbst besser verstehen zu lernen". Er wird immer leiser und murmelt die letzten Sätze vor sich hin.

Ich werde aufmerksam. Es spricht nicht für eine gute Prognose, wenn jemand zu einer Therapie „geschickt" wird. Die beiden wichtigsten Voraussetzungen für das eventuelle Gelingen eines Coachings oder einer psychotherapeutischen Intervention sind der eigene starke Wunsch nach Veränderung und damit verbunden die innere Bereitschaft, in den psychotherapeutischen Prozess einzutreten und die Fähigkeit zur Introspektion. Damit ist die Fähigkeit zur Selbstbeobachtung und zur Beschreibung und Betrachtung der eigenen Gedanken und des eigenen Verhaltens gemeint.

Deshalb frage ich vorsichtig nach. „Wären Sie ohne die Aufforderung durch Ihre Partnerin nicht gekommen?"

Georg schaut aus dem Fenster und schweigt. Dann schaut er mich direkt an und beginnt zu erzählen: „Ich schäme mich sehr für meine Wut. Es ist nicht einfach für mich, überhaupt über mich selbst und meine Gefühle zu sprechen. Es ist, als ob ich manchmal nicht wirklich im Leben dabei bin, als ob ich in einem Film lebe und nur einer der Schauspieler bin. Oft fühle ich gar nichts, oder ich weiß nicht, wie ich das, was ich fühle, mit Worten beschreiben soll. Nein, es ist schon richtig, dass ich hier bin. Es geht ja so auch nicht mehr weiter. Ob mit oder ohne meine Freundin.

Ich will endlich mich selbst verstehen lernen. Und ich möchte Verantwortung für mein Leben übernehmen. Bisher habe ich immer nur reagiert, auf das, was von außen auf mich zukam. Selten habe ich eine Entscheidung selbst getroffen. Ich fühle mich wie in einen kleinen Boot auf dem Meer. Und keiner ist am Steuer. Es treibt so vor sich hin, je nach Wind und Wellen. Und ich sitze in diesem Boot und bin unfähig, das Ruder in die

Hand zu nehmen. Ich weiß nicht, wohin mich die Strömung führen wird. Das will ich nicht mehr. Ich möchte selbst am Steuer meines Lebens sitzen. Ich weiß aber nicht, wie das geht. Deshalb bin ich hier."

Er lehnt sich im Sessel zurück und wirkt ganz erschöpft. So als hätte er eine lange Rede gehalten. Ob es ihm schwerfällt über sich selbst zu sprechen, frage ich ihn vorsichtig.

„Ja", antwortet er sofort. „Ich bin Lehrer. Wenn ich vor der Klasse stehe, habe ich keine Schwierigkeiten zu unterrichten. Ich kann über alle möglichen fachlichen Themen stundenlang reden. Wenn mich aber jemand fragt, wie es mir geht, oder was ich gerade denke, dann fühle ich mich unter Druck gesetzt und mir bricht der Schweiß aus. Es ist, als müsste ich den Mount Everest ersteigen." Er errötet leicht und fährt mit seinen Händen auf den Oberschenkeln auf und ab. So, als wolle er sie trocken reiben.

„Wäre es möglich, dass Sie ein wenig über Ihre Kindheit berichten", bitte ich ihn, um mir ein Bild zu machen, womit das, was er beschreibt, zusammenhängen könnte.

„Das habe ich schon befürchtet", antwortet er zögerlich. „Aber gut. Da muss ich jetzt durch. Ich will ja etwas verändern. Aber über meine Kindheit zu sprechen, ist für mich das Schwierigste überhaupt. Dass Sie das gleich in der ersten Stunde wissen wollen", er stöhnt ein wenig und windet sich.

„Wir können dieses Thema auch auf eine der nächsten Stunden vertagen, wenn dies heute für Sie zu viel ist", entgegne ich ernst. „Vielleicht möchten Sie mir jetzt noch etwas Anderes berichten, zum Beispiel, was Sie unterrichten, oder was Sie in Ihrer Freizeit machen". Ich möchte ihm in der ersten Stunde den Weg ebnen. Damit nicht zu große Hürden schon gleich zu Beginn vor ihm liegen, die ihm eventuell unüberwindbar erscheinen. Er könnte seinen Mut, sich überhaupt jemandem anzuvertrauen, zu schnell wieder verlieren.

„Danke", Georg nickt erleichtert. „Ich weiß, dass meine Lebensgeschichte wichtig ist. Aber es fällt mir besonders schwer, über die Vergangenheit zu reden. Vielleicht geht es ja nach einigen Wochen leichter. Wenn ich mich an die Situation hier bei Ihnen gewöhnt habe und die Tatsache, dass ich über selbst nachdenke und spreche, vertrauter ist." Er wirkt etwas entspannter und versucht zu lächeln.

„Also: ich unterrichte auf einem Gymnasium die Fächer Französisch und Geographie. Und darüber hinaus bin ich Verbindungslehrer, früher nannte man das Vertrauenslehrer. Das heißt, ich vermittle bei Konflikten, Wünschen und Projekten zwischen Schulleitung, Lehrern und der Schülerschaft. Diese Aufgabe ist mir sehr wichtig. Ich muss zwar viel Zeit dafür investieren, denn die Gespräche mit allen Beteiligten finden natürlich immer außerhalb der Unterrichtsstunden statt. Aber ich habe ein sehr gutes Verhältnis zu den Schülern, besonders auch zu problematischen Schülern und Schülerinnen. Gerade diejenigen, die sich beim Lernen oder bei der Integration in der Klassengemeinschaft schwertun. Oft haben diese auch Konflikte mit anderen Lehrern, oder sie haben gegen Regeln der Schulleitung verstoßen. Ich kann sie meist gut verstehen und ihre Beweggründe nachvollziehen. Sie vertrauen mir auch und sprechen ganz offen mit mir über alles, sogar über ihre privaten Probleme.

Sie können sich vorstellen, dass die Vorbereitung für die beiden Fächer, die Korrekturen der Schulaufgaben, die Führung einer Klasse, im Moment ist es die 11te, und die Aufgaben eines Verbindungslehrers mich ganz schön in Anspruch nehmen. Oft mache ich die Korrekturen der Schulaufgaben abends oder nachts, weil ich tagsüber nicht dazu komme. Mir persönlich macht dies nichts aus. Ich bin eigentlich sehr leistungsfähig. Außerdem liebe ich meinen Beruf sehr, und ich mag den Kontakt zu den Schülern und Schülerinnen. Aber meine Partnerin beklagt sich oft, dass ich zu wenig Zeit für sie habe. Ich sei ständig mit der Schule beschäftigt. Sie müsse immer zurückstecken.

Dabei machen wir an den Wochenenden zusammen oft ausgedehnte Fahrradtouren, wenn das Wetter es erlaubt. Wir lieben beide das Radfahren und die Natur. Einen Tag am Wochenende arbeite ich nicht und frage sie immer, was sie unternehmen möchte. Wir gehen auch gerne zusammen in Ausstellungen und in Konzerte. Darum kümmert sie sich meistens, denn sie arbeitet bei der Stadt im Kulturreferat. Da sitzt sie quasi an der Quelle.

Außerdem habe ich noch einen 12jährigen Sohn aus erster Ehe. Er lebt bei seiner Mutter. Doch ich sehe ihn häufig. Mittlerweile habe ich zu meiner Ex-Frau eine gute, freundschaftliche Beziehung. Wir besprechen alles, was unseren Sohn betrifft, und entscheiden dann gemeinsam. Natürlich gibt es hin und wieder auch einmal Meinungsverschiedenheiten, aber größtenteils ziehen wir an einem Strang. Mein Sohn mag mich sehr. Ich bemühe mich, ein vertrauensvoller und zuverlässiger Vater für ihn zu sein, auf den er sich immer verlassen kann. Meine Partnerin ist oft eifersüchtig und wirft mir vor, dass er immer an erster Stelle stehe. Vielleicht hat sie Recht. Aber ich hatte einen Vater, der nie für mich da war. Ich habe mir schon als Jugendlicher geschworen, sollte ich einmal Vater werden, dann will ich mit aller Kraft für meine Kinder da sein und ein liebevoller Vater sein. Das, was ich so schmerzlich vermisst habe, das sollen sie nie entbehren.

Jetzt habe ich doch schon etwas von meiner Kindheit preisgegeben. Ja, ich weiß schon, dass alles irgendwie zusammenhängt. Ich werde nicht umhinkommen, mich mit all den Schattenthemen meiner Vergangenheit zu beschäftigen". Georg senkt den Kopf und schaut auf seine Fußspitzen.

„Vielen Dank für Ihr Vertrauen", antwortete ich ihm freundlich. „Ich weiß es sehr zu schätzen, dass Sie all Ihren Mut zusammennehmen, um sich hier zu öffnen. Wenn ich Ihren Bericht über Ihren Beruf und Ihr derzeitiges Leben mit Ihrer Partnerin und Ihrem Sohn so auf mich wirken lasse, dann klingt dies für mich, als hätten Sie ein interessantes, abwechslungsreiches Leben, in dem auch Freude und Liebe vertreten sind. Haben Sie beobachtet, wann diese Wutanfälle auftreten, von denen Sie zu Beginn berichtet haben", frage ich ihn interessiert.

„Ja, ich habe dies schon selbst genau beobachtet. Und ich habe folgende Zusammenhänge entdeckt: ich mag keine Konflikte und Spannungen. Wenn ich mit anderen Menschen zusammen bin, besonders mit Menschen, die mir nahestehen, dann erfülle ich oft deren Wünsche und Vorlieben, ohne dass ich es merke. Automatisch entscheide ich so, wie es für die andere Person am besten ist. Intuitiv weiß ich genau, was mein Gegenüber mag und was nicht. Dann nach einer geraumen Zeit spüre ich, dass dies überhaupt nicht meinen eigenen Vorstellungen entspricht. Ich habe dann das Gefühl, dass ich zu kurz komme. Ich passe mich also automatisch an, und später fühle ich mich dann bevormundet oder überrannt. Dann steigt Ärger und manchmal sogar Wut in mir auf, weil ich Dinge tue, die ich eigentlich gar nicht will.

Ein gutes Beispiel ist die jährliche Urlaubsplanung. Ich weiß, dass meine Partnerin am liebsten Städte besichtigt und Museen oder historische Bauwerke anschaut. So schlage ich ihr schon bei der Planung des Urlaubs eine Kulturreise vor. Sie ist natürlich entzückt und begeistert. Ich freue mich, sie glücklich zu sehen. Während der Reise spüre ich aber, dass ich mich überhaupt nicht gut fühle, dass ich schlechte Laune habe und gereizt bin. Frage ich mich dann, was mit mir los ist, spüre ich, dass ich eigentlich ganz andere Wünsche habe. Ich würde zum Beispiel gerne einmal einen Badeurlaub machen oder ein kleines Häuschen in einem französischen Dorf in der Provence mieten und dort einige Wochen leben. Das habe ich aber nie gesagt. Ich weiß oft selbst nicht, was ich mag und was nicht. Und dann bin ich wütend über mich selbst, dass ich mich immer wieder anpasse.

Dies geschieht auch in der Schule, wenn von der Schulleitung Aufgaben für bestimmte Projekte vergeben werden. Erst im Nachhinein bemerke ich, dass ich wieder einmal alles übernommen habe und dann sehr überlastet bin. Dabei hätte ich mich schon bei der Planung zurückhalten können, wie es die Kollegen tun. Wenn ich dann erkenne, dass ich die gesamte Arbeit alleine mache, werde ich wieder ungeheuer wütend. Dabei liegt es auch hier an mir, für meine eigenen Bedürfnisse einzutreten. Es gelingt mir einfach nicht, für mich selbst zu sorgen", seufzend schaut Georg mich an.

„So entstehen dann die Konflikte, die Sie ja eigentlich vermeiden wollen. Denn die anderen Menschen verstehen Ihren plötzlichen Unmut und Ihre schlechte Laune nicht. Sie denken ja, dass Sie alles, was Sie machen, gerne tun würden. Wie vielleicht Ihre Partnerin, die ganz erstaunt ist, wenn Sie während der Kulturreise plötzlich ärgerlich werden. Sie hatten diese Reise ja selbst vorgeschlagen, nicht wahr", ergänze ich seinen Bericht.

Er schaut mich erstaunt an. „Ja, genauso ist es. Es ist ja auch nicht nachzuvollziehen, dass ich etwas vorschlage, was ich eigentlich gar nicht will. Das soll jemand anderer verstehen. Ich verstehe es ja selbst nicht", fügt er kopfschüttelnd hinzu.

„Und wie komme ich aus diesem emotionalen Durcheinander heraus", fragt er verzweifelt.

„Ja, das wird unsere Aufgabe sein, die unbewussten Prozesse, die dahinter stehen, zu verstehen, und wie Sie in eine Veränderung kommen können. Natürlich vorausgesetzt, dass Sie gerne wiederkommen möchten", fasse ich den Plan für die nächsten Stunden zusammen.

„Doch, doch", bestätigend nickt er heftig mit dem Kopf. „Ich komme wieder, ich mache weiter, ich bleibe dran".

Schmunzelnd über seinen plötzlichen Enthusiasmus verabschiede ich ihn herzlich.

In den nächsten Stunden beschäftigen wir uns intensiv mit seinen Gedanken, Gefühlen und Bedürfnissen. Er gelingt ihm tatsächlich nicht, das, was er braucht, und was ihm gut

tut, wahrzunehmen, geschweige denn zu realisieren.

Dies fängt schon nach dem morgendlichen
Aufstehen an. Seine Freundin bereitet das
Frühstück vor. Sie selbst isst gerne Müsli mit
Obst und Joghurt. Es hat sich so ergeben,
dass sie für sich und auch für ihn das frische
Obst schneidet und auf Schälchen verteilt.
Haferflocken, Nüsse und Rosinen darüber
streut und ein Joghurt daneben stellt. Aus
der neuen modernen Kaffeemaschine
schäumt der Cappuccino in zwei Tassen. Er
braucht sich also nur an den gedeckten
Tisch zu setzen.

Er findet es rührend, dass sie sich so liebevoll um ihn kümmert. Morgens ist er normalerweise noch ein wenig verschlafen und
hätte wahrscheinlich nicht die Kraft, sich so
ein gesundes Frühstück zu zubereiten. Sehr
dankbar nimmt er es an, dass sie schon alles
vorbereitet hat. Und er hat sich in den vier
Jahren des Zusammenlebens auch daran
gewöhnt. Er fragt sich gar nicht, was ihm
denn schmecken beziehungsweise gut bekommen würde.

Als er von einer kurzen Reise mit seinem
Sohn erzählt, bei der die beiden in einem

kleinen Zelt übernachtet haben und sich auf dem kleinen Gaskocher ein herzhaftes Omelett zubereitet haben, fällt ihm plötzlich auf, dass er früher morgens immer eher ein bisschen deftiger gefrühstückt hat. Das hatte den Vorteil, dass er bis mittags richtig satt war. Jetzt braucht er in den Pausen häufiger einen Snack, der manchmal auch aus einem Gebäck oder einer Schokolade besteht. Also irgendetwas, was er gerade am Schulkiosk mitnehmen kann. Da er leicht übergewichtig ist, will er dies eigentlich nicht. Er hat den großen Wunsch, wieder auf sein Normalgewicht zu kommen, was ihm aber in den letzten Jahren nicht mehr gelingt.

Wir nehmen dieses einfache Beispiel, um herauszufinden, was eigentlich im Hinblick auf sein Frühstück für ihn das Beste wäre. Es fällt ihm schwer, in sich hineinzuhorchen und zu fühlen, was ihm schmecken und gut tun würde.

„Wenn ich schon bei solch einer Trivialität ins Grübeln komme, wie ist es dann mit größeren Lebensentscheidungen", klagt er verwundert. Ihm war bisher nicht bewusst, dass er wahrscheinlich nur wenige seiner Bedürfnisse wirklich erfüllt. Der überwiegende Teil seines Lebens besteht aus Anpassung.

„Das heißt ja, dass ich gar nicht mein Leben lebe, sondern das Leben von anderen Menschen. Je näher sie mir stehen, desto mehr ordne ich mich unter". Georg schweigt beeindruckt.

„So klar habe ich das noch nie gesehen", gesteht er. „Und Sie meinen, dass daher meine Wut kommt? Es stimmt, dass ich oft unzufrieden bin und nicht genau weiß, warum", fügt er nachdenklich hinzu.

Wir beschließen, dass er in den nächsten Wochen so etwas wie ein Tagebuch führt. Ein Script, in dem er seine Gedanken, Gefühle, Wünsche, Bedürfnisse, Träume, Beurteilungen, das heißt, alles, was ihm durch den Kopf geht, aufschreibt. So bekommt er leichter einen Einblick in das, was in ihm vorgeht. Wichtig ist, dass er es nicht bewertet oder zensiert.

„Wir könnten noch einmal auf das Frühstück als Beispiel zurückkommen, wenn Sie möchten", schlage ich vor. „Hätten Sie spontan eine Idee, wie Sie optimalerweise in den Tag starten wollen", frage ich ihn direkt. „Hier in diesem Raum gibt es keine Person, mit der Sie in Konflikt kommen, wenn Sie eigene Wünsche äußern".

Georg lacht laut. Es scheint ihm zu gefallen, dass er endlich auch einmal im Zentrum seiner Wünsche stehen darf. Er schließt die Augen und ist ganz still.

„Also ich stelle mir vor, dass ich ein dunkles Vollkornbrot mit Schinken und Käse vor mir habe. Dazu eine Tomate und unbedingt Radieschen, die durfte ich immer in Großmutters Garten ernten, wenn ich als Kind dort meine Ferien verbrachte. Großmutter backte damals selbst Brot, immer dunkles Brot aus Vollkornmehl manchmal mit Sonnenblumenkernen oder auch Walnüssen. Der Duft eines frischen Brotes erweckt in mir immer wunderbare Erinnerungen. Eine Tasse Matetee dazu wäre fein. Den habe ich nämlich während des Studiums auf einer Exkursion in Südamerika kennen und lieben gelernt. Er erfüllte mich damals mit einem Gefühl der absoluten Wachheit und Klarheit und gleichzeitig mit einer inneren Ruhe", schwärmt er von seinen kulinarischen Erlebnissen bei der Großmutter und auf der Studienreise. Er hat sich aufgerichtet und strahlt über sein ganzes Gesicht.

„Aber wenn ich dies meiner Freundin sage, wird sie gekränkt sein. Sie wird mir vorwerfen, dass ich nicht dankbar bin, weil sie die ganze Zeit morgens das Frühstück macht. Jeden Tag, auch wenn sie noch müde ist. Sie sehen, ich habe sogleich Bedenken. Ich kann ihr das doch nicht zumuten. Und es wird wieder Streit geben. Das Frühstück ist mir ja auch gar nicht wichtig. Und das Müsli ist auch sehr gesund und schmeckt ja irgendwie auch", Georg ist wieder ganz in sich zusammengefallen und schaut auf den Fußboden.

„Eigentlich geht es im Augenblick gar nicht um das Frühstück. Es ist nur ein Symbol für die bisherige Vernachlässigung Ihrer Selbstfürsorge. Wäre es nicht einmal einen Versuch wert, dass Sie Ihrer Freundin freundlich aber bestimmt sagen, was Sie gerne möchten. Der Vorteil bei unserem Frühstücksbeispiel ist, dass Sie gerade genau gesagt haben, was Sie gerne essen möchten. Hinzu kommt noch die Tatsache, dass Sie vielleicht bei dieser Wahl bis mittags keinen Heißhunger auf Naschereien haben. So könnten Sie vielleicht auch gleich mit der Ernährungsumstellung morgens beginnen", gebe ich zu bedenken.

„Sie formulieren das so, als wäre das ganz einfach", entgegnet er mit einem zweifelnden Gesichtsausdruck. „Aber ich werde das versuchen. Meine Freundin wird erstaunt sein, wenn ich solch ein Gespräch beginne", er schaut in Gedanken versunken aus dem Fenster.

Dann beginnt er zu erzählen: „In meiner ersten Ehe gab es sehr viel Streit. Meine Ex-Frau ist sehr dominant. Sie leitet eine eigene Firma mit mehr als 50 Angestellten. Zuhause behandelte sie mich ebenfalls wie einen ihrer Angestellten. Sie geht ganz in ihrer Arbeit auf. Sehr wichtig für sie ist der berufliche Erfolg. Sie hat Biologie studiert und ist sofort nach dem Studium in die Firma ihres Vaters eingestiegen. Es ist ein mittelgroßes pharmazeutisches Unternehmen mit einer Forschungsabteilung, Marketing und Vertrieb. Es werden dort Phytopharmaka, also Arzneimittel pflanzlicher Herkunft, produziert und vertrieben. Ich habe mich von Anfang an, vollständig um unseren Sohn gekümmert und dafür auch die Elternzeit genommen. Als Lehrer habe ich fast 13 Wochen Ferien im Jahr, in denen ich zwar einige Verpflichtungen für die Schule habe, aber ich kann viel im Homeoffice erledigen. So kann ich in den Schulferien viel Zeit mit meinem Sohn verbringen. Jetzt lebt unser Sohn zwar hauptsächlich bei meiner Ex-Frau und ihrem Vater, bei denen ein Stab von Hausangestellten für das tägliche Leben sorgt. Mein Sohn fühlt sich dort sehr wohl. Er hat dort auch seine Freunde. Seinen Fußballverein und seine Schule kann er mit dem Fahrrad erreichen. Es war seine Entscheidung, bei seiner Mutter zu leben. Dennoch freut er sich immer sehr, wenn er zu mir kommt, oder wenn wir beide auf Abenteuerreisen gehen.

Im Haus meiner Ex-Frau bin ich untergegangen. Ich hatte das Gefühl zu ersticken. Es gab für mich kein eigenes Leben. Alles ist dem Wohlergehen der Firma untergeordnet. Sie können sich vorstellen, dass ich dort meine Bedürfnisse nicht durchsetzen konnte, wenn ich sie denn überhaupt spürte. Nach vielen Streitigkeiten, die auch häufig aus meiner Unzufriedenheit resultierten und in heftigen Wutausbrüchen meinerseits endeten, haben wir uns dann endlich nach 5 Jahren getrennt. Danach lebte ich einige Jahre alleine. Diese Jahre und auch meine Studienzeit war bisher meine beste Lebenszeit. Ich komme gut alleine zurecht und bin dann sehr zufrieden.

Als ich meine Freundin kennenlernte, hat sie schon sehr bald auf ein Zusammenziehen gedrungen. Eigentlich wollte ich das gar nicht. Aber sie hat Druck gemacht. Ich habe nachgegeben und bin zu ihr in ihre Wohnung gezogen. Aber dort fühle ich mich wieder unfrei, unter Druck gesetzt und kontrolliert. Und es ja auch ihre Wohnung. Ich bin eigentlich immer nur ein Gast".

Georg blickt mich traurig an. „Bin ich unfähig, mit anderen Menschen zusammenzuleben?"

„Es scheint so zu sein, als fühlten Sie sich durch Nähe bedroht. In einer Partnerschaft die optimale Nähe oder Distanz zu finden, ist nicht einfach. Jeder Mensch hat in dieser Hinsicht ein ihm eigenes Bedürfnis", erwidere ich auf seine Frage. „Aber sich immer nur als Gast in einer fremden Wohnung zu fühlen, ist bestimmt nicht angenehm. Da fehlt

Ihnen ja eine wichtige Grundlage fürs Wohlbefinden."

Ich stelle zwei Figuren aus Keramik, eine
männliche und eine weibliche, vor ihn auf
den Tisch. Jetzt bitte ich ihn, in sich hinein zu
fühlen und diese beiden Figuren, die ihn und
seine Partnerin darstellen sollen, in einem für
ihn angenehmen Abstand aufzustellen.

Er überlegt eine längere Zeit und ent-
schließt sich endlich, sie in einem Abstand
von ungefähr 50 Zentimeter zu einander hin-
zustellen. Beide mit dem Gesicht dem Anderen zugewandt. Schweigend blickt er noch
eine Weile auf die beiden Figuren. Als er sich
dann endlich mir zuwendet, bitte ich ihn zwei
andere Figuren so zu platzieren, wie er
glaubt, dass dies für seine Freundin eine angenehme Entfernung wäre. Ohne zu zögern,
stellt er das zweite Figurenpaar dicht neben
einander. Aber sie schauen sich nicht an,
sondern stehen nebeneinander und blicken
nach vorne, immerhin in die gleiche Richtung.

„Wie geht es Ihnen, wenn Sie diese Auf-
stellungen anschauen", frage ich ihn. „Welche Gedanken bzw. Gefühle tauchen auf?"

„Hm, das ist ja ganz eindeutig. So klar habe ich das noch nicht gesehen. Wir haben tatsächlich ein sehr unterschiedliches Bedürfnis in Bezug auf Nähe beziehungsweise Distanz. Und dann schauen sich die Figuren, die ich für meine Freundin aufgestellt habe, nicht an. Das ist ja interessant. Ich vermisse auch in der Beziehung von ihr eine gewisse Wärme und Zuneigung. Wir unternehmen zwar viel gemeinsam, aber ich fühle mich oft einsam, nicht wirklich wahrgenommen. Dass ich dies unbewusst so aufgestellt habe, ist schon aussagekräftig." Georg ist ganz beeindruckt, seine Gefühle so deutlich bestätigt zu sehen.

„Was passiert denn, wenn Sie Ihre beiden Figuren näher zueinander stellen", frage ich ihn. „ Bemerken Sie dabei bestimmte Gefühle?"

Georg bewegt seine Figuren langsam auf einander zu. Sehr zögerlich. Mit sichtlichem Unbehagen. Nach ungefähr zehn Zentimeter hält er inne. „Es geht nicht", bricht es aus ihm heraus. „Ich fühle einen starken Widerstand". Er wird ganz unruhig und zieht seine Schultern hoch. „Ich glaube, näher möchte ich sie nicht an mich heranlassen", murmelt er, „das ist gefährlich". Er schaut wie gebannt auf die Figuren, die sich noch in seinen Händen befinden. „Ich brauche meinen sicheren Abstand".

Ich schweige und lasse ihm Zeit. Nach einer längeren Weile schaut er auf und sieht sichtlich erschöpft aus. Schweißperlen auf seiner Stirn. Er holt ein Taschentuch aus seiner Hosentasche und wischt sich die Stirn trocken. Keiner von uns sagt ein Wort. Ich habe die Vermutung, dass seine heftige emotionale Reaktion mit seiner Kindheit zu tun hat. Er weiß es auch. Da ist etwas Belastendes, das drückt. Es möchte ausgesprochen werden. Er fühlt sich aber noch nicht sicher genug bei mir. Zögern. Unruhe. Spannung.

Georg schaut auf die Uhr. „Unsere Stunde ist fast zu Ende nicht wahr?" Ich nicke.

„Ich möchte etwas erzählen. Aber dazu brauche ich mehr Zeit. Hätten Sie noch eine freie Stunde morgen oder übermorgen? Ich würde ungern bis zu unserer regulären Stunde in der nächsten Woche warten", fragend schaut er mich an.

Ich schaue auf meinen Kalender, und wir vereinbaren für den morgigen Tag eine Sitzung gleich in der Früh, vor seinem Schulbeginn und vor meinen schon vereinbarten Terminen. Georg erhebt sich zögerlich aus seinem Sessel. Räumt die Figuren gedankenverloren in den kleinen Karton, der noch geöffnet auf dem Tisch steht. Ich lächle. Er seufzt: „Danke." Wir verabschieden uns bis zum morgigen Tag.

Es ist sehr früh am Morgen, und ich erreiche die Praxis gerade rechtzeitig. Georg steht schon vor der Tür und läuft auf und ab. Wir begrüßen uns und gehen beide hinein. Nach wenigen Minuten habe ich soweit alles vorbereitet, und er nimmt in seinem Sessel Platz.

„Ich habe heute Nacht kaum geschlafen", beginnt er. Ich nicke verständnisvoll. „Das kann ich mir gut vorstellen", bestätigte ich ihn. „Durch das Aufstellen der Figuren ist bei Ihnen etwas in Bewegung gekommen". Ich versuche die Verbindung zur gestrigen Stunde wieder herzustellen. „Was hat Sie gestern so bewegt?"

„Als Sie mich baten, die Figuren auf einander zu zubewegen, bekam ich plötzlich ein Gefühl der Atemnot. Ein Gefühl, als sei mein Brustkorb zugeschnürt. Ich war unfähig, die Figuren näher zueinander zu stellen. Mir gingen Bilder aus meiner Kindheit durch den Kopf.

Ich liege im Bett mit meiner Mutter. Ich bin so ungefähr 8 oder 9 Jahre alt. Wir horchen auf die Haustür, die geöffnet wird. Mein Vater kommt nach Hause. Es ist mitten in der Nacht. Ringsherum ist alles ruhig. Meine Mutter und ich, wir sind hellwach und setzen uns im Bett auf. Ich möchte am liebsten davonlaufen. Ich will nicht in diesem Bett schlafen. Ich kann diesen Vater nicht mehr ertragen. Ich halte die Enge der Wohnung nicht mehr aus. Ich will nur fort, wohin ist mir egal. Weit weg. Ich atme schwer und weiß, dass es kein Entrinnen gibt. Ich muss wie immer aushalten. Meine Schwester ist 7 Jahre älter. Sie muss also 15 oder 16 Jahre alt gewesen sein. Sie hat zu dieser Zeit immer die Türe zu ihrem Zimmer abgeschlossen.

Mein Vater hat wie so oft, wenn er spät in der Nacht nach Hause kommt, Alkohol getrunken. Viel Alkohol. Nicht nur Bier, auch harte Sachen. Meistens die Klaren, wie es in der Kneipe immer heißt. Wir hören ihn, wie er ins Badezimmer schlurft. Oft fällt er hin. Dann gibt es einen dumpfen Knall. Meine Mutter springt auf, um nachzusehen, ob er sich verletzt hat. Dies ist schon einige Male vorgekommen. Bisher haben wir ihn immer noch selbst verbinden können. Wir mussten noch nie den Notarzt rufen. Aber ich habe immer Angst. Angst, dass er sich verletzt. Angst, dass er meine Mutter anschreit und beschimpft. Angst, dass er wieder aus dem Haus geht. Angst, dass er sich übergibt. Das kommt am häufigsten vor. Ich bin voller E-ckel und kann den Geruch nicht mehr ertragen.

Ich möchte mich am liebsten verstecken. Aber dann ist meine Mutter mit ihm alleine. Dann wird sie wieder weinen und klagen, ihn beschuldigen, ihm Vorwürfe machen. Das macht ihn dann wütend. Er hat nie zuge-schlagen. Aber ich habe Angst, dass er es doch einmal tut. Meine Mutter erniedrigt ihn mit Worten, beschämt ihn, verhöhnt ihn. Mir tut er auch manchmal leid. Wenn er nüchtern ist, kann er sehr liebevoll sein. Daran denke ich in diesen Nächten. Irgendwie liebe ich ihn trotzdem. Ich hasse meine Mutter für ihre Szenen, dafür dass sie mich immer mit hineinzieht, dafür dass ich neben ihr schlafen muss. Angeblich, weil sie sonst so traurig ist". Georg hält ganz erschöpft inne. Sein Bericht über seine Kindheit hat ihm viel Kraft gekostet.

Er schweigt. Es laufen ihm einzelne Tränen über das Gesicht. Er lässt es einfach zu und bemüht sich nicht mehr, sie zurückzuhalten. Ich reiche ihm Taschentücher. Dankbar nickend nimmt er eins und trocknet sich die Wangen. Trotz der schmerzhaften Erinnerungen sieht er jetzt entspannter, gelöster aus. So, als ob eine große Last von ihm abgefallen sei.

Wir schweigen beide eine Weile. Die Stille wirkt beruhigend, heilend. Es tut gut, im Augenblick nichts sagen, nichts tun zu müssen. Alles darf einfach so stehen bleiben. Keine Bewertung.

Als ich spüre, dass er ruhiger atmet und sich noch mehr entspannt, sage ich leise: „Das war für Sie als Kind bestimmt eine schreckliche Zeit".

Er blickt mich an und nickt. „Ja, ich habe diese Jahre immer weggeschoben. Ich wollte mich nicht mehr damit beschäftigen. Einfach vergessen. Aber wie ich jetzt weiß, geht das nicht. Irgendwie hängt alles mit allem zusammen."

„Wie ist es denn Ihrer Schwester ergangen in dieser Zeit", frage ich vorsichtig.

„Meine Schwester hat meinen Vater noch erlebt, als er noch nicht so viel getrunken hat. Sie berichtete mir später, als wir schon erwachsen waren, dass er zu ihr sehr liebevoll gewesen sei. Er habe oft mit ihr gespielt, sie in den Schlaf gesungen und Geschichten erzählt. Sie erinnerte sich noch gut daran, dass er sich diese Geschichten selbst ausgedacht hat. Sie seien so spannend gewesen, dass sie jeden Tag gebettelt habe, wann er denn endlich weitererzählt. Die Mutter sei immer ein wenig eifersüchtig gewesen, weil sie nicht so eine innige Beziehung zu ihr habe aufbauen können. Meine Schwester sei dann froh gewesen, als ich endlich geboren wurde. Da sei sie ja schon sieben Jahre alt gewesen und zur Schule gegangen. Meine Mutter hätte sich dann mit ganzer Kraft mir zugewandt und sich nur noch um mich gekümmert. Wahrscheinlich hat sie mich mit ihrer Liebe fast erdrückt", erzählt Georg weiter und seufzt.

„Heute denke ich oft darüber nach, warum mein Vater so viel getrunken hat. Beruflich hatte er es weit gebracht. Er verdiente als Verwaltungsbeamter im höheren Dienst sehr gut. Es hat uns an nichts gefehlt. Aber wahrscheinlich war er unglücklich in seinem Beruf, unglücklich in seiner Ehe, unglücklich mit seinem Leben. Er ist leider früh im Alter von 52 Jahren an Leberzirrhose gestorben. Ich war damals gerade 10 Jahre alt und habe das alles nicht wirklich verstanden. Nie habe ich mit ihm über sein Leben, seine Gefühle oder seine Gedanken sprechen können. Ich habe so viele Fragen an ihn. Diese sind alle unbeantwortet geblieben.

Er ist vor seiner Mutter gestorben. Meine Großmutter, von ihr hatte ich ja schon erzählt, hat diesen Schmerz nie überwunden. Sie hat sich in ihrem kleinen Häuschen zurückgezogen und nur noch für ihren Garten gelebt. Zwei Jahre nach dem Tod meines Vaters ist auch sie verstorben. Einfach so. Sie war eigentlich nie ernsthaft krank. Altersschwäche sagte damals der Arzt. Dabei war sie erst Mitte 70 und recht fit. Ich glaube, es war der Schmerz, dass sie ihren Sohn verloren hatte.

Ich habe sie sehr gemocht, sie war sehr liebevoll und hatte immer eine kleine Überraschung für mich, wenn ich sie besuchen kam. Mal war es ein Buch über andere Länder, weil sie wusste, dass ich sehnsüchtig darauf wartete, erwachsen zu werden, um in die Welt zu reisen. Mal war es etwas Leckeres, was sie selbst gemacht hatte. Oder eine besondere Frucht, die sie vom Markt mitgebracht hat, um sie mit mir zusammen zu genießen. Wir hatten unsere kleinen Geheimnisse. Ich konnte ihr alles erzählen. Sie hat mich nie verraten.

Einmal zeigte sie mir den Dachboden ihres Hauses. In einer Ecke hatte sie Bilder aufbewahrt, die in großen Betttüchern eingeschlagen waren. Es waren großartige, farbintensive abstrakte Bilder in Öl auf Leinwand gemalt. Sie erzählte mir, dass mein Vater sie als junger Mann gemalt habe, dass er diese aber vor seinem eigenen Vater verstecken musste, weil der nicht wollte, dass er sich mit Kunst beschäftigte. „Brotlose Kunst", habe er immer gesagt und darauf bestanden, dass mein Vater Beamter werden sollte, damit er abgesichert sei. Meinen Großvater habe ich nie kennengelernt. Er war schon vor meiner Geburt verstorben. Meine Schwester erzählte mir aber oft, dass er sehr jähzornig gewesen sei. Richtig zum Fürchten. Sie habe sich immer versteckt, wenn die Großeltern zu Besuch gekommen seien. Er sei mit vielen Behinderungen aus dem Krieg gekommen und sei darüber sehr verbittert gewesen. Vielleicht war mein Vater unglücklich, weil er seine Kunst aufgeben musste. Vielleicht hat auch er ein Leben geführt, das von anderen, hauptsächlich von seinem Vater, bestimmt wurde."

Georg atmet tief ein und aus. „Wieder wird mir klar, dass die Lebensgeschichten der Menschen in meiner Familie über die Generationen hinweg miteinander verwoben sind. Ein Schicksal bedingt das andere, bis hin zu mir. Auch ich führe ein Leben, das von anderen bestimmt wird. Auch ich habe Wutausbrüche, wie der Großvater. Der Unterschied ist nur, dass ich meinem Sohn gegenüber nie wütend geworden bin. Er ist aber auch so wunderbar. Voller Neugier, Begeisterung und guter Laune. Ein richtiger Sonnenschein. Das macht es mir natürlich leicht auch fröhlich zu sein. Darüber hinaus trinke ich keinen Tropfen Alkohol. Das hatte ich mir schon in meiner Kindheit geschworen."

Wir entscheiden, dass wir seine Lebensgeschichte für heute so stehen lassen wollen. Erschöpft, aber innerlich ganz ruhig verlässt Georg die Praxis mit meiner Versicherung, dass er sich telefonisch melden kann, wenn er eventuell von aufkommenden Gefühlen überschwemmt würde. Er ist aber ganz zuversichtlich, dass er es alleine schaffen wird, das, was ihm durch den Kopf geht, bis zur nächsten Woche zu verarbeiten. Und den Vorschlag, unzensiert alles in ein sogenanntes Tagebuch einzutragen, möchte er gerne ausprobieren.

„Das therapeutische Schreiben ist schon eine wertvolle Hilfe. Das hätte ich gar nicht gedacht", berichtet er in der nächsten Sitzung. „Ich habe schon mehr als 50 Seiten geschrieben. Jeden Abend etwa eine halbe Stunde. Es floss nur so aus mir heraus.

Ich habe es gestern alles noch einmal gelesen. Das meiste handelt von dem verzwei-
felten Schmerz, der mich als Kind nicht losgelassen hat. Ich durfte ja auch damals mit
keinem Menschen darüber reden. Meine
Mutter hatte es mir verboten. Sie wollte nach
außen immer den Schein wahren. Alle sollten denken, wir seien eine harmonische Familie. Ohne Probleme. Sie hat oft meinen Vater montags in der Früh an seinem Arbeitsplatz entschuldigt. Dafür fiel ihr immer eine
neue Ausrede ein. Er hätte Zahnschmerzen.
Oder eine Erkältung.

Es fühlte sich für mich immer so verlogen
an. Keiner sprach die Wahrheit aus. Alles
wurde unter den Teppich gekehrt. Wenn ich
über meine Gefühle sprechen wollte, hieß es
immer „ach, das hast du dir nur eingebildet".
Bald wusste ich nicht mehr, was richtig und
was falsch war. Ich zog mich von meinen
Freunden zurück, denn die durften ja auch
nicht wissen, was bei uns zuhause los war.

Manchmal flüchtete ich zu meiner Großmutter. Aber wenn ich mit ihr über meinen
Vater sprechen wollte, wurde sie sehr traurig
und ging schnell in ihren Garten, wo ich sie

heftig arbeiten sah. Dann hat sie wohl all ihren Kummer in das Umgraben der Beete gesteckt. So war ich alleine mit all meinen Gefühlen, mit meinen Gedanken, mit meinen Fragen, die ich an die Erwachsenen hatte.

Meine Schwester ist mit 17 ausgezogen. Sie hat eine Ausbildung als Friseurin gemacht und ist dafür in die Innenstadt gezogen, in eine Wohngemeinschaft mit zwei Freundinnen. Sie hat auch bald danach geheiratet, ihren ersten Freund. Der kommt auch aus einer problematischen Familie. Die beiden haben sich gegenseitig viel Kraft gegeben und unterstützt. Sie wohnen jetzt in Hamburg in einem kleinen Haus, haben zwei erwachsene Kinder, die studieren, und sind sehr zufrieden. Ich besuche sie regelmäßig. Heute kann ich mit meiner Schwester und auch mit dem Schwager offen über die Vergangenheit sprechen. Sie haben beide eine Psychotherapie gemacht und viele Jahre die Alanon-Gruppen besucht. Das sind Selbsthilfegruppen für Angehörige von Suchtkranken. Beide sind sehr emphatische und hilfsbereite Personen, die mitten im Leben stehen. Sie haben mir oft geraten, mein Leben zu verändern. Ich hatte Angst davor und wusste auch nicht, wo ich anfangen sollte. Aber jetzt habe ich ja den ersten Schritt gemacht."

Georg ist trotz der schmerzhaften Konfrontation mit seiner Vergangenheit erstaunlich ruhig. Es ist, als ob eine Last von ihm abgefallen sei. Er hat es ausgesprochen! Was er nie durfte, was die Mutter immer verboten hat, nämlich seine Geschichte jemandem anzuvertrauen, hat er gewagt. Und er hat erfahren, dass er nicht verurteilt, nicht bewertet wird, wegen seiner schwierigen Familiensituation.

Er hat die Scham überwunden, die ihn darin hinderte, Licht in die Vergangenheit zu bringen. Mit einmal kann er verstehen, dass all dies überhaupt nicht seine Schuld ist. Als Kind hat er oft gedacht, dass er der Grund wäre, warum der Vater unglücklich ist, und warum er trinkt. Jetzt kann er sich von dieser Schuld klar distanzieren. Er war damals ein Kind, das von seinen Eltern nur geliebt werden wollte. Er hat immer versucht, brav und angepasst zu sein, um diese Liebe zu bekommen.

Beim Vater hatte er keine Chance. Dieser hat den Alkohol gewählt, um all seine quälenden Gedanken und Gefühle zu betäuben. Georg hat ihn nicht mehr erreichen können.

Und die Mutter hat ihn für ihre eigenen Bedürfnisse benutzt. Er hat keine Möglichkeit bekommen, sich frei nach seinen eigenen Wünschen und Fähigkeiten zu entwickeln. Selbst das Wahrnehmen der eigenen grundlegenden Bedürfnisse ist dabei verkümmert, so dass er verlernt hat zu spüren, was er für sein Wohlbefinden braucht.

Dieses Phänomen tritt häufig bei erwachsenen Kindern aus Suchtfamilien auf. Aber auch bei erwachsenen Kindern aus Familien, die aus anderen Gründen ihre eigenen Bedürfnisse nicht äußern und nicht erfüllen konnten, beispielsweise Familien, in denen ein Elternteil oder ein Geschwisterkind an einer schweren chronischen Erkrankung leidet. Auch in Familien, in denen die Eltern sehr dominant sind. Diese Eltern meinen zu wissen, was gut für ihre Kinder ist, was sie zu mögen haben, welchen Lebens- beziehungsweise Berufsweg sie einschlagen sollen. Sie geben den Kindern keine Chance, selbst zu entscheiden. Dann tun sich die Kinder als Erwachsene schwer, die eigenen Bedürfnisse zu erkennen und durchzusetzen.

Diese subtile Form der Anpassung ist vordergründig schwer zu erkennen, denn im Sinne eines vorauseilenden Gehorsams spüren diese Menschen die Wünsche zum Beispiel ihrer Partner, ihrer Freunde oder ihrer Vorgesetzten schneller, als die eigenen und haben sie schon erfüllt, bevor sie sich selbst darüber im Klaren sind.

Wie Georg sich früher komplett den Wünschen der Mutter angepasst hat, so verhält er sich heute bei seiner Partnerin. Das macht ihn natürlich unfrei und unglücklich. Der innere Druck entlädt sich dann in den heftigen Wutanfällen, die er kaum kontrollieren kann.

Typisch für Suchtfamilien sind all die Geheimnisse. Kein Erwachsener spricht die Wahrheit aus. Es werden Ausreden erfunden und Lügen benutzt, um alles zu vertuschen. Das ist mit das Schlimmste.

Georg wusste als Kind nicht mehr, was jetzt eigentlich stimmt und was nicht. Noch heute zweifelt er an seiner Wahrnehmung. Dabei konnte er in der Kindheit auch nicht lernen, über Konflikte zu sprechen. So fällt es ihm auch jetzt noch schwer, seine Ansicht klar zu formulieren und seinem Gegenüber auch eine andere Meinung zu zumuten. Er hat sofort Angst, dass eine kontroverse Diskussion das Ende der jeweiligen Beziehung bedeutet. Im Berufsleben sowie auch in der Partnerschaft. Und wenn er dann doch einmal Stellung beziehen muss, dann bricht es aus ihm heraus mit heftiger, eher aggressiver Wortwahl, was dann natürlich tatsächlich oft zu Streit führt.

„Was ist aus Ihrer Mutter geworden, nach dem Tod des Vaters", frage ich ihn interessiert.

Georg stöhnt leise und verdreht die Augen. „Sie hat dramatische Szenen für die Nachbarn und die entferntere Familie initiiert. Es sei ein Herzinfarkt gewesen, hat sie immer behauptet. Doch meine Schwester und ich, wir wussten es besser. Mein Vater war immer wieder mal im Krankenhaus. Oft zum Entzug, oft auf der internistischen Station. Aber er hat es nicht geschafft. Zuhause hat er sofort wieder angefangen zu trinken. Heimlich, damit wir nichts merken. Aber ich habe die leeren Flaschen oft in der Garage gefunden. Zum Schluss hatte seine Haut eine gelblich graue Farbe, seine Persönlichkeit hatte sich verändert, er war fast immer müde, schwindelig und vergaß viel. Er ist dann in der Klinik gestorben. Heute weiß ich, dass er eine Leberzirrhose hatte.

Meine Mutter hat dann nach außen hin lange getrauert. Wurde sie auf ihren verstorbenen Mann angesprochen, betonte sie immer wieder, wie sehr sie ihn geliebt habe. Ich habe ihr das nicht geglaubt. Schon als kleiner Junge dachte ich immer, die Erwachsenen sind merkwürdig. Sie sagen etwas, und ich spüre, dass es nicht wahr ist. Also habe ich natürlich an meiner Wahrnehmung gezweifelt. Noch heute denke ich, dass mein Gefühl für eine Situation falsch ist. Manche Menschen können auf ihr sogenanntes Bauchgefühl hören. So etwas habe ich nicht. Ich spüre nicht, ob etwas gut oder schlecht für mich ist.

Einige Jahre nach dem Tod meines Vaters lernte meine Mutter einen anderen Mann kennen. Sie hatte wieder angefangen als Drogerieverkäuferin zu arbeiten, und das Leben hatte sich verändert. Meine Schwester war ja ausgezogen, und ich lebte mit meiner Mutter alleine. Diese Jahre waren nicht schlecht. Ich hatte plötzlich mehr Freiheit. Durch die Berufstätigkeit hatte meine Mutter weniger Zeit, mich zu kontrollieren. Außerdem gab es ja jetzt viel Platz in der Wohnung, und ich bekam endlich ein eigenes Zimmer. Als dann der neue Mann im Leben meiner Mutter immer wichtiger wurde, kam ich für die letzten drei Schuljahre bis zum Abitur in ein Internat. Das war keine schlechte Zeit. Es gab klare, wenn auch strenge Regeln, an die wir Jungs uns halten mussten. Aber die Gemeinschaft unter den Schülern war gut. Wir halfen uns gegenseitig und standen für einander ein, auch wenn einer mal Mist gebaut hatte. In der Freizeit gab es viele Sportangebote, die ich intensiv nutzte. So war ich bald körperlich in einer sehr guten Verfassung."

Georg schaut verträumt aus dem Fenster, wohl in Gedanken an seine Internatszeit. Er streicht sich über seinen Bauch und lächelt ein bisschen verschämt. „Hm, vielleicht sollte ich wieder mehr Sport treiben", gibt er zu. „Ich würde mich dann in meinem Körper wohler fühlen. Das war damals schon eine tolle Zeit, so kurz nach dem Abitur. Ich war fit, leistungsfähig und sah gut aus. Sie werden es nicht glauben, aber während des Studiums schauten die Mädels auch schon mal mir nach", er lächelt verlegen.

„Ja, und Sport macht auch selbstbewusst", fügt er mit einem schelmischen Blick hinzu.

„Als wir im Studienfach Geographie zahlreiche Exkursionen machten, hatte ich meinen Lebenstraum erfüllt. Ich fühlte mich unabhängig, stark, frei und reiste durch fremde Länder. Viele schöne Erlebnisse und Begegnungen. An diese Zeit denke ich immer wieder gerne zurück. Und ich fühlte mich so frei. Ich war mit mir alleine oft sehr glücklich". Versonnen blickt er aus dem Fenster in die Ferne.

„Ach übrigens, meine Mutter lebt jetzt in der Schweiz und hat noch einmal geheiratet. Es ist nicht der Schwarm von damals. Ihr jetziger Mann ist Schweizer und besaß eine kleine Boutique für exklusive Damenbekleidung. Sie haben sich auf Gran Canaria in einem Urlaub kennengelernt. Beide sind jetzt im Ruhestand. Die Boutique hat seine erwachsene Tochter aus erster Ehe übernommen. Die Beziehung zu meiner Mutter ist gut.

Die Tochter ist auch wirklich sehr sympathisch. Die beiden Enkelkinder werden tagsüber oft von den Großeltern, also von meiner Mutter und ihrem Mann, betreut. Meine Mutter hat also eine neue Familie gefunden.

Ich besuche sie so drei bei vier Mal im Jahr, meistens zu irgendwelchen Festen. Dann nehme ich meistens auch meinen Sohn mit, damit er den Kontakt zu seiner Oma nicht verliert. Für einige wenige Tage kann ich die Nähe meiner Mutter aushalten. Aber dann muss ich gehen, denn noch immer bevormundet sie mich und meint zu wissen, was gut und richtig für mich ist. Meine Freundin kommt fast nie mit. Die beiden Frauen verstehen sich gar nicht. Vielleicht sind sie sich zu ähnlich. Und für mich ist es auch immer sehr anstrengend, wenn ich zwischen ihnen vermitteln muss."

Georg schaut mich zweifelnd an. „Jetzt wissen Sie meine Lebensgeschichte so in groben Zügen. Aber wie finde ich einen Weg zu mir selbst? Wie lerne ich mein eigenes Leben zu leben? Wie kann ich unterscheiden, ob meine Entscheidungen meinen Bedürfnissen entsprechen, oder ob ich mich wieder anpasse? Wie lerne ich meine Wut zu

kontrollieren? Oder besser, wie soll ich leben, damit die Wutanfälle erst gar nicht auftreten?"

„Ja", antwortete ich nach einem kurzen
Nachdenken. „Das sind zahlreiche wichtige
Fragen, die wir uns der Reihe nach vornehmen. Sie haben völlig Recht, jetzt kommt die
Phase der Veränderung. Manchmal ist diese
Zeit nicht einfach. Wir probieren Neues aus,
das sich noch fremd anfühlt. Unsere Mitmenschen sind dann überrascht und nicht immer
begeistert, weil wir anders reagieren, als sie
es von uns gewohnt sind. Es führt vermehrt
zu Konflikten, die durchgestanden und gelöst werden müssen. Auch dafür brauchen
wir neue Verhaltensweisen. Das heißt, ich
möchte Sie jetzt vorbereiten auf eine schwierige Wegstrecke. Es ist so wie bei einer
Bergwanderung. Jetzt kommt der etwas
mühsame Aufstieg. Belohnt werden wir aber
mit einer herrlichen Aussicht. Auf Ihre Lebenssituation bezogen könnte die Belohnung ein angenehmes entspanntes Lebensgefühl sein im Kreis von Menschen, die Sie
bereichern und Sie in Ihrer Weiterentwicklung unterstützen und mit Tätigkeiten und

Aktivitäten, die Ihnen Freude bereiten und Sie im positiven Sinne herausfordern."

„Hm, da bin ich aber gespannt", entgegnet Georg. „Mit einer Mischung aus Neugier, ein bisschen Angst, aber auch Freude blicke ich auf die Zukunft."

Wir vereinbaren für die nächste Stunde, dass er in der Zwischenzeit in sich hineinhorcht und alles das aufschreibt, was in seinem Leben gut läuft, was er gerne macht, wo er sich wohl fühlt und mit wem. Ja, das gefällt ihm. Freudig und mit viel Tatendrang verlässt er die Praxis.

„Ach, übrigens", beginnt Georg die neue Sitzung mit einem Strahlen in seinem Augen, „ach, übrigens, ich mache mir mein Frühstück jetzt jeden Morgen selbst. Es ist so eine winzige Kleinigkeit, aber es erfüllt mich jeden Morgen mit Freude. Es gab, wie ich erwartet habe, zuerst eine heftige Diskussion, als ich meiner Freundin sagte, dass ich gerne mein Frühstück selbst zubereiten möchte und ausprobieren will, was mir schmeckt und was mich bis mittags satt macht, so dass ich nicht ständig etwas zwischendurch naschen muss. Sie war sehr empört. Ich sei undankbar. Sie wäre die ganze Zeit extra früher aufgestanden, um mir ein gesundes Frühstück zu bereiten. Und was ihr gut tut, wäre doch für mich auch nicht schlecht. Sie war richtig beleidigt und sauer. Noch immer bekomme ich morgens einen vorwurfsvollen Blick mit den Worten „Ich mache dir das ja nicht gut genug".

Puh, das ist schwer auszuhalten für mich. Diese unangenehme Spannung, wenn keine Harmonie herrscht. Fast wäre ich wieder umgefallen und hätte alles zurück genommen. Fast hätte ich, um des lieben Friedens Willen, wieder ihr Müsli mitgegessen. Aber dann gab ich mir einen Ruck und sprach mir in Gedanken Mut zu. So etwa: das hältst du jetzt durch, sag nicht wieder ja, wenn du es nicht willst, sorge für dich, du darfst es, halte die Spannung aus, irgendwann wird es vorbei gehen, deine Bedürfnisse sind dir wichtig, und so weiter, und so weiter. Ich führte richtige Selbstgespräche in Gedanken. So, als ob ich einem Kind Mut zuspreche.

Und jetzt bin ich wirklich stolz auf mich. Ich muss zwar früher aufstehen, und manchmal bin ich noch ganz schön müde, aber wenn ich dann am Herd stehe und mir ein Omelett mache. Wenn es dann duftet und gut schmeckt, dann habe ich das Gefühl, als ob eine neue Kraft durch meinen Körper fließt. Meine Tasse Matetee trinke ich dann ganz andächtig, versunken in die Erinnerungen an meine Reisen durch Südamerika.

Ich möchte sehr gerne mit meinem Sohn einmal durch Peru reisen, wenn er dazu bereit ist. Bisher war er noch ein bisschen zu klein für solch eine anstrengende Reise. Aber bei seinem letzten Besuch fragte er schon bald, wann wir wieder ein gemeinsames Abenteuer planen. Aber diesmal so ein richtiges Abenteuer, meinte er mit Nachdruck, denn er werde ja im nächsten Monat schon 13. Dann wäre er doch schon richtig groß. Und er würde schon jeden Tag trainieren, mit Hanteln und Gewichten, damit er richtige Muskeln bekommt. Ich war ganz gerührt, dass er sich eine Reise mit mir wünscht. So haben wir beschlossen, häufiger zusammen in die Berge zu gehen, damit wir uns für einen Aufstieg auf 2000 Meter trainieren. In Peru geht es in den Anden bis auf 4000, da müssen wir uns vorher schon ordentlich fit machen.

Und dabei sind wir schon bei der sogenannten Hausaufgabe, die wir in der letzten Stunde besprochen haben", fügt Georg lächelnd hinzu. „Ich sollte doch alles aufschreiben, was ich mag, was mir gut tut, und mit welchen Menschen ich glücklich bin. Also, da ist mir an erster Stelle mein Sohn eingefallen. Er ist tatsächlich die wichtigste Person in meinem Leben. Mit ihm etwas zu unternehmen, ihm die Welt zu zeigen und seine Begeisterung zu erleben, ist für mich das Allerhöchste. Alles andere kommt danach in einem großen Abstand. Ich habe natürlich Glück, dass wir viele gemeinsame Interessen, wie zum Beispiel das Reisen und das Bergsteigen haben. Da ist es nicht schwer, gemeinsam schöne Stunden zu verbringen. Ich hoffe sehr, dass dies noch eine geraume Zeit so bleibt. Wir wissen ja nicht, was sich in der Pubertät verändert. Aber vielleicht ist es mir gelungen, ein solides Fundament für eine gute Vater-Sohn-Beziehung aufzubauen.

An zweiter Stelle steht eindeutig meine Schwester, natürlich mit ihrer Familie. Sie ist mir sehr wichtig, auch wenn wir in der Kindheit nicht so viel miteinander gemacht haben. Doch sie war es immer, die mich wieder aufgerichtet hat, wenn es mir schlecht ging. Sie hat mir durch die gemeinsamen Gespräche immer wieder Kraft gegeben. Und sie ist mein großes Vorbild. Sie ist eine wunderbare Frau, Mutter und Gefährtin, auf die man sich hundertprozentig verlassen kann. Ich habe übrigens bei ihr viele meiner Möbel und privaten Sachen auf dem Speicher ihres Hauses untergestellt. Denn ich bin ja zu meiner Partnerin in ihre Wohnung gezogen und konnte leider nicht viel Eigenes mitnehmen.

Mir kommt gerade der Gedanke, dass die Wohnung, in der ich wohne, ja eigentlich gar nicht mein Zuhause ist. Ich bin irgendwie immer noch auf Besuch. Es gehört mir nur wenig in dieser Wohnung. Ja, eigentlich ist es gar nicht meine Wohnung. Vielleicht fühle ich mich deshalb auch nicht so richtig wohl, so wie auf einer Durchreise, so als müsse ich weiter, um irgendwo bei mir anzukommen. Hm, das ist ein ganz neuer Gedanke".

Georg hält in seinem Bericht inne, ist ganz still geworden. Sehr nachdenklich. In sich gekehrt.

Nach einer kleinen Weile sage ich in die Stille hinein: „Ihre Partnerin steht bei der Aufzählung der ihnen wichtigen Menschen weder an erster, noch an zweiter Stelle."

Georg schaut mich mit großen ernsten Augen an. „Ja, das ist mir auch schon zuhause aufgefallen. Ich habe diese Tatsache aber gleich weggeschoben und will noch nicht darüber nachdenken, was das bedeutet."

Er schweigt.

„Um die Aufzählung", beginnt er zögerlich, „der für mich wichtigsten Menschen abzuschließen, möchte ich noch erwähnen, dass mir mein bester Freund aus der Zeit des Internats, also seit 24 Jahren, sehr sehr wichtig ist. Er wohnt leider nicht in der Nähe, aber wir sehen uns regelmäßig einmal im Jahr. Auch wenn unsere Partnerinnen, beziehungsweise bei ihm auch die ganze Familie, er hat nämlich drei Kinder, etwas murren und über unsere Treffen nicht so begeistert sind. Wir halten dennoch tapfer daran fest.

Wir treffen uns immer zu einem gemeinsamen Segeltörn in der Adria oder in Griechenland für drei- oder vier Tage, denn seit der Internatszeit sind wir begeisterte Segler. Wir haben das Segeln dort in einem Ferienkurs

begonnen und Navigation und Hochseese-
geln später als Studenten dazugelernt. Es ist
ein großartiges Erlebnis mit Wind, Wellen
und dem Meer zu kämpfen und dann am
Abend in einem sicheren Hafen festzuma-
chen. Wir reden beide nicht viel. Es ist einfach gut, gemeinsam auf dem Meer zu sein.
Manchmal wird das Boot von einer Gruppe
Delphine begleitet, die sich einen Spaß daraus machen, uns zu überholen oder unter
dem Boot durch zu tauchen. Die schönsten
Sonnenuntergänge haben wir während der
Segeltörns erlebt."

Georg lehnt sich leise seufzend in seinem
Sessel zurück und schaut mich an. „Wie Sie
sehen, sind es drei Menschen, die mir ungeheuer wichtig sind, und die mir Kraft geben.
Darüber hinaus sind es die Naturerlebnisse,
sei es in den Bergen oder auf dem Meer, die
meiner Seele gut tun, und die meine innere
Batterie immer wieder aufladen. Dazu
kommt, dass ich meinen Beruf als Lehrer
sehr gerne ausübe und mir keinen anderen
vorstellen könnte."

„Die Ihnen wichtigsten Menschen, Ihre
sportlichen Aktivitäten, die Natur und Ihr Beruf, dies sind die vier Säulen Ihrer seelischen

und körperlichen Stabilität. Fantastisch, wie Sie dies so klar darstellen können. Es fällt vielen Menschen meistens viel schwerer, ihre Ressourcen so klar zu formulieren. Für Sie bedeutet dies ganz praktisch, wenn Sie sich schlecht fühlen, wird Ihnen eine oder mehrere der vier Säulen bald wieder Kraft geben. Sie brauchen sie nur in Ihr Leben zu lassen", fasse ich das Gehörte zusammen.

„Ja, wenn Sie das so sagen, klingt es so einfach", gibt Georg zu bedenken. „Ich bin oft sehr ratlos und weiß nicht, was ich tun soll, wenn ich mal wieder niedergeschlagen, traurig, verzweifelt oder auch wütend bin. Dann bin ich meinen Gefühlen einfach nur ausgeliefert. Und ich bin handlungsunfähig. Völlig aufgewühlt kreisen dann meine Gedanken immer nur um das, was gerade passiert ist. Sie meinen also, wenn ich zum Beispiel einen meiner liebsten Menschen anrufe, oder wenn ich raus in die Natur gehe, oder wenn ich mich mit einem schulischen Thema beschäftige, dann würde ich mich wieder beruhigen und könne danach klare Gedanken fassen? Als sportliche Aktion wäre eine ordentliche Fahrradtour leicht machbar, die anderen sportlichen Aktivitäten brauchen eine zu lange Vorbereitungszeit."

Georg nimmt sich ein Blatt Papier und einen Stift, die immer für diese Zwecke auf dem Tisch bereit liegen.

„Also, meine vier Säulen sind meine drei liebsten Menschen, die Natur, mein Beruf und meine sportlichen Aktivitäten", er spricht dies leise vor sich hin, während er vier Säulen auf das Blatt malt und diese beschriftet.

„Dieses Papier werde ich mit dem Handy fotografieren. Das Foto werde ich als Hintergrundbild speichern, damit ich täglich darauf schaue. Ob ich das Blatt irgendwo aufhänge, weiß ich noch nicht. Bisher möchte ich diese neue Erkenntnis noch nicht mit jemandem anderen teilen", sagt er entschieden.

„Und ich werde natürlich ausprobieren, ob es funktioniert. Also bei der nächsten Situation, die mich aus dem Gleichgewicht bringt, werde ich eine der vier Säulen anwenden."

Ich nicke zustimmend und ermutigend. Wir vereinbaren außerdem, dass er vielleicht bis zur nächsten Sitzung darüber nachdenken könnte, was er in seinem Leben unbehaglich findet, was ihn verzweifeln lässt, oder was ihn traurig, und natürlich auch was ihn wütend macht. Auch hier unterstreiche ich noch einmal die Wichtigkeit eines Tagebuchs. Denn allzu gerne gerät Vieles in Vergessenheit, weil sich leicht neue Erlebnisse in den Vordergrund drängen.

„Es hat funktioniert, es hat tatsächlich funktioniert", Georg betritt in der nächsten Stunde den Therapieraum mit diesen Worten, noch bevor wir uns begrüßt haben. Ich bin ein wenig irritiert, denn so ganz genau weiß ich nicht, worauf er sich bezieht.

Als er dann Platz genommen hat, bitte ich ihn, einmal tief ein- und auszuatmen. Jetzt bekomme ich die Chance nachzufragen.

„Was hat funktioniert?" Ich bin ganz gespannt, was er Aufregendes zu berichten hat.

„Na, das mit den vier Säulen", antwortet er heftig.

„Also, ich hätte fast wieder einen Wutausbruch bekommen. Und mein Blick fiel zufällig auf das Display meines Handys. Da ist ja das Foto mit den vier Säulen", er hält mir sein Handy hin, damit ich mich davon überzeugen kann.

„Ja, und anstatt zu schreien und auszurasten, habe ich den Raum verlassen, bin auf mein Fahrrad gesprungen und habe eine Runde von so 15 km durch Wald und Felder gemacht. Als ich wieder zurückkam, war ich ganz ruhig und klar in meinem Kopf."

„Oh, das freut mich aber sehr. Ein sehr schöner Erfolg. Darf ich wissen, was Sie an diesem besagten Tag so in Rage gebracht hat", frage ich vorsichtig.

„Ja, es ist immer dasselbe. Es ist ja Endspurt in diesem Schuljahr, und wir haben die letzten Schulaufgaben vor den Sommerferien geschrieben. In beiden Fächern habe ich viele Hefte zu korrigieren.

In Französisch sind es sogar mehrere Seiten pro Schüler. Da geht es um die Interpretation eines Textes von Albert Camus, zu dem ich vier Fragen gestellt habe. Jede Frage wird mit mindestens einer DIN A 4 Seite beantwortet. Um bei 28 Schülern ist das eine Menge Text, den ich durchzulesen habe. Und das nicht nur einmal, denn ich muss erst alle Hefte einmal anschauen, um die Bewertungskriterien festzulegen. Dann arbeite ich sie anhand dieser noch einmal durch und lege die Noten fest.

In Geographie geht es um die Bewegung der Kontinentalplatten. Die Schüler sollten die Auffaltung der Alpenkette vor Millionen von Jahren beschreiben, als die europäische und afrikanische Platte zusammenstießen. Das ist auch viel Text, den ich detailliert durchlesen muss. Bei den unteren Klassen sind die Korrekturen nicht so aufwendig. Ich muss aber jede Aufgabe sorgfältig durchgehen und bewerten, damit ich gerechte Noten vergeben kann.

Sie können sich vorstellen, dass dies alles zum Ende eines jeden Schuljahres sehr viel Zeit braucht. Ja, und weil ich in der Wohnung meiner Freundin kein eigenes Büro habe, sondern meistens am Küchentisch sitze, bleibe ich gerne länger in der Schule. Im Geographiesaal gibt es einen Schreibtisch, an dem ich mich ausbreiten kann, und wo ich ganz ungestört bin. Dort sitze ich gerne und arbeite an den Korrekturen.

Nun ja, und es ist spät geworden an diesem Tag. Der Hausmeister kam um 21.00 Uhr mit der Bitte, dass ich den Geographiesaal verlassen möge. Er wolle endlich die Schule abschließen. Ich habe viel geschafft an diesem Nachmittag und Abend und fuhr zufrieden nach Hause. Kaum hatte ich die Wohnung betreten, da schimpfte meine Freundin mit mir, dass ich immer so spät käme, dass ich nur die Schule im Kopf hätte, dass ich sie immer vernachlässigen würde, dass es mir egal sei, wie lange sie schon mit dem Abendessen auf mich warte und so weiter. Diese Auseinandersetzung haben wir jedes halbe Jahr. Immer wenn es auf die Zeugnisse zugeht, und ich wirklich viel außerhalb der Unterrichtsstunden arbeiten muss.

Sonst bin ich immer explodiert, weil ich mich ungerecht beurteilt fühlte. Meistens hatte ich schon vorher auf dem Nachhauseweg Magenschmerzen. Ich weiß ja, wie sie immer reagiert. Aber es gehört einfach zu meinem Beruf dazu, dass ich außerhalb der Unterrichtsstunden arbeite. Und weil ich kein Arbeitszimmer in der Wohnung habe, bleibe ich halt länger in der Schule.

Gut, dieses Mal bin ich nicht explodiert. Ich habe mich umgedreht und bin, wie gesagt, aus dem Haus gegangen, auf mein Fahrrad gestiegen und losgefahren. Ein herrliches Gefühl der Freiheit", erklärt Georg stolz.

„Als ich dann wieder zurück zur Wohnung kam, hatte meine Freundin den Tisch mit dem Abendessen schon aufgeräumt. Sie saß vor dem Fernseher und tat so, als höre und sehe sie mich nicht. Ich bin dann vor sie hingetreten und bat sie, ob ich den Fernseher ausstellen dürfe. Ich wollte mit ihr reden. Sie war sehr erstaunt, denn das hat sie von mir noch nie erlebt. Meistens habe ich mich viele Male entschuldigt und fühlte mich klein, schuldig und unterwürfig. Diesmal konnte ich ihr mit klaren Worten erklären, dass es zu meinen beruflichen Aufgaben gehört, Hefte zu korrigieren, wie auch vieles andere mehr. Und dass ich sie bitte, dies zu akzeptieren.

Ich will mich nicht mehr für alles rechtfertigen müssen. Sie war natürlich gekränkt, dass ich einfach mit dem Fahrrad davon gefahren bin und nicht mit ihr zu Abend gegessen habe. Und ich habe das Gefühl, dass sie die Aufgaben und Pflichten, die mit meinem Beruf verbunden sind, nicht wirklich akzeptieren möchte. Dann habe ich zum ersten Mal, das Thema Wohnung angesprochen. Ich konnte ihr klar sagen, dass ich mich in ihrer Wohnung nicht zuhause fühle, sondern immer nur als Gast. Auch die Tatsache, dass ich kein Arbeitszimmer habe, trägt natürlich dazu bei, dass ich oft länger in der Schule bleibe, um zum Beispiel zu korrigieren. Auch bei diesem Thema verspürte ich keine Empathie ihrerseits. Sie antwortete vorwurfsvoll und beleidigt. Der Vorwurf hat immer den gleichen Inhalt: sie tue doch alles für mich, und ich sei so undankbar und unzufrieden."

Georg ist bei dem Bericht über seine Beziehung immer aufgeregter geworden. Es ist deutlich zu spüren, wie ihn diese Vorwürfe belasten. Sein Gesicht ist ein wenig gerötet, und der Atem geht schnell. Unruhig rutscht er auf seinem Sessel hin und her, als wolle er gleich aufspringen. Er spricht laut und schnell.

Ich bitte ihn, tief und langsam ein- und auszuatmen und in den Atem hinein zu spüren. Indem er die Augen schließt, kann er achtsam seinem Atem folgen.

Er wird zusehends ruhiger. Die Spannung weicht aus seinem Körper. Er öffnet die Augen und schaut mich erstaunt an.

„Das ist gut mit der Atmung", murmelt er leise. „Jetzt bin ich wieder wesentlich ruhiger."

Wir besprechen noch einmal ausführlich die Problematik dieses immer wiederkehrenden Konflikts.

„Also, habe ich das jetzt richtig verstanden", fasst er unsere Analyse noch einmal zusammen. „Weil ich mich nicht traue, selbstbewusst klarzustellen, was ich für mich oder in diesem Fall für meinen Beruf brauche, gibt mein Gegenüber, hier meine Partnerin, die Spielregeln vor. Sie erwartet ein bestimmtes Verhalten von mir, und wenn ich dies nicht erbringe, ist sie gekränkt und zieht sich zurück, also entzieht mir ihre Zuneigung. Das kenne ich zu Genüge von meiner Mutter.

Da ich eine immer gleichbleibende Harmonie brauche, um mich wertgeschätzt und geliebt zu fühlen, versuche ich meistens, die Erwartungen meines Gegenübers zu erfüllen. Klappt dies nicht, wie in meinem Beispiel mit den Korrekturen der Schulaufgaben, fühle ich mich schuldig. Wobei es ja manchmal nicht in meiner Hand liegt, ob ich die Erwartungen des Anderen erfüllen kann. Spüre oder höre ich dann die Vorwürfe, Beschuldigungen oder Beleidigungen, dann werde ich wütend und explodiere, weil ich mich ungerecht behandelt fühle. Ich bin dann stark unter Druck. Eigene Bedürfnisse stehen gegen Bedürfnisse meines Gegenübers."

Ich nicke zustimmend. Georg schweigt lange nach dieser Schlussfolgerung.

„Aber warum werde ich bei meinem Sohn, bei meiner Schwester und ihrer Familie und bei meinem besten Freund nie wütend", fragt er unvermittelt und schaut mich an.

„Könnte es an der Qualität dieser Beziehungen liegen", stelle ich zur Diskussion. „Akzeptieren diese Menschen, die Sie besonders mögen, dass Sie selbst auch Wünsche und Bedürfnisse haben? Oder dass auch einmal etwas anders laufen könnte, als sie erwarten? Nehmen diese Menschen sich selbst nicht so wichtig? Sind sie kompromissbereiter? Oder besitzen sie mehr Einfühlungsvermögen?"

Mit erstaunten großen Augen blickt Georg zu mir hinüber.

„Ja, das ist es. Es liegt nicht immer nur an meinem Unvermögen, meinen Ärger zu steuern. Es hat auch viel mit dem Verhalten meines Gegenübers zu tun. Natürlich sollte ich lernen, klar und selbstbewusst für meine Belange einzustehen. Aber wirkliche emotionale Nähe und Zuneigung fühle ich nur bei Menschen, die nicht nur fordern, sondern auch geben können."

Georg schüttelt den Kopf und ist ganz angetan von seiner neuen Erkenntnis.

„Hm, jetzt habe ich viel nachzudenken. Ich habe ja auch für diese Stunde etwas vorbereitet. Ich habe aufgeschrieben, was mir Unbehagen bereitet." Er holt ein Blatt Papier aus seiner Hosentasche. Darauf stehen einige Zeilen.

„Es stehen hier die Namen meiner Mutter, meiner Schuldirektorin, meiner Ex-Frau und Situationen, in denen ich gewöhnlich etwas tue, wovon ich weiß, dass ich es eigentlich nicht möchte, oder auch dass es mir zu viel, zu anstrengend ist, oder dass es gar nicht zu mir passt." Georg faltet sein Blatt wieder zusammen und steckt es zurück in seine Hosentasche.

„Hinter dem Namen meiner Partnerin steht ein großes Fragezeichen. Ich weiß nicht, wie ich unsere Beziehung beurteilen kann. Dazu brauche ich noch mehr Zeit. Ich möchte keine voreiligen Schlüsse ziehen", sagt Georg zu Abschluss mehr zu sich selbst als zu mir.

Es ist unsere letzte Sitzung vor den Sommerferien. Da er einige Reisen unternehmen möchte, und auch ich etwas unterwegs bin, haben wir die nächste Stunde erst in 8 Wochen terminiert.

„Oh weh, das ist aber lange", klagt Georg besorgt.

Doch nachdem wir vereinbart haben, dass wir im Notfall eine Stunde kurzfristig einschieben können, wenn ich noch nicht verreist bin, und dass er mir auch im Notfall eine E-Mail schreiben kann, erhebt er sich mit den Worten: „Ich werde in dieser Zeit sehr achtsam sein und meine Bedürfnisse ernst nehmen, sie aussprechen und sie mit in die Entscheidungen einbringen. Ich werde die Konflikten und Auseinandersetzungen, die daraus resultieren könnten, nicht vermeiden. Ich werde an meine vier Säulen der Resilienz denken und tiefe Atemzüge nicht vergessen. Das ist meine Aufgabe für die nächsten Wochen".

Mit entschlossenem Blick und festem Handschlag verabschiedet er sich in die großen Sommerferien. Er wird mit seinem Sohn in den Schweizer Alpen wandern und in Hütten übernachten. Mit seinem besten Freund ist ein kleiner Segeltörn zu einigen ionischen Inseln geplant. Und mit seiner Freundin wird er nach Oslo fliegen, um dort die interessanten Museen, unter anderem das bekannte Edvard Munch Museum, das Opernhaus und zahlreiche andere Sehenswürdigkeiten zu besichtigen und eine Rundfahrt durch die Fjorde zu unternehmen. Ein spannendes abwechslungsreiches Programm.

Ich blicke ihm noch eine Weile mit einem zuversichtlichen Lächeln nach.

Die erste Therapiestunde nach den langen Sommerferien. Ich staune. Georg ist äußerlich ganz verändert. Er hat viel an Gewicht verloren und wirkt jugendlich dynamisch. Von der Sonne gebräunt wirkt sein Gesicht markanter und jünger.

Er lächelt. „Da staunen Sie, nicht wahr?" Er hat meinen Gesichtsausdruck richtig interpretiert.

„Ich habe acht Kilo abgenommen", sagt er ganz stolz. „Das waren sehr sportliche Ferien. Und ich habe auf meine Ernährung geachtet. Jetzt fühle ich mich wieder in meinem Körper wohl."

Ich nicke anerkennend. „Ja, Sie haben jetzt eine aktive, sportlich-dynamische Ausstrahlung. Nähert sich Ihr Lebensgefühl dem

Ihrer Studienzeit, als Sie die Welt bereist haben", frage ich ihn in Erinnerung an unsere Gespräche vor den Ferien.

„Ja, körperlich bin ich zurzeit in guter Verfassung. Das gibt mir Kraft, Mut und Selbstbewusstsein. Dennoch bin ich gefühlsmäßig ganz durcheinander. Auf meinen Reisen wurde mir klar, dass ich an meiner Beziehung etwas ändern muss, sonst werde ich nicht zufrieden. Meine Freundin und ich, wir hatten viel Streit miteinander. Obwohl wir in Norwegen sehr schöne Sehenswürdigkeiten besichtigt und wunderbare Orte und Natur gesehen haben, gab es immer wieder Reibereien. Früher habe ich alles gemacht, was sie wollte. Ich hatte mir ja vorgenommen, meine Wünsche mindestens zu formulieren, auch wenn sie nur zu einem geringen Prozentsatz realisiert wurden. Aber allein, dass ich schon anderer Meinung war als meine Freundin, führte zu permanenten Spannungen."

Georg schaut ganz unglücklich. „Sie hat gesagt, die Therapie sei daran Schuld, dass wir uns nicht mehr verstehen. Sie hätte mich verändert", fügt er zögerlich hinzu.

Ich lächle. Ich erlebe sehr häufig, dass eine Veränderung von den nahestehenden Menschen nicht immer positiv wahrgenommen wird. So wichtig diese Entwicklung für den Betroffenen ist, so störend wirkt sie sich manchmal auf das dysfunktionale Gleichgewicht in der Partnerschaft aus. Hier ist es von großer Wichtigkeit, dass auch der Partner oder die Partnerin in eine Weiterentwicklung der eigenen Persönlichkeit eintreten kann. Ist dies der Fall, dann kann sich nach einer arbeitsreichen Phase daraus eine neue reifere Beziehung etablieren. Dies wäre dann für beide Partner ein großer Gewinn. Bleibt jedoch ein Partner auf seiner Entwicklungsstufe stehen, kommt es konsequenterweise zu wiederholten Konflikten und manchmal sogar zu einer Trennung.

Georg nickt nach dieser Erklärung. „Ja, die eingefahrenen Rituale funktionieren nicht mehr. Und ich kann nicht mehr zurück. Ich will nicht mehr der angepasste, gehorsame Mann sein, der ich jahrelang war. Aber eins war super: Ich hatte in den letzten Wochen keinen einzigen Wutanfall. Ich übe bewusst klar und deutlich meine Meinung und meine Anliegen zu formulieren. Mit meinem Sohn und meinem Freund war das ohnehin nie ein Problem. Wir haben immer eine gemeinsame Lösung gefunden. Mit meiner Freundin funktioniert das jedoch gar nicht. Sie kann damit nicht umgehen und reagiert immer darauf mit Beleidigtsein und Rückzug. Was soll ich tun? Ist nur eine Trennung die Lösung?"

Georg schafft traurig aus dem Fenster. Seine Augen füllen sich langsam mit Tränen. „Wieder ist mir ein Zusammenleben nicht gelungen. Wieder eine Trennung. Auch wenn ich unglücklich bin, so versetzt mich der Gedanke in Angst. Ich werde immer älter. Sollte ich tatsächlich beziehungsunfähig sein", sagt er leise.

„Wie immer gibt es bei Konflikten mehrere Beteiligte", antworte ich auf seine Fragen. „Es gibt keinen Schuldigen. In einer Beziehung sind beide Partner an der Gestaltung beteiligt. Beide können also auch an der Veränderung mitarbeiten. Wie wäre es denn, wenn Sie mit Ihrer Partnerin eine Paartherapie machen würden?"

Ich blicke ihn fragend an und schweige, um ihm Zeit zum Nachdenken zu geben.

Georgs Gesicht hellt sich auf. Er schweigt und denkt nach.

„Also, ich würde das sofort tun. Ich möchte unserer Beziehung noch eine Chance geben. Schließlich hatte sie ja auch schöne Momente. Ob meine Freundin dies aber mitmacht, weiß ich nicht. Ich werde sie fragen. Können Sie mir eine Empfehlung geben?"

Ich nicke und suche in meinen Unterlagen die Adresse eines Kollegen heraus, mit dem ich viel zusammenarbeite. Nach meinem Empfinden würde dieser gut passen.

„Vielleicht machen Sie mit Ihrer Partnerin einfach einmal einen Probetermin aus. Sie können beide ja dann danach entscheiden, ob sie weitermachen wollen oder nicht. Und dies dann mit dem Kollegen besprechen."

Mit diesen Worten überreiche ich ihm das Kärtchen mit Name und Anschrift.

Er blickt auf die Visitenkarte. „Dies ist ja direkt bei uns um die Ecke."

„Wie schön, vielleicht erleichtert das die Entscheidung für Ihre Partnerin", erwidere ich.

Wir vereinbaren, dass er sich erst einmal um die Paartherapie kümmert und sich dann wieder für einen neuen Termin bei mir meldet.

Nach einigen Wochen bekomme ich eine E-Mail von Georg mit der Nachricht, dass er und seine Freundin die ersten zwei Sitzungen der Paartherapie hinter sich haben. Sie wollen weitermachen. Er wird sich wieder melden.

Jetzt haben wir einen Termin vereinbart. Georg steigt langsam mit schweren Schritten die Treppe zum Therapieraum hoch. Er ist viel zu früh und nimmt im Wartebereich Platz. Als ich ihn hereinbitte, springt er schnell auf und stürzt sich auf „seinen" Sessel. Ein mittlerweile vertrauter Platz.

„Es ist eine schwierige Zeit", beginnt er. „Die Paargespräche sind sehr aufwühlend. Es kommt so viel an die Oberfläche, was wir immer verschwiegen haben. Meine Partnerin hat viel geweint. Sie fühlt sich ungerecht behandelt. Sie hat das Gefühl, dass ich all das, was sie für mich tut, nicht wertschätze. Ich wäre aber froh, wenn sie weniger für mich tun würde, und ich dann mehr Freiheit hätte, das zu verwirklichen, was ich gerne möchte. Stattdessen habe ich ein permanent schlechtes Gewissen.

Der Paartherapeut macht es sehr gut, das sagen wir beide. Aber es kristallisiert sich langsam heraus, dass wir unterschiedliche Vorstellungen von Liebe haben. Meine Freundin ist mehr die Praktische, sie macht viel im Haushalt und ist eher die Versorgerin. Ich fühle mich deshalb oft nicht als ihr Mann, sondern als ihr Sohn. Ich wünsche mir jedoch mehr Zärtlichkeit, mehr Sexualität, mehr gemeinsame Gespräche, mehr Gefühle für einander, vielleicht auch einfach mehr Spaß und Freude, ohne dass es wieder darum geht, wer welche Pflichten übernimmt. Wir haben das in den Paargesprächen gut herausgearbeitet.

Aber was kommt jetzt? Es ist ein Stillstand eingetreten. Der Therapeut gab uns zur Aufgabe, jeder solle einen Wunsch des anderen bedingungslos erfüllen und dabei spüren, wie sich das anfühlt. Für mich war es einfach. Ich habe die Küche geputzt. Das hatte sich meine Freundin gewünscht. Und sie ist wirklich super sauber. Ich dagegen hatte mir gewünscht, dass wir einen Sonntag einmal nichts planen. Ausschlafen, noch kuscheln, uns treiben lassen, vielleicht in einem Café frühstücken gehen und dann schauen, was wir machen wollen ohne vorherigen Plan, einfach spontan, vielleicht sich einmal treiben lassen. Das hat gar nicht geklappt. Meine Freundin war schon beim Aufwachen so voller Spannung und konnte nicht loslassen von Vorplanung, Kontrolle und Bewertung. Es wurde ein schwieriger Tag mit vielen Diskussionen. Ich bin jetzt zu dem Ergebnis gekommen, dass sie nicht anders kann.

Vielleicht möchte ich doch lieber meinen Weg alleine gehen. Vielleicht bietet mir das Leben doch noch andere Möglichkeiten. Vielleicht werde ich alleine glücklicher. Vielleicht lerne ich aber auch noch eine Frau kennen, die mir das Gefühl gibt, mich wirklich zu lieben, einfach weil ich ihr wichtig bin, ohne dass ich eine Erwartung erfüllen muss.

Merkwürdigerweise habe ich vor der Trennung keine Angst mehr. Die Paartherapie hat mir gezeigt, dass die Schwierigkeiten in unserer Beziehung nicht alleine mit mir zu tun haben. Die Konstellation unserer Persönlichkeiten mit unseren jeweiligen Lebensgeschichten ist einfach ungünstig. Vielleicht wird ja meine Freundin mit einem anderen Partner auch viel glücklicher. Ja, Sie haben richtig gehört, ich denke über eine Trennung nach".

Georg lehnt sich in seinem Sessel zurück und atmet tief ein.

Wir sprechen in dieser und in den nächsten Stunden immer wieder über das Thema Trennung. Wir denken über Alternativen nach. Dazu gehören intensivere Gespräche, der Versuch der gegenseitigen Akzeptanz, die Möglichkeit eine größere gemeinsame Wohnung zu beziehen oder sogar in zwei Wohnungen zu leben.

Leider verschlechtert sich die Stimmung zwischen Georg und seiner Partnerin sehr. Sie versteht jeden Änderungsvorschlag als eine Kritik an sich selbst. Sie streiten ständig. Georg ist sehr unglücklich und verzweifelt.

„Ich habe eine Entscheidung getroffen", sagt er plötzlich zu Beginn einer neuen Sitzung. „Ich habe ein möbliertes Appartement in der Nähe meiner Ex-Frau gemietet. Auf die Idee hat mich mein Sohn gebracht. Im letzten Telefonat meinte er, ich solle doch in seine Nähe ziehen, dann könne er mich auch unter der Woche öfter besuchen. Auch wünscht er sich ein eigenes Zimmer in meiner Wohnung, falls ich eine neue hätte.

Das ist mir nicht mehr aus dem Kopf gegangen. Ich war so aufgeregt, dass ich zwei Nächte nicht richtig schlafen konnte. Immer wieder habe ich mir ausgemalt, wie schön das wäre, wenn mein Sohn einfach so vorbeikommen könnte, wenn er möchte. Der Gedanke hat mich dann nicht mehr losgelassen. Ich habe Anzeigen gelesen und dieses möblierte Appartement gefunden. Meine Ex-Frau hat mir angeboten, dass ich alle meine Sachen in ihrem Keller unterstellen kann, bis ich eine eigene Wohnung gefunden habe. Das ist ein nettes Angebot. Jetzt muss ich zwar fast eine Stunde Autofahren bis zu meiner Schule, aber das nehme ich für meinen Sohn und die Aussicht auf ein neues Leben gerne in Kauf".

Georg lehnt sich zurück und schaut mich mit großen Augen an. Ich nicke zustimmend.

„Das klingt nach einem sehr schönen neuen Lebensabschnitt", entgegne ich auf seinen Bericht.

Wir sprechen noch ausführlich, wie er die Trennung von seiner derzeitigen Lebensgefährten einleiten und durchführen möchte.

Ihm ist es sehr wichtig, dass sie ohne Streit und ohne Hass auseinander gehen. Am liebsten würde er ihr so etwas wie eine Freundschaft vorschlagen. Er hat jedoch Zweifel, ob sie sich darauf einlassen kann. Auf jeden Fall möchte er es versuchen, denn er schätzt sie als Mensch sehr und möchte ihr auch weiterhin gerne zur Seite stehen, wenn sie ihn braucht, nur eben nicht mehr als Partner. Auf seine neue Freiheit freut er sich sehr.

„Meine eigene Wohnung einrichten, so wie ich es möchte, und wie ich mich wohlfühle, das ist im Augenblick mein größter Wunsch. Ich weiß, dass ich das Alleinsein genießen werde. Ich kann essen, was ich möchte, nach Hause kommen, wann ich möchte, so lange in der Schule bleiben, wie ich möchte. Mein Sohn kann kommen und bei mir bleiben, so lange, wie er möchte. Ich kann meinen Hobbys nachgehen, wann und wie lange ich möchte." Es klingt so, als ob ein junger erwachsen gewordener Mann sein Elternhaus verlässt. Ich lächle bei diesem Gedanken.

Georg rutscht ungeduldig auf seinem Sessel hin und her. „Ich habe das Gefühl einer unendlichen Freiheit. So als würde sich eine geschlossene Tür öffnen, und ich darf in die Welt hinausgehen. Das erfüllt mich mit einer enormen Kraft und Zuversicht, so dass ich mich auf meine Zukunft richtig freue."

Er strahlt über sein ganzes Gesicht. Es ist schon beeindruckend, dass eine Trennung mit solch einem kraftvollen dynamischen Lebensgefühl verbunden sein kann. Wie stark hat er seine Sehnsucht nach Selbstverwirklichung bisher unterdrückt.

Wir sehen uns erst nach einigen Wochen wieder. Die Terminvereinbarung ist schwieriger geworden, da er ja jetzt in einer anderen, 70 km entfernten Stadt wohnt. Aber wir haben eine Zeit am Nachmittag gefunden, nach seiner Sprechstunde als Vertrauenslehrer, bevor er dann zu seiner neuen Wohnstätte fährt.

Mittlerweile hat er auch eine schöne große 4-Zimmerwohnung im Erdgeschoss mit einem kleinen Gartenanteil gefunden. Er ist dabei, sie zu renovieren. Sein Sohn hat das größte Zimmer bekommen, das auch einen Zugang zum Garten hat. Er darf es selbst einrichten. Vater und Sohn haben es zusammen gestrichen und den Parkettboden gelegt. Gut, dass Georg so gute handwerkliche Fähigkeiten besitzt, die jetzt zum Einsatz kommen. Eine tolle Teamarbeit, die richtig Spaß macht. Dann sind sie zusammen Möbeln kaufen gegangen. Diese müssen jetzt noch aufgebaut werden.

Jetzt ist Georg dabei, seine Sachen von seiner Schwester aus Hamburg und von seiner Ex-Frau abzuholen. Auch bei einem Kollegen hatte er einiges untergestellt. Plötzlich spürt er, dass er sein Hab und Gut überall verteilt hatte. Er besitzt gar keinen eigenen Lebensmittelpunkt.

Er ist richtig stolz auf alles, was er bisher geschafft hat.

„Heute werde ich von meiner Freundin Abschied nehmen. Ich habe die letzten Dinge in ihrer Wohnung gepackt und möchte mit ihr ein langes Gespräch führen. Offiziell möchte ich dann die Beziehung beenden, ihr aber vorschlagen, weiterhin freundschaftlich verbunden zu bleiben. Ob das gelingt, weiß ich nicht. Aber ich will es zumindest versuchen", erklärt Georg, als wir auf seine Partnerschaft zu sprechen kommen.

„Ich freue mich sehr auf die neue Freiheit. Wenn ich meine – hmm das klingt gut- also wenn ich meine Wohnung fertig eingerichtet habe, möchte ich ein kleines Einweihungsfest geben. Alle, die mitgeholfen haben, sind eingeladen. Dann natürlich auch meine Schwester und ihre ganze Familie. Endlich habe ich genug Platz für alle. Sie können gut einige Tage bei mir wohnen. Das kriegen wir hin. Mein Sohn darf auch einige Freunde oder Freudinnen – Georg lacht schelmisch - einladen. Er möchte ihnen sein neues zweites Zuhause zeigen. Und dann würde ich gerne die Mitbewohner des Hauses einladen, damit wir schon ein bisschen miteinander bekannt werden". Georg holt tief Luft und atmet hörbar mit einem Seufzer aus.

„Meine eigene Wohnung, meine eigene Wohnung", wiederholt er lächelnd. „Wie toll das klingt. Und es fühlt sich auch genauso an. Ich bin fest entschlossen, nie wieder in meinem Leben Entscheidungen zu treffen, die mir nicht gut tun, nur damit andere zufrieden sind. Das habe ich jetzt wirklich entschieden."

Wir besprechen noch einige Gedanken zu der bevorstehenden endgültigen Trennung von seiner Partnerin, und wie er mit den unterschiedlichen Reaktionen ihrerseits umgehen könnte.

Die Abstände zwischen den Sitzungen werden immer größer. Georg hat sich gut eingelebt und langsam die ersten Kontakte in der Nachbarschaft geknüpft. Sein Sohn kommt immer öfter und fühlt sich in seinem neuen Zimmer wohl. Die Vater-Sohn-Wohngemeinschaft funktioniert gut. Der Kontakt zu seiner Ex-Frau, die ja jetzt nicht weit weg wohnt, ist kameradschaftlich. Sie sind beide um das Wohlergehen des Sohnes bemüht. Zu seiner Ex-Freundin ist die Beziehung sehr spannungsreich. Sie ist sehr verletzt durch die Trennung und möchte erst einmal keinen Kontakt. Dies findet er sehr schade, kann es aber gut akzeptieren. Vielleicht ändert sich dies mit der Zeit, ist seine Hoffnung.

Wir vereinbaren, dass wir die Therapie jetzt beenden können. Georg ist in seiner Stimmung ausgeglichen und stabil. Seit langem hat er keinen Wutanfall mehr gehabt. Er hat ein neues Selbstbewusstsein entwickelt und übt sich darin, nein zu sagen, wenn er etwas nicht möchte. Mit seiner Schuldirektorin ist er deshalb schon mehrfach aneinandergeraten. Bisher hat er sich aber immer tapfer geschlagen und ist seinen eigenen Bedürfnissen treu geblieben. Natürlich versichere ich ihm zum Abschied, dass er sich bei auftretenden Problemen oder neuen Herausforderungen immer wieder melden kann.

Zwei Jahre vergehen. Da erhalte ich eine E-Mail von Georg.

„Ich weiß nicht, ob Sie sich noch an mich erinnern. Ich war vor zwei Jahren bei Ihnen in Therapie. Ich möchte Sie jetzt gerne um einen Gesprächstermin bitten. Wäre das möglich?"

Natürlich kann ich mich gut an ihn und seine Lebensgeschichte erinnern. Trotzdem lese ich in meinen Unterlagen noch einmal nach, was ich mir zum Ablauf unserer damaligen Gespräche notiert habe.

Wir haben einen gemeinsamen Termin gefunden. Georg steigt wie damals vor mehr als zwei Jahren die Treppe zum Therapieraum hoch. Ich habe ihn schon erwartet. Er sieht gut aus. Sportlich, kraftvoll. Mit aufrechtem Gang und strahlenden Augen betritt er den Therapieraum. Er begibt sich gleich in „seinen" Sessel.

„Es hat sich hier nichts verändert", beginnt er sogleich. „Doch vielleicht ist der Teppich neu?"

Ich nicke lächelnd.

„Ja, ich habe Sie um einen Termin gebeten, weil ich eine Entscheidung mit mir herumtrage. Ich habe Angst, diese alleine zu treffen. Natürlich habe ich schon meine Schwester und meinen Sohn um ihre Meinungen gebeten. Aber ich würde das Thema gerne mit Ihnen durchgehen".

Georg schaut mich an und wirkt jetzt ein bisschen nervös. Er spielt mit seinem Autoschlüssel und weiß nicht so recht, wie und wo er beginnen soll.

Ich blicke ihn an und lächele ihm ermutigend zu.

„Hmm ja, eh, wie soll ich das sagen", stottert er ein wenig herum und errötet leicht. „Hmm ja, eh, ich habe mich verliebt", beginnt er vorsichtig und schaut mich an, um meine Reaktion zu beobachten.

Ich warte schweigend, ob er noch weiter berichten möchte. Aber er hat den Faden noch nicht gefunden.

„Das ist doch großartig", erwidere ich lachend.

Er lacht ebenfalls erleichtert, fügt aber sogleich ganz ernst hinzu: „Ja, aber das ist alles nicht so einfach. Also ich erzähle mal oder?" Er schaut mich fragend an.

Ich nicke zustimmend.

„Dass ich jetzt in meiner neuen Wohnung lebe, wissen Sie vielleicht noch?"

Ich nicke wieder.

„Es hat sich in den vergangenen zwei Jahren viel bewegt. Mein Sohn ist jetzt ganz zu mir gezogen. Meine Ex-Frau war zuerst ein wenig beleidigt. Aber mein Sohn ist ein wahrer Diplomat. Er hat ihr charmant erklärt, dass er ausprobieren möchte, wie es ist, mit dem Vater zu leben, nachdem er ja all die Jahre bei ihr gewohnt hat. Und er besucht sie auch sehr oft und lädt sie sogar manchmal von seinem Taschengeld in ein Café ein. Das hat sie natürlich mit Begeisterung angenommen.

Er ist jetzt 17 Jahre alt und richtig erwachsen geworden. In diesem Jahr macht er sein

Abitur und dann werden wir sehen, wohin es ihn führt. Aber bis dahin genieße ich noch das Zusammensein mit ihm. Es gelingt uns wunderbar, uns gegenseitig viel Freiraum zu lassen. Wir kochen meistens abends zusammen. Er hat seit einem Jahr eine feste Freundin, die auch oft da ist. Es ist so schön für mich, die beiden jungen Leute um mich zu haben. Manchmal gibt es ein bisschen Stress mit dem Saubermachen. Wir beiden Männer mögen dies beide nicht besonders und versuchen uns zu drücken. Aber nach einer gewissen Zeit beschließen wir dann doch einen Putztag einzulegen. Manchmal hilft auch die Freundin meines Sohnes mit, dann geht alles schnell.

Obwohl ich ja eigentlich nicht alleine sondern in einer WG wohne, fühle ich mich absolut frei. Bisher haben wir alle Meinungsverschiedenheiten durch konstruktive Gespräche klären können. Ich kann in dieser Hinsicht von meinem Sohn so einiges lernen. Er formuliert immer ganz klar, was ihn stört, und was geändert werden soll. Jetzt gelingt es mir auch schon immer besser."

Georg richtet sich in seinem Sessel auf und wirkt stolz und zuversichtlich.

„Ja, und dann habe ich mich für eine Versetzung an das naheliegende Gymnasium beworben und konnte auch gleich zu Schuljahresbeginn wechseln. Der Direktor ist ein fröhlicher, unkomplizierter Mann, der viele neue Ideen in das Kollegium einbringt. Er ist auch immer aufgeschlossen, wenn wir Lehrkräfte Vorschläge für Veränderungen machen. Es macht richtig Freude, dort zu arbeiten. .... Und es gibt dort eine Kollegin, die auch Französisch unterrichtet. Sie hat mich in die Jahrgangsstufe eingeführt. Und sie ist sehr nett." Er räuspert sich und rutscht hin und her.

Ich lächle, weil ich ahne, was jetzt kommt.

„Ja, Sie vermuten richtig. Wir sind uns näher gekommen und haben viele Gemeinsamkeiten entdeckt. Wir sind beide frankophil, reisen also gerne nach Frankreich. Sie ist alleinerziehend und hat auch einen Sohn. Er ist zwei Jahre jünger als meiner. So, um die Geschichte kurz zu machen, wir haben uns ineinander verliebt. Und es fühlt sich so gut an.

Das Problem ist nur folgendes: sie hat vorgeschlagen, ob wir nicht zusammenleben wollen. Ihre eigene Wohnung ist sehr klein, und sie würde gerne mit ihrem Sohn zu mir ziehen. Da habe ich Panik bekommen und mich ein wenig zurückgezogen, was sie natürlich sofort gespürt hat. Sie war ganz traurig und wusste nicht, wie sie damit umgehen sollte. Ich habe versucht, ihr meine Gefühle zu erklären und ihr von meiner Kindheit und der Therapie erzählt. Sie hat aufmerksam zugehört und viel Verständnis gezeigt. Wir haben jetzt vereinbart, nichts zu überstürzen und uns Zeit zu lassen.

Trotzdem arbeitet es seitdem in mir. Ich grübele viel. Ich weiß nicht, wann ich für ein Zusammenleben bereit bin. Ich habe Angst, wieder in meine alte Angepasstheit zurück zu fallen. Außerdem habe ich meine neue Freiheit noch nicht lange genug ausgekostet. Aber kann ich sie warten lassen? Wird sie die Geduld verlieren und sich von mir abwenden? Ich möchte sie nicht verlieren. Sie ist eine wunderbare Frau, sehr gefühlvoll und liebevoll. So eine Partnerin habe ich noch nie erlebt."

Georg lehnt sich zurück und seufzt. Er sieht ganz bedrückt aus.

Wir sprechen ausführlich über seine Angst, sich selbst wieder aufzugeben. Ich frage ihn nach Beispielen, in denen es ihm gelungen ist, seine Bedürfnisse zu äußern und zu realisieren. Dann bitte ich ihn, Situationen aus der letzten Zeit zu nennen, in denen er mit seinem Gegenüber nach einer Meinungsverschiedenheit erfolgreich einen akzeptablen Kompromiss gefunden hat. Er kann viele Beispiele nennen, in denen er selbstbewusst für sich eingetreten ist. Die Wutanfälle sind zu keinem Zeitpunkt aufgetreten.

„Gibt es denn noch Situationen, in denen Sie sich ungewollt angepasst und gespürt haben, dass Sie wieder in Ihr ehemaliges Verhalten zurückgefallen sind", frage ich ihn zum Schluss.

„Jedes Mal beim Besuch bei meiner Mutter werde ich zu einem kleinen Jungen, der sich alles vorschreiben lässt und sich nicht wehren kann. Ich esse, was sie mir auf den Teller schaufelt, auch wenn ich dies gar nicht mag. Ich ziehe mich um, wenn sie anmerkt, dass ich nicht adäquat gekleidet sei. Ich gehe ins Bett, wenn sie meint, es sei nun spät genug. Und so weiter, und so weiter. Bei ihr gelingt es mir überhaupt nicht, mich abzugrenzen. Aus diesem Grund habe ich ihr meine neue

Freundin auch noch nicht vorgestellt. Ich habe Sorge, dass diese mich dann verachten könnte, wenn sie mich so erlebt. Aber der Gehorsam meiner Mutter gegenüber sitzt so tief. Dies ist wohl die schwierigste Herausforderung für mich, die ich irgendwann angehen muss. Bisher schiebe ich es immer vor mich her. Ich besuche sie auch deshalb nur sehr selten."

Georg schaut mich ganz unglücklich an.

„Ja, und wenn ich zu viel Nähe zulasse, habe ich Angst, dass ich mich in dieser neuen Partnerschaft auch wieder verlieren könnte. Da kommt mir gerade ein Gedanke. Können wir die Aufstellung mit den Figuren noch einmal wiederholen? Beim letzten Mal hat sie mir die Augen hinsichtlich meiner damaligen Beziehung geöffnet", fragt er neugierig.

„Ja, gerne". Ich hole die Figuren aus dem Regal.

„Also, Sie kennen das Vorgehen ja schon. Sie nehmen zwei Figuren und stellen sie intuitiv so zueinander, wie Sie sich in Ihrer jetzigen Beziehung fühlen. Dann machen Sie das Gleiche für Ihre Partnerin", erkläre ich noch einmal kurz.

Georg nimmt zwei Figuren aus der Schachtel und hält sie in der Hand. Er denkt längere Zeit nach und schließt kurz die Augen, so als wolle er in sich hineinfühlen.

Jetzt stellt er die beiden Figuren einander zugewandt so ungefähr 10 Zentimeter auseinander. Er schaut noch eine Weile darauf und nickt.

„Ja, so stimmt es", bestätigt er. „So fühle ich es. Ich spüre, dass wir sehr einander zugewandt sind. Aber ich brauche noch ein kleines bisschen Abstand. Ja, so ist es richtig für mich."

„Und wie würde Ihre jetzige Freundin die Figuren hinstellen", frage ich ihn.

Ohne zu zögern, stellt er die beiden Figuren ganz nahe beieinander, so dass sie sich fast berühren. Sie schauen sich an, und es sieht so aus, als ob sie sich umarmen. Es ist kaum ein Zwischenraum zwischen ihnen.

Ich lache, weil es so eindeutig ist. Georg lacht auch.

„Da brauchen wir nicht mehr viel interpretieren", kommentiere ich die Aufstellung. „Ihre Freundin möchte Sie ganz nahe bei sich haben, und Sie halten noch vorsichtig einen kleinen Abstand, um sich zu schützen."

„Ja, genauso ist es", sagt Georg mit dem Blick auf die Figuren.

„Wie kann ich ihr vermitteln, dass ich sie wirklich liebe, und dass ich ihre Nähe sehr mag, dass aber die Angst, mich zu verlieren, mich zögern lässt?"

„Ich glaube, da sind einige ehrliche Gespräche notwendig, in denen Sie Ihrer Freundin Ihre Gedanken, Gefühle und Wünsche mitteilen. Sie haben damit ja schon begonnen. Dabei haben doch erlebt, dass sie geduldig und aufmerksam zuhört. Das ist eine großartige Voraussetzung. Vielleicht hat sie ja auch Fragen an Sie. Oder sie möchte Ihnen ihre eigenen Gedanken und Wünsche sagen. Offene ehrliche Gespräche erschaffen eine wohltuende Nähe. Vielleicht ergibt sich daraus schon die Lösung, der sie beide zustimmen können", erwidere ich auf seine Fragen.

„Und Sie glauben, dass Sie mich nicht verlässt, wenn ich noch Zeit brauche", fragt er vorsichtig.

„So, wie Sie sie beschrieben haben, scheint sie doch eine emphatische und selbstbewusste Frau zu sein, die nicht nur an ihre eigenen Wünsche denkt. Und da sie Sie ja wirklich sehr mag, ist es höchst wahrscheinlich, dass sie ausreichend Geduld und Ausgeglichenheit besitzt, damit sie sich beide ausreichend Zeit für den nächsten Schritt nehmen können. Äußern Sie ruhig all Ihre Sorgen und Bedenken. Sie werden eine Antwort von ihr bekommen", erwidere ich ruhig.

Georg nickt. Er wirkt zuversichtlich und entspannt. Er hat schon gleich einen Plan, wann und wie er mit ihr über all das sprechen möchte. Sie wollen am nächsten Wochenende zum Wandern in die Berge gehen und dort in einem schönen kleinen Hotel an einem Bergsee zu übernachten. Er kennt diese Region sehr gut und war schon häufiger dort.

Wir vereinbaren, dass er sich immer melden kann, wenn er noch Gesprächsbedarf hat.

Dann höre ich lange nichts mehr von ihm.

Zwei Jahre später erhalte ich von ihm eine E-Mail kurz vor Weihnachten mit netten

Wünschen zum bevorstehenden Fest. Beigefügt ist ein Foto, auf dem er mit einer reizenden jungen Frau im Arm zu sehen ist. Daneben stehen zwei junge Männer, der eine so schätzungsweise 17 Jahre alt, der andere so etwa 19. Alle vier haben Arbeitskleidung an und sind mit Staub bedeckt. Aber sie schauen fröhlich in die Kamera. Im Hintergrund sieht man eine Landschaft, die an die Provence erinnert. Ein kleines Steinhaus mit Stallgebäuden ist auf der linken Bildseite zu sehen. Die Sonne scheint, der Himmel ist blau und das Grün der nahe stehenden Olivenbäume gibt dem Foto eine romantische Atmosphäre. Unter dem Bild steht ein kleiner Kommentar:

„Viele Grüße aus Gorbio in der Provence. Wir sind dabei, unser kleines Steinhaus und die Stallungen zu renovieren und umzubauen. Wir haben es von einem Schäfer gekauft, der in den Ruhestand gegangen ist. Die Jungs helfen ordentlich mit. Wir wollen im nächsten Sommer dort unsere Hochzeit feiern.

Mit vielem Dank für alles. Ihr Georg"

Die Autorin

Dr. med. Brigitte Zakaria

- Wohnhaft im Landkreis Starnberg
- Studium der Biologie und Medizin an der Universität Düsseldorf
- Forschungstätigkeit an der Universität Ann Arbor, Michigan, USA
- Klinische Forschung in der pharmazeutischen Industrie
- Assistenzarztzeit in klinischer Psychiatrie/Psychotherapie/Psychosomatik in verschiedenen Kliniken, Praxen und ambulanten Einrichtungen
- Psychotherapeutische Praxis in München
- Unruhig im Ruhestand